Alessandro / Middelbeck-Varwick / Reisinger (Hg.)
Kirchliche Macht und kindliche Ohnmacht

Lia Alessandro / Anja Middelbeck-Varwick / Doris Reisinger (Hg.)

KIRCHLICHE MACHT UND KINDLICHE OHNMACHT

KONTUREN, KONTEXTE UND QUELLEN THEOLOGISCHER MISSBRAUCHSFORSCHUNG

Münster
2023

Gefördert
mit freundlicher Unterstützung der

© 2023 ASCHENDORFF VERLAG GMBH & CO. KG, MÜNSTER
www.aschendorff-buchverlag.de

Das Werk ist urheberrechtlich geschützt. Die dadurch begründeten Rechte, insbesondere die der Übersetzung, des Nachdrucks, der Entnahme von Abbildungen, der Funksendung, der Wiedergabe auf fotomechanischem oder ähnlichem Wege und der Speicherung in Datenverarbeitungsanlagen bleiben, auch bei nur auszugsweiser Verwertung, vorbehalten. Die Vergütungsansprüche des § 54, Abs. 2, UrhG, werden durch die Verwertungsgesellschaft Wort wahrgenommen.
Printed in Germany
Gedruckt auf säurefreiem, alterungsbeständigem Papier ∞
ISBN 978-3-402-24950-5
ISBN (E-Book-PDF) 978-3-402-24951-2

Inhalt

Kirchliche Macht und kindliche Ohnmacht. Einleitung 7

1. An den Kreuzungen der Macht – Mehrfachdiskriminierungen als Gefährdung und als amtskirchlicher Ausweg? Ein etwas anderer Blick auf Machtmissbrauch 11
   Gunda Werner

2. Legitimität. Ein blinder Fleck in kirchlichen Rechtfertigungsordnungen? 23
   Georg Essen

3. Legitimation kirchlicher Macht aus staatlicher Perspektive. Zum Selbstbestimmungsrecht der Religionsgemeinschaften 39
   Ute Sacksofsky

4. Pastoralmacht: Anmerkungen zu einem Foucault'schen Schlüsselbegriff aus bibelwissenschaftlicher Sicht 55
   Martin Nitsche

5. „Die starke Hand des Herrn wirkt mit Macht" (Ps 118,15-16) Machttheoretische Ambivalenzen im theistischen Gottesbegriff ... 69
   Knut Wenzel

6. Als Ob. Die fiktiven Momente kirchlicher Macht und die Ko-Autorschaft der Schafe 79
   Annette Langner-Pitschmann

7. Unsichtbare Fälle, Biases und die Rolle von Primärquellen in der Forschung zu katholischen Machtdynamiken. Beobachtungen aus der Beschäftigung mit reproduktivem Missbrauch 95
   Doris Reisinger

8. Beichten vor der Erstkommunion? Kanonistische Anfrage in pastoraler Absicht 115
   Jessica Scheiper

9. Möglichkeiten und Grenzen der Auswertung von Archivgut
bei der Aufarbeitung sexualisierter Gewalt gegen Kinder.
Das Beispiel Berliner Schüler/innen an der Odenwaldschule
(1945–2015) 127
Johannes Kistenich-Zerfaß

10. Dokumente und Deutungen. Interpretationsprobleme
anhand eines Fallbeispiels von sexuellem Kindesmissbrauch
in Kärnten 1939 145
Christine Hartig / Nicole Priesching

11. Archivakten und Prozessakten im Fall der Schönstätter
Marienschwestern 165
Alexandra von Teuffenbach

12. „Quod non est in actis, non est in mundo". Über die Problematik
ordnungsgemäßer Dokumentation im Fall von Missbrauch an
erwachsenen Frauen 179
Ute Leimgruber

Kirchliche Macht und kindliche Ohnmacht

Einleitung

Der vorliegende Band fasst Ergebnisse von zwei Tagungen zusammen, die der Fachbereich Katholische Theologie der Goethe-Universität in Frankfurt am Main im Jahr 2021 durchgeführt hat. Er dokumentiert damit erste Forschungsergebnisse des Fachbereichs zum Thema Macht und Machtmissbrauch im Kontext der katholischen Kirche, dessen Interesse insbesondere strukturellen Faktoren gilt. Beide Tagungen und die aus ihnen hervorgehenden Beiträge sind demselben Thema gewidmet, arbeiten aber jeweils mit unterschiedlichen Frageachsen und interdisziplinären Verknüpfungen.

Am 10. und 11. Juni 2021 fand die Tagung „Macht: Legitimation, Ausübung, Missbrauch. Theologische Missbrauchsforschung im Kontext sozial-, rechts- und geisteswissenschaftlicher Forschungen" statt. Diese Tagung und die aus ihr resultierenden Beiträge setzen entsprechend dem Forschungsprofil des Fachbereichs an den Schnittstellen theologischer und sozialwissenschaftlicher Macht- und Gewaltforschung an und stellen Fragen rund um Vulnerabilität, Gender-Aspekte, Intersektionalität und organisationsstrukturelle Dynamiken: Dabei werden insbesondere die (mangelnden) Macht- und Verantwortungskultur der Gesamtorganisation „katholische Kirche" in den Blick genommen. Und zwar sowohl aus sozialwissenschaftlicher wie aus rechtswissenschaftlicher, theologisch-systematischer und theologisch-ethischer Perspektive. Welche Faktoren haben Betroffene sexualisierter Gewalt im kirchlichen Kontext verletzbar gemacht? Welche spezifischen Legitimationsstrukturen religiöser Macht, welche Verflechtungen von Macht und Moral, von religiöser Autorität und religiöser Unterwerfung sind in der katholischen Kirche festzustellen, in welchem Verhältnis stehen diese zu sexualisierter Gewalt in der Kirche und wie sind sie aus binnenkirchlicher wie aus staatsrechtlicher Perspektive zu werten? Es wird deutlich, dass kirchliche Macht und ihr Missbrauch ein komplexes Phänomen ist, das eine Vielzahl von Handelnden und Handlungsachsen impliziert, von Gottes Allmacht in ihrer „untilgbaren Ambivalenz" (Wenzel), über aporetische Setzungen in Ekklesiologie und Kirchenrecht, welche von Laien als „Kultur des Als-ob" mitgetragen werden (Langner-Pitschmann), die besondere Macht der Hirten, wie sie im Foucault'schen Begriff Pastoralmacht auf den Punkt gebracht wird (bibelwissenschaftlich kritisch eingeordnet von Nitsche), über das Magisterium und seine Klerikalismus begünstigenden theologischen Konstruktionen (Werner), die Beichte als für Kinder verpflichtendes „Erziehungstool" (Scheiper), klerikalistische, sexistische und misogyne Logiken des kirchlichen Strafrechts (Reisinger), das Fehlen legitimitätsverbürgender Modelle in der kirchlichen Rechtsordnung (Essen), bis hin zur traditionellen „Kirchenfreundlichkeit in der Auslegung der verfassungsrechtlichen Normen" (Sacksofsky).

Rund ein halbes Jahr später, am 10. Dezember 2021, fand die Tagung „Macht Missbrauch Dokumente. Die Rolle von Primärquellen in der Missbrauchsforschung" statt. Diese Tagung und die aus ihr resultierenden Beiträge widmen sich der Frage nach den Erkenntnisquellen theologischer Missbrauchsforschung, dabei nehmen sie speziell methodische, ethische und rechtliche Fragen rund um die Rolle von Primärquellen in den Blick. Die Bandbreite der Quellen reicht von Personalakten beschuldigter Priester über Gerichtsakten, Briefwechsel mit römischen Behörden bis hin zu Ego-Dokumenten von Betroffenen. Welche Erkenntnisse lassen sich (nur) aus dem Einblick in Dokumente gewinnen? Welche missbrauchsfördernden Strukturen bilden sich wie in welchen Unterlagen ab? Aber auch: Wer hat eigentlich Macht über einschlägige Dokumente? Für wen sind bestimmte heikle Dokumente zugänglich, welche nicht? Die Beschäftigung mit diesem Blickwinkel macht deutlich: Dokumente geben nicht nur teils unverzichtbare Einblicke in qualitative und quantitative Ausmaße von Tatverläufen und sie beeinflussende institutionelle Machtachsen, sondern sie können selbst zum Mittel und Gegenstand von Machtmissbrauch werden. Welches Potential für die Missbrauchsforschung noch in der archivischen Überlieferung steckt, wird anhand einer quantitativen Methode am Beispiel der Berliner Schüler*innen der Odenwaldschule im Zeitraum 1945 bis 2015 deutlich gemacht (Kistenich-Zerfaß). Wie sehr der Umgang mit Missbrauch von historischen Handlungsräumen abhängt und was die Untersuchung von Einzelfällen ihrerseits zur Rekonstruktion dieser Handlungsräume, mit ihren „zeitgenössischen Deutungsmustern, Sagbarkeitsgrenzen und kommunikativen Sinnkonstruktionen" beitragen kann, zeigt das Fallbeispiel eines Kärntner Geistlichen in der Zeit des Nationalsozialismus (Hartig / Priesching). Ein Beitrag zum Missbrauch durch den Gründer der Schönstattbewegung, gibt nicht nur Einblicke in eine spirituelle Verbrämung und Ermöglichung von Missbrauch („Vater darf alles und das Kind ist nichts"), sondern erhellt zugleich, dass dessen Seligsprechungsprozess eindeutigen Befunden zum Trotz vorangetrieben wurde, wofür selbst die Publikation der Archivakten unterbunden werden sollte (Teuffenbach). Der „massive und multiple" Gender Data Gap in der Datenerhebung von Missbrauch an erwachsenen Frauen" wirft schließlich ein Licht auf eine Leerstelle in den Akten, die sich ihrerseits auf Missbrauchsforschung auswirkt (Leimgruber), wie auch die Befassung mit Akten zu „reproduktivem Missbrauch" im US-amerikanische Archivs BishopAccountability.org belegt (Reisinger).

Einleitung

Über die Fülle der Beiträge hinweg ergeben sich nicht nur wertvolle Einsichten und Querverbindungen, sondern der Band zeigt zugleich das Spektrum der Thematik und die Notwendigkeit einer interdisziplinären und multimethodischen Herangehensweise für eine ganzheitliche Erschließung und Bearbeitung des Themenfeldes auf.

1.

An den Kreuzungen der Macht – Mehrfachdiskriminierungen als Gefährdung und als amtskirchlicher Ausweg?

Ein etwas anderer Blick auf Machtmissbrauch

Gunda Werner

In dem Beitrag des Bandes setzt sich Gunda Werner mit der Bedeutung einer intersektionellen Analyse in der Untersuchung des sexuellen Missbrauchs in der röm.-katholischen Kirche auseinander, welches als Analyseinstrumentarium und Verstehenszugriff auf Unrechtssituationen verstanden werden und mehrdimensionalen Machtmissbrauch offenlegen sowie deren Handlungsmuster verdeutlichen kann. Dafür gibt sie zunächst einen Überblick über den Ansatz der Intersektionalität, der als locus theologicus eine tiefergehende Analyse der Versetzungspraxis von Klerikern anhand der Intersektion von gender, body, race und class ermöglicht. Sie argumentiert, dass eine intersektionale Analyse der Herrschafts- und Machtstrukturen zu neuen Fragen und Erkenntnissen führen und offenlegen könnte, wie das System des Klerikalismus auf mehrdimensionalen Ebenen aufrechterhalten wird.

1. Beobachtungen

Am 13. Juni 2020 ist in der Frankfurter Paulskirche das Projekt „Betroffene hören – Missbrauch verhindern" vorgestellt worden.[1] Im Teilprojekt 7 wird die katholische Sexualmoral als Risikofaktor für sexuellen Missbrauch untersucht. Es wird festgestellt, dass sexueller Missbrauch maßgeblich durch asymmetrische Machtstrukturen begünstigt wird, wie sie durch die Sexualmoral der katholischen Kirche in ihrer lehramtlich festgeschriebenen Überzeugung der Heteronormativität, der Nicht-Zulassung homosexueller Männer zum Priestertum als auch der dadurch vorhandenen Homophobie ausgedrückt wird. Eine erwachsene Sexualität mit einer angemessenen Sprachfähigkeit sowie Nähe-Distanzverhältnis sei, so das Projekt, in dieser Atmosphäre kaum zu erlernen.[2] In Verbindung mit dem strukturellen und

---

1 Vgl. Reichwein, Barbara, „Es ist nicht beendet, wir fangen jetzt an" – Ergebnisse des Projektes „Betroffene hören – Missbrauch verhindern" in der Paulskirche übergeben, https://bistumlimburg.de/beitrag/es-ist-nicht-beendet-wir-fangen-jetzt-an/ (10.7.2020).
2 Zur Problematik der Asymmetrie seelsorglicher Beziehungen und ihrer Gefährdung für Machtmissbrauch auch ausführlicher: Werner, Gunda, Asymmetry in Confession as a

performativen Klerikalismus, so Teilprojekt 5, ergebe sich jene toxische Mischung, die einen Machtmissbrauch eröffne.³ Die Ergebnisse des Projektes entsprechen den Ergebnissen der MHG-Studie⁴, die 2018 vorgelegt wurde. Mit diesen beiden Studien wird ein zeitlicher Rahmen vorgelegt, den Massimo Faggioli und Mary Catherine O'Reilly-Gindhart ihrer Literaturstudie zum sexuellen Missbrauch in der katholischen Kirche zugrunde gelegt haben, demnach könne 2018 als eine neue Phase in der Geschichte des sexuellen Missbrauchs angesehen werden, gerade weil seit 2018 sowohl international großangelegte Studien veröffentlicht wurden als auch die innerkirchliche Aufmerksamkeit auf missbrauchende Bedingungen erhöht wurde.⁵ Zu diesen Erkenntnissen gehört grundlegend, dass die bischöflichen Reaktionen eher den Anschein erweckten, das System und die Beschuldigten zu schützen als auf der Seite der Betroffenen zu stehen.⁶ Nachdem die Komplexität des sexuellen Missbrauchs offen auf dem Tisch liegt, steht – so Faggioli und O'Carry-Gindhart – mindestens ein weiterer Schritt an: „The Catholic community still needs to make the transition from a perception of the crisis shaped by epidemiological and legal investigations to a perception informed by theological reflection."⁷ Insbesondere machen beide darauf aufmerksam, dass die Notwendigkeit danach zu fragen, wie es theologisch und spirituell weitergehen kann, welche Formen also auch von Theologie hier notwendig sind, verbunden werden muss mit der Einsicht, dass sexueller Missbrauch im kirchlichen Kontext zwar in allen Vergemeinschaftungsformen vorkommt – also von konservativ bis liberal, um es plakativ auszudrücken –, die Energie und die Ernsthaftigkeit einer theologischen Auseinandersetzung von Theolog*innen kommt, „who do not represent a traditionalist culture within Ca-

    Cause of Sexual and Spiritual Violence – Dogma Historical Resources for Making Changes to Confession in Terms of Clerical and Sacramental Theology, in: religions *Religions* 4/13 (2022), 307, https://doi.org/10.3390/rel13040307.
3   Vgl. Dazu auch: Moschella, Mary Clark, Power and Bodies: A Pastoral Theological View of Sexual Abuse in the Church, in: Wirth, Matthias / Noth, Isabella / Schroer, Silvia (Hg.), Sexualisierte Gewalt in kirchlichen Kontexten/ Sexual Violence in the Context of the Church: Neue interdisziplinäre Perspektiven/ New interdisciplinary Perspectives, Berlin – Bosten 2022, 509–519.
4   Dreßing, Harald / Salize, Hans Joachim / Dölling, Dieter / Hermann, Dieter / Kruse, Andreas / Schmitt, Eric / Bannenberg, Britta, Sexueller Missbrauch an Minderjährigen durch katholische Priester, Diakone und männliche Ordensangehörige im Bereich der Deutschen Bischofskonferenz, Mannheim – Heidelberg – Gießen 2018, https://www.dbk.de/fileadmin/redaktion/diverse_downloads/dossiers_2018/MHG-Studie-gesamt.pdf (10.7.2018).
5   Faggioli, Massimo / O'Reilly-Gindhart, Mary Catherin, A New Wave in the Modern History of the Abuse Crisis in the Catholic Church: Literatur Overview, 2018–2020, in: Theological Studies 1/82 (2021), 156–185. Dazu auch aktuell: Hinze, Bradford E., Confronting a Church in Controversy, New York 2022, 95f.; 105–110.
6   Vgl. Hierzu auch die Beobachtung von Hallermann zum Schutz des Bußsakraments: Hallermann, Heribert, Sacramentorum sanctitatis tutela, in: Lexikon für Kirchen- und Religionsrecht 4, Leiden – London, Seitenangabe. Auch Werner, Asymmetry.
7   Faggioli / O'Carry-Gindhart, Abuse Crisis, 157.

An den Kreuzungen der Macht

tholic academia and intellectual life".[8] Die Verarbeitung und theologische Perspektivbildung ist – wenn dies überhaupt nicht geht – aus einer Theologie zu finden, die sich mit gegenwärtigen Wissenschaften auseinandersetzt und die Veränderung und Dynamik magisterialen Denkens und Entscheidens als hermeneutische Selbstverständlichkeit ansieht.

In diesem Sinne ist eine theologische Auseinandersetzung mit sexuellem Missbrauch und seiner strukturierenden DNA, nämlich dem Machtmissbrauch, nicht ohne feministische Ansätze möglich.[9] Denn diese legen seit Jahrzehnten die Macht und Klerikalismus begünstigenden theologischen und magisterialen Konstruktionen offen, so dass sich hier Ressourcen finden, die für eine systemische Antwort auf die systemischen Probleme nachlegen. Jedoch findet nicht nur die feministische Theologie keinen oder nur einen schwierigen Eingang in theologische Auseinandersetzungen, sondern die in den Sozialwissenschaften, des Rechts und der Erziehungswissenschaften zum Teil auch im deutschen Sprachraum gängig gewordene intersektionelle Analyse wird ignoriert. Weder die MHG-Studie, noch die Studie aus Limburg, noch der Literaturbericht, noch nicht einmal der Aufsatz von Susan Ross, der einen Überblick über feministisch-theologische Auseinandersetzungen zum sexuellen und spirituellen Missbrauch gibt, gehen auf diesen Zugang ein. Dabei bietet sich hier ein Analyseinstrumentarium an, welches mehrdimensionalen Machtmissbrauch offenlegen und in den Handlungsmustern – auch den zugrundeliegenden – verdeutlichen kann.

Deswegen möchte ich mit dem Ansatz der Intersektionalität der Vermutung nachgehen, dass die Untersuchung des sexuellen Missbrauchs neue Erkenntnisse hervorbringen würde, wenn nicht eine Addition der Gefährdungspotentiale, also Sexualmoral und Klerikalismus und Kirchenbild etc., sondern eine gegenseitige Bedingung gedacht würde. Dies könnte, so meine These, insbesondere in der Versetzungspraxis theologische Einsichten ans Tageslicht bringen, die theologisch instruktiv sind. Denn der Versetzungspraxis kommt im Umgang mit Beschuldigten oder Tätern eine besondere Rolle zu – insbesondere die MHG-Studie konnte hier statistisch signifikant höhere Zahlen erheben, so wurden 91,8% der beschuldigten Priester versetzt, 86,8 der nicht beschuldigten, die nicht mit einer erhöhten Information zum betreffenden Priester einherging.[10] Dieses Verhalten, gerade bei einer interdiözesanen Versetzung, deckt sich mit den Erkenntnissen z. B. des Report on the Holy See's Institutional Knowledge and Decision-Making Related to

---

8 Ebd., 184.
9 Umso erstaunlicher ist es, dass diese in dem Literaturbericht nicht vorkommen. Dazu exemplarisch: Ross, Susan, Feminist Theology and the Clergy Sexual Abuse Crisis, in: Theological Studies 3/80 (2019), 632–652. Auch Moschella, Power and Bodies.
10 Vgl. Dreßing u.a., MHG, 300–307.

Former Cardinal Theodore Edgar McCarrick im November 2020.[11] Weiterführend wäre aber doch zu fragen: Die Frage der Nicht-Information der neuen Gemeinde müsste doch mit einer Analyse der Gemeinde verbunden werden? Wären nicht Tätigkeitsorte mit einer Bewertung dieser Tätigkeit durch die Versetzung von Beschuldigten zu reflektieren? Wäre nicht die performative Macht der Versammlung und der Feier zu bedenken, wenn Beschuldigte weiterhin dem Gottesdienst vorstehen? Geht es im Missbrauch – dem sexuellen ebenso wie dem spirituellen – um Machtmissbrauch, und das legen die Studien nahe, dann liegt es nahe, diesen Machtmissbrauch mit Instrumenten zu untersuchen, die eben Macht analysieren.

2. Die Analyse der Intersektionalität

Die intersektionale Analyse[12] ist Ende der 1980er Jahre von Kimberlé Crenshaw[13] aus der *Critical Race Theory*[14] heraus entwickelt worden, um aufzuzeigen, dass Gesetze, die Diskriminierungen aufgrund eines bestimmten Persönlichkeitsmerkmales verurteilen, nicht geeignet sind, um auf Mehrfachdiskriminierungen angemessen zu reagieren. Der Hintergrund waren die vom Combahee River Collective bereits 1977 aufgedeckten Zusammenhänge zwischen Sexismus und Rassismus, die in der Frauenbewegung zu wenig beachtet wurden.[15] Diese gegenseitige Bedingung von Gefährdungen ist von Crenshaw als „Intersectionality" beschrieben

---

11   Vgl. Secretariat of State of the Holy See, Report on the Holy See's Institutional Knowledge and Decision-making Related to Former Cardinal Theodore Edgar McCarrick (1930 to 2017), Vatikan 2020, https://www.vatican.va/resources/resources_rapporto-card-mccarrick_20201110_en.pdf (22.4.2022).

12   Ich beziehe mich hier vor allem auf die Darstellung: Werner, Gunda, Intersektionalität und Theologie, in: Heimbach-Steins, Marianne / Könemann, Judith / Suchhart-Kroll, Verena (Hg.), Gender (Studies) in der Theologie. Begründungen und Perspektiven, Münster 2021, 225–232, hier 225–227.

13   Vgl. Crenshaw, Kimberlé, Mapping the Margins: Intersectionality, Identity Politics, and Violence Against Women of Color, in: Stanford Law Review 6/43 (1991), 1241–1299; dies., Demarginalizing the Intersection of Race and Sex: A Black Feminist Critique of Antidiscrimination Doctrine, Feminist Theory and Antiracist Politics, in: The University of Chicago Legal Forum 5 (1989), 139–167, hier 139.

14   Vgl. Chebout, Lucy, Back to the roots! Intersectionality und die Arbeiten von Kimberlé Crenshaw, o.O. 2012, http://portal-intersektionalitaet.de/theoriebildung/ueberblickstexte/chebout/ (19.2.2019). 2. Die Critical Race Theory ist in der US-Rechtsprechung angesiedelt und untersucht gezielt die rassistischen Aspekte der Antidiskriminierungsgesetze, also jener Gesetze, die Diskriminierung verhindern sollen.

15   Vgl. Combahee River Collective, Home, https://combaheerivercollective.weebly.com (22.4.2022): „The most general statement of our politics at the present time would be that we are actively committed to struggling against racial, sexual, heterosexual, and class oppression, and see as our particular task the development of integrated analysis and practice based upon the fact that the major systems of oppression are interlocking. The synthesis of these oppressions creates the conditions of our lives. As Black women we see Black feminism as

worden.¹⁶ Dies sollte verdeutlichen, dass sich Benachteiligungen bei von Mehrfachdiskriminierungen betroffenen Personen nicht bloß addieren, sondern zu eigenständigen Diskriminierungserfahrungen weiterentwickeln. Diese juristische Analyse ist in die Sozialwissenschaft übertragen worden, um Benachteiligungen wirksam untersuchen zu können. Die Wirkungen der Macht sind also multivektoral zu verstehen und wurden von Crenshaw im Bild der Straßenkreuzung illustriert. *Women of color*, so Crenshaw, sind nicht nur aus der rassistischen, sondern auch aus der sexistischen ‚Richtung' auf der Kreuzung unfallgefährdet. Es gibt aber, so Lucy Chebout, für einen „Unfall in der Mitte der Kreuzung offenbar keine zuständige Ambulanz (…), sofern keine eindeutige Unfallursache rekonstruiert werden kann (…)"¹⁷. Das existierende Recht gehe vom weißen, männlichen, vermögenden, heterosexuellen und nicht behinderten Mann aus. Die Erfahrung der *Women of Color* und anderer Minderheiten käme damit aber nicht vor.¹⁸ Erst die Intersektionalität, so Crenshaw, liefere die angemessenen Instrumente, um die Gefährdungen in der Kreuzung unterschiedlicher Herrschafts- und Unterdrückungsmechanismen zu erkennen, zu benennen und zu handeln.¹⁹ Damit macht Crenshaw deutlich, dass die Rechtsprechung nicht auf eine Ebene bezogen werden kann und Machtverhältnisse in ihren Unterdrückungs- und Unrechtsstrukturen ebenfalls nicht nur eine Ebene betreffen. Diese Einsicht ist ausgesprochen hilfreich für die Untersuchung von Institutionen, die durch Machtstrukturen gekennzeichnet sind, die mehr als eine Ebene betreffen, wie dies m. E., und das möchte ich im weiteren Verlauf aufzeigen, bei der katholischen Kirche der Fall ist. Religion selbst wird innerhalb des Intersektionalitätsdiskurses wenig aufgenommen und wenn, dann verschieden verortet. Instruktiv hier scheint mir die Differenzierung zu sein, die Winkler / Degele vorschlagen, in einer Mehrebenenanalyse zwischen Identität, Struktur und Repräsentation und damit zwischen der Meso-, Mikro- und Makroebene zu unterscheiden.²⁰

    the logical political movement to combat the manifold and simultaneous oppressions that all women of color face." (ebd.)
16 Vgl. auch Könemann, Judith, Geschlechterverhältnisse und Intersektionalität in der Religionspädagogik. Das Potential eines Ansatzes, in: Knauth, Thorsten / Jochimsen, Maren / Reindl, Silke (Hg.), (Religiöse) Bildung an den Rändern der Vielfalt – Soziale Benachteiligung, Religion, Geschlecht(lichkeiten) (im Erscheinen); dies., Genderforschung in der Religionspädagogik, in: Brinkschröder, Michel / Ehebrecht-Zumsande, Jens / Gräwe, Veronika / Mönkebüscher, Bernd / Werner, Gunda (Hg.), #outinchurch. Für eine Kirche ohne Angst, Freiburg – Basel – Wien 2022, 178–182.
17 Chebout, Backt to the Roots!, 4–5.
18 Vgl. Cooper, Brittney, Intersectionality, in: The Oxford Handbook of Feminist Theory, 2005, 1–25, hier 9, http://www.oxfordhandbooks.com/view/10.1093/oxfordhb/9780199328581.001.0001/oxfordhb-9780199328581-e-20 (19.2.2019).
19 Crenshaw, Mapping the Margins, 148; Cooper, Intersectionality, 2.
20 Vgl. Winker, Gabriele / Degele, Nina, Intersektionalität. Zur Analyse sozialer Ungleichheiten, Bielefeld 2009.

> „Religion wäre im Modell von Winker & Degele in der untrennbaren wechselseitigen Verbindung von Kultur und Religion als Strukturkategorie unter zwei Bedingungen einzuordnen, zum einen, wenn Kultur auf der Ebene der gesellschaftlichen Strukturierung angesiedelt werden könnte und nicht als ausschließlich ökonomisch bestimmt angenommen wird, und zum anderen dann, wenn sie als eine Kategorie verstanden wird, die jeden Menschen im Sinne eines Sinndeutungssystems betrifft, ob religiös gebunden oder nicht."[21]

Würden die Auswirkungen von Religion aber nur auf der Meso- und Mikroebene angesiedelt, so besteht die Gefahr einer Personalisierung und Privatisierung.[22] Wird Religion also auf der subjektiven Ebene der eigenen Praxis sowie der eigenen epistemologischen Kategorien angesiedelt, bewegt sich Religion auf der Ebene der Identität und ihrer Selbstkonstruktion sowie Selbstreflexion. Auf der Repräsentationsebene gehört Religion zu den symbolischen Ordnungen und berührt damit den Bereich der Normen, „innerhalb derer sich der religiöse Mensch in allen Kategorien verwirklichen kann."[23] Religion ist jedoch neben der persönlichen und der symbolischen Ordnung auch Teil der Makroebene und beeinflusst die Interpretation und Normenkonstruktion. Jedoch ist es keineswegs konsensual, Religion unmittelbar auch auf der Makroebene anzusiedeln, allerdings bietet sich der Gedanke an, zum Beispiel im Kontext von religiösen Bildungsprozessen, so Könemann,

> „dass die Analyse der Mikro- und Mesoebene zugleich zum inhaltlichen Gegenstand des Bildungsprozesses selbst gemacht wird, wenn also konkret auf der Mikro- und Mesoebene angesiedelte Prozesse und Mechanismen von Benachteiligung und Diskriminierung sowie die Herstellung von Ungleichheit in den Zusammenhang ihrer gesellschaftlichen Verflochtenheit gestellt werden (...)".[24]

Wenn Intersektionalität als eine Methode zu verstehen ist, die analytisch arbeitet, dann ist ihr auch die kritisch-analytische Reflexion inhärent, auf die Entstehungsbedingungen von Unrecht und Unterdrückung zu schauen. Als Methode, also als analytischer Verstehenszugriff auf Unrechtssituationen, erhellt dieser Zugang effektiv die Art und Weise, wie ein Opfer von Herrschafts- und Machtstrukturen in seiner Verletzung und Missachtung verstanden und anerkannt wird. Für die Intersektionalität gibt es – auch wenn sie inzwischen nicht nur im juristischen Bereich der Antidiskriminierung angewendet wird, sondern auch in anderen Fach- und Forschungsbereichen, dennoch „Mindeststandards", die in einer intersektionalen

---

21 Könemann, Intersektionalität, Fußnote 3.
22 Vgl. dazu Knapp, G., ‚Intersectionality' – ein neues Paradigma feministischer Theorie? Zur transatlantischen Reise von ‚Race, Class, Gender', in: Feministische Studien 1/23 (2005), 68–81; auch Werner, Intersektionalität und Theologie, 230–231.
23 Werner, Intersektionalität und Theologie, 231.
24 Könemann, Intersektionalität.

Theoriebildung zu beachten seien: „In der Intersektionalitätsforschung sollen Differenzen bzw. soziale Ungleichheiten stets als Resultat von Macht- und Verteilungskämpfen sowie als Legitimationsdiskurse für Ausbeutung, Marginalisierung und Benachteiligung gelesen werden."[25] So seien Kategorien von Klasse, Geschlecht oder Ethnizität mit einer spezifischen Bedeutung der Dominanz verbunden und gäben gesellschaftlichen Ordnungen eine Struktur vor. Dadurch bestimmten sie vor jeder aktiven Teilnahme bereits die Stellung des Subjekts in der Gesellschaft, nämlich durch die Mechanismen gesellschaftlicher Platzhalter, der „Allokationsfunktionen": Denn sie „bestimmen die Wahrscheinlichkeit, welche Schulform man besucht und regulieren den Zugang zu bezahlter Erwerbstätigkeit bzw. zu spezifischen Segmenten des Arbeitsmarktes".[26]

Auch wenn also Intersektionalität in andere Fach- und Forschungsbereiche übertragen wird, geht es ihr im Kern um die Frage der Macht und der Machtausübung.

3. *Hidden Patterns* im katholischen Umgang mit dem Machtmissbrauch als sexuelle Gewalt – Ansatzpunkte für die Intersektionalität

Die Einsicht der Intersektionalität entstand aus der Erfahrung, dass Diskriminierungen nicht nur aus einer Richtung geschehen, sondern aus mehreren. Sie hat sich zu einer Methode der Analyse von Unrechtserfahrungen etabliert und arbeitet mit sehr unterschiedlichen Kategorien und konkreten methodischen Schritten, mit denen sie Macht und Herrschaftsmomente untersucht. Winker / Degele[27] haben vorgeschlagen, die drei klassischen Kategorien *race, class, gender* um die Kategorie *body* zu ergänzen und eine analytische und methodische Differenzierung der Ebenen einzuziehen. Macht- und Herrschaftsverhältnisse schreiben sich, so wiederum Walgenbach, in körperliche und symbolische Gewalt und Unterdrückung ein.[28] Damit fügen sie sich in die Debatte um die Anzahl und Interpretation der Kategorien ein, die durch die Verwendung der intersektionalen Methode im deutschsprachigen Kontext entstanden ist. Durch diese „transatlantische Reise"[29] war die Notwendigkeit gegeben, insbesondere die Kategorien „race" und „class" zu kontextualisieren sowie zu fragen, ob es zulässig ist, weitere Kategorien zu ergänzen. Denn, so Knapp, „[e]s ist ein langer Weg vom schnellreisenden Mantra *raceclass-*

---

25 Walgenbach, Katharina, Heterogenität – Intersektionalität – Diversity in den Erziehungswissenschaften, Opladen – Toronto ²2017, 66 mit Verweis auf Leiprecht, Rudolf / Lutz, Helma, Intersektionalität im Klassenzimmer. Ethnizität, Klasse, Geschlecht, in: ders. / Kerber, Anne (Hg.): Schule in der Einwanderungsgesellschaft, Schwalbach 2005, 218–234, hier 221.
26 Walgenbach, Heterogenität, 66.
27 Vgl. Winker / Degele, Intersektionalität.
28 Vgl. Walgenbach, Heterogenität, 67.
29 Könemann, Intersektionalität.

genderetc., das mit leichtem Gepäck unterwegs ist, hin zu den Herausforderungen intersektioneller Analyse."[30] Dies verdeutlicht sich in der nicht abgeschlossenen Debatte sowohl um die Anzahl der Kategorien der Analyse als auch um ihre analytische und epistemische Bedeutung.

> „Hinsichtlich der Anzahl der Kategorien wird immer wieder intensiv diskutiert, ob das klassische Tripel von *gender, race und class* einerseits abschließend (…) und andererseits hinreichend sei, die intersektional verwobenen gesellschaftlichen Unterdrückungszusammenhänge und -strukturen zu analysieren, oder ob damit nicht auch andere Unterdrückungsmechanismen ausgeblendet werden (…)."[31]

Für den Kontext der römisch-katholischen Kirche, so meine ich, ist eine Anwendung der Intersektionalität als Analyse von Machtstrukturen in mehrfacher Hinsicht erhellend.[32] Dass überhaupt das Thema Macht und Machtmissbrauch als beinahe konsensuales Thema von katholischem Leitungspersonal in der Öffentlichkeit kritisch thematisiert wird[33], ist hierbei durchaus nicht selbstverständlich. In der religiösen Sprache wird Macht nur als Dienst verstanden und damit verschleiert. Allerdings ist dies seit dem Jahr 2010, als das Ausmaß sexuellen Missbrauchs durch Kleriker in der katholischen Kirche in Deutschland sich andeutete, nicht mehr möglich.[34]

Eine intersektionale Analyse, so wäre zu lernen, könnte dann die komplexen Machtzusammenhänge, die sich in sexueller Gewalt ausdrücken, beschreiben, analysieren und zu neuen Fragen und Erkenntnissen führen. In den Bereichen der Gewaltprävention ist die intersektionale Perspektive bereits erfolgreich ange-

---

30 Knapp, Intersectionality, 77.
31 Könemann verweist auf die Diskussionen bei Walgenbach, Heterogenität, 68–69 und Eisen, Ute / Gerber, Christine / Standhartinger, Angela, Doing Gender – Doing Religion. Fallstudien zur Intersektionalität im frühen Judentum, Christentum und Islam Tübingen 2013, 1–33, hier 4.
32 Die Rezeption der Intersektionalität in die deutschsprachige Theologie ist erst zögernd vollzogen worden, vgl. dazu ausführlicher: Werner, Gunda, Doing Intersectionality – Perspektiven für Systematische Theologie aus der intersektionalen Analyse der Macht, in: Rahner, Johanna / Söding, Thomas (Hg.), Kirche und Welt – ein notwendiger Dialog. Stimmen katholischer Theologie, Freiburg – Basel – Wien 2019, 296–308, hier 304–308; dies., Intersektionalität und Theologie, 231–232; Könemann, Intersektionalität.
33 Odendahl, Björn, Wilmer: Machtmissbrauch steckt in DNA der Kirche, https://www.katholisch.de/aktuelles/aktuelle-artikel/wilmer-machtmissbrauch-steckt-in-dna-der-kirche (19.2.2019).
34 Und hier reichen einige wenige Einblicke in die gegenwärtige Debatte völlig aus (19.2.2019): tagesschau, Nachrichten zum Thema Priester, https://www.tagesschau.de/inland/priester seminar-101.html (19.2.2019) / Lenz, Michael, Bischof zahlt Missbrauchsopfer Reise zum Vatikan-Gipfel, https://www.kath.ch/newsd/bischof-zahlt-missbrauchsopfer-reise-zum-vatikan-gipfel/ (19.2.2019) / Rünker, Thomas, Essener Generalvikar warnt vor „Klerikalismus", https://www.bistum-essen.de/presse/artikel/essener-generalvikar-warnt-vor-klerikalismus/ (19.2.2019).

wandt worden.³⁵ Denn ein intersektionaler Ansatz in der Auseinandersetzung mit Gewalt bedeutet, „den Zusammenhang mit Dominanz und Hierarchisierungsverhältnissen als zentral"³⁶ anzusehen. Wenngleich sowohl durch die MHG-Studie als auch durch eine Reihe theologischer Arbeiten eine Vielfalt von Hintergründen, Ursachen und Praxen im Umgang mit sexuellem Missbrauch verdeutlicht werden konnten³⁷, fehlt doch eine Fragestellung komplett: Eine tiefergehende Analyse der Versetzungspraxis und der dadurch resultierenden Gefährdung einerseits, des zugrundeliegenden gesellschaftlichen und sozialen Verständnisses von Bischöfen andererseits. Diese Untersuchung wiederum ist nun ein klassisches Feld für die Intersektionalität, denn in dieser Untersuchung geht es exakt um die Intersektion von *gender, body, race und class*! In den USA wird bereits anfänglich untersucht, in welche Pfarreien und Gegenden durch sexuellen Missbrauch aufgefallene oder sogar verurteilte Priester versetzt worden sind. Für den deutschsprachigen Raum würde dies in der Tat bedeuten, mit einem Tabu zu brechen und zu postulieren, dass insbesondere *class* und *race* eine Rolle spielen in der Bewertung pastoraler Orte.³⁸ Die Kategorien body und gender sind durch die Struktur- und Repräsentationsebene – etwas salopp ausgedrückt – stets schon eingepreist in den Kontext katholischer Religion und Religiosität durch die der römisch-katholischen Kirche zugrunde liegenden heteronormativen Körperpraxen und ihrer Symbolgestalten als auch ihrer juridischen Ausgestaltungen. Wird nämlich die – ja auch in Deutschland übliche gewesene – Versetzungspraxis von Beschuldigten in den USA³⁹ untersucht, zeigt sich als eine übliche Praxis, z. B. von der Diözese Los Angeles, Priester, die Kinder und Jugendliche sexuell missbraucht haben, in „non-

---

35 Walgenbach, Heterogenität, 82–88, gibt mehrere Beispiele, in denen die Intersektionalität angewendet wurde.
36 Stuve, Olaf / Busche Mart, Gewaltprävention und Intersektionalität in der Bundesrepublik Deutschland. Ein Überblick, o.O. 2007, 24, zit. n. Walgenbach, Gender als interdependente Kategorie, 87.
37 Vgl. Dazu aktuell: Hilpert, Konrad / Leimgruber, Stefan / Sautermeister, Jochen / Werner, Gunda (Hrsg.) 2020, Sexueller Missbrauch im Raum der katholischen Kirche. Analysen – Bilanzierungen – Perspektiven (Quaestiones disputatae Bd 309), Freiburg: Herder.
38 Walgenbach, Heterogenität, beschreibt anhand verschiedener Gewaltpräventionen, wie sich intersektionales Arbeiten auswirkt und zu welchen unterschiedlichen Erkenntnissen dieser Ansatz kommt.
39 Vgl. Holscher, Kathleen, Colonialism and the Crisis Inside the Crisis of Catholic Sexual Abuse, in: Religion Dispatches, 27. August 2018, https://rewire.news/religion-dispatches/2018/08/27/from-pa-to-new-mexico-colonialism-and-the-crisis-inside-the-crisis-of-catholic-sexual-abuse/ (Zugriff am 23.2.2019): „While the East Coast geography and white-ethnic demographic explored in the recent grand jury report are plenty revealing, the continual emphasis on this geography and demographic in recent coverage of Catholic clerical sexual abuse in the United States not only overlooks the severity of the crisis in other places and among other populations, but it also—importantly—obscures the ways race and colonialism have structured the crisis in communities that are *not* the white-ethnic Catholic enclaves of the East Coast."

English-speaking immigrant communities"[40] einzusetzen. „Subsequent investigations across the world have found similar patterns, and it has also become clear that many times, known 'problem' priest werde shuffled to parishes or territories with predominantly immigrant, poor, often people of color, all with less power to complain."[41] Die folgende Untersuchung zeigt: „Those files showed how higher-ups repeatedly sent predators into communities where they knew people were less likely to speak up." Zu einem ähnlichen Ergebnis kommt Kathleen Holscher[42] in der Untersuchung der Versetzungspraxis der Täter aus dem *Pensylvannia Report*. In New Mexiko wurden Priester in einem Haus, genannt „Via Coeli", untergebracht, um ‚geheilt' und wieder für den Pfarreidienst fähig gemacht zu werden. Viele dieser Priester wurden schon während des Aufenthaltes dort wieder in der Pastoral eingesetzt und auch hier in den Pfarreien, die vulnerabel aufgrund der Hautfarbe, sozialer Schicht oder sonstigen gesellschaftlichen Situationen waren. Allerdings weitet Holscher ihre Analyse über dieses Haus hinaus aus, denn die Rate sexueller Gewalt ist in New Mexiko, Texas und anderen Orten der Kolonialisierung deutlich höher als an der Ostküste.

> „I don't write to minimize the historical and contemporary gravity of sexual abuse across Pennsylvania, in Boston, or anywhere else. Others have written thoughtfully about the different, local contexts that shaped those better-known crises. There are many good approaches to grappling with the history of sexually violent priests; the problem is enormous and there's room for it all. But in New Mexico, in South Dakota, and across lands claimed and colonized by the United States, the one-two punch of race and colonialism has created a crisis within a crisis, and it demands attention from anyone invested in grappling with clerical sexual abuse in the U.S. Catholic Church."[43]

Auf eine ähnliche Beobachtung rekurriert die Moraltheologin Megan K. McCabe, wenn sie die intersektionelle Analyse als aufschlussreiche Methode versteht, um die Versetzungspraxis und die tieferliegenden Tabus und Gewaltmechanismen zu untersuchen:

---

40 Schrank, Aaron, Immigrant Communities Were The ‚Geographic Solution' To Predator Priests, https://www.npr.org/2018/11/08/665251345/immigrant-communities-were-the-geographic-solution-to-predator-priests?utm_source=facebook.com&utm_medium=social&utm_campaign=npr&utm_term=nprnews&utm_content=202909&fbcl id=IwARotMGeYhcrTalh8bclhJk2D-IUyEJe-k6IhzS-6x8FIJnnh5_HOIet2bRM&t=1550906344272&t=1578762620476 (13.04.2023).
41 Hinze, Confronting, XII.
42 Holscher, Kathleen, Colonialism and the Crisis Inside the Crisis of Catholic Sexual Abuse, https://rewire.news/religion-dispatches/2018/08/27/from-pa-to-new-mexico-colonialism-and-the-crisis-inside-the-crisis-of-catholic-sexual-abuse/ (Zugriffsdatum).
43 Ebd.

„Sexual abuse in the church is a good example of the helpfulness of intersectional analysis. Abuser priests were not merely moved from parish to parish, but there is evidence of patterns of moving abusers to poor parishes and Latino parishes. Additionally, there are horrifyingly high rates of sexual abuse of Native American Populations."[44]

Was wäre also, wenn die Versetzungspraxis der deutschen Diözesen unter dem Tabu von *class und race* untersucht würde? Wenn auf diese Weise die bestehenden und beachteten Körper- und Gender-Vorstellungen differenziert ergänzt würden? Wenn die Handlungen von Bischöfen eine latente andere Beurteilung weniger privilegierter Gemeinden oder – das grenzt an Zynismus – an pastorale Orte, bei denen es nicht so drauf ankommt oder die Kontakte nicht durch Alter, Geschlecht und Körper gefährdeten Gruppen strukturiert werden, wie zum Beispiel Gefängnisse oder Altenheime, offenlegen würden, wie dies in den USA nachweisbar ist? Würde sich dann vielleicht eine neue Perspektive ergeben auf die vergangenen und auf die immer noch geschehenen Missbrauchstaten und auf die Orte der Beschuldigten? Wäre dann der Ort der Kreuzung, an dem Menschen aus den vier Richtungen vom Machtmissbrauch verwundet und getroffen werden, deutlicher zu erkennen? Wäre eine intersektionale Analyse vielleicht die Möglichkeit, von der Versetzung über die Sexualmoral und Männer- und Frauenbildern, Körpervorstellungen und das tief verwurzelte Bewusstsein, als Mann Gottes Priester und damit auserwählt zu sein, zu weiterführenden Lösungen zu kommen, weil nämlich die in allem liegende Machtfrage auch als eine soziale Bewertung und gesellschaftliche Unrechtsfrage auf den Tisch kommt? Geht man davon aus, dass die Studien zu Recht herausbekommen haben, dass die missbrauchenden Taten von Klerikern nur zum Teil auf eine ICD-10 zuzuordnende Störung des Sexualverhaltens zurückzuführen sind und damit vor allem auf persönlichkeitsverzögerte und gehemmte Entwicklungen.[45] So könnte diese Analyse des Versetzungssystems offenlegen, wie über nonverbal-performative sowie über seelsorgliche Sprache geglättete Pastoralbereiche faktisch als Orte dargestellt werden, an denen Männer mit massiven Problemen in ihrer Rolle als Kleriker verbleiben und auf diese Weise ein System des Klerikalismus auf mehrdimensionalen Ebenen aufrechterhalten.

---

44 McCabe, Megan K., Why Catholic moral theology is a sign of hope in today's church. An interview by Bill McCormick SJ, in: America. The Jesuit Review, 19.2.2019; McCormick, Bill, Why Catholic moral theology is a sign of hope in today's church, https://www.americamagazine.org/faith/2019/02/19/why-catholic-moral-theology-sign-hope-todays-church (13.04.2023).
45 Darauf machen die Limburger aufmerksam. 50% sind einem regressiven Persönlichkeitstypus zuzuschreiben; ein Viertel wird übergriffig und rationalisiert dies mit pädagogischen Elementen, ca. 20% ist ausschließlich durch Konsum von Internet-Pornographie aufgefallen. Vgl. Bistum Limburg, Betroffene hören – Missbrauch verhindern Konsequenzen aus der MHG-Studie, Limburg 2020, 385, die auf die MHG-Studien sowie die Untersuchung von Leygraf u. a. aus dem Jahr 2012 zurückgreift.

Hier käme eine intersektionale Analyse wieder an ihren Ursprungsimpuls zurück, nämlich Mehrfachdiskriminierungen aufzudecken und rechtlich ihnen entgegenzuwirken. Intersektionalität kann damit zu einem *locus theologicus* werden. Als Quelle der Theologie strukturiert sie als intersektionale Analyse die Erkenntnis und dient als epistemologisches Instrument. Allerdings betritt eine solche Form von Theologie Neuland, ohne dass es Neuland ist, denn außerhalb von Theologie wird sexueller Missbrauch und Gewalt längst schon intersektional untersucht. Hier läge ein Forschungsprojekt, das als Anschlussprojekt an die MHG-Studien lohnenswert wäre.

2.

Legitimität. Ein blinder Fleck in kirchlichen Rechtfertigungsordnungen?

Georg Essen

Ausgehend von einer Verhältnisbestimmung der Begriffe „Legalität", „Legitimation" und „Legitimität" fragt Georg Essen nach der Selbstreferenzialität von Legalitäts- und Legitimationsordnungen der röm.-katholischen Kirche. Dabei setzt er sich mit der Frage nach Freiheiten in den Rechtfertigungsordnungen zur Legitimitätsbeschaffung der Kirche auseinander und kommt zu dem Schluss, dass eine durch eigene selbstreferenzielle Herstellung und Erzeugung der Legitimität entstandene Ordnung keine Freiheiten zulassen kann. Dahingehend betont er, dass Freiheit für die Grundlegung einer kirchlichen Verfassungsordnung durchaus mit miteinhergehender Ausdifferenzierung von Legalität, Legitimation und Legitimität in Anspruch genommen werden kann.

1. Begriffsklärungen: Legalität – Legitimation – Legitimität

Wer im Zusammenhang mit sozialen Ordnungsgebilden von „Gewalt", „Macht" und „Herrschaft" spricht, betritt vermintes Gelände; die ideologieanfällige Ambivalenz diesbezüglicher Semantiken ist hinlänglich bekannt. Immerhin geht es bei ihnen um die Herrschaft von Menschen über Menschen, um Macht, die die einen über die anderen ausüben, und um Gewalt, die die einen den anderen antun. Wenn man vorab und vorgängig weiterer Klärungen unterstellt, dass es in sozialen Ordnungsbilden „Gewalt", „Macht" und „Herrschaft" einerseits faktisch gibt und andererseits auch geben muss, leuchtet ein, dass der Verzicht auf den Gebrauch dieser Begriffe nicht weiterhilft, sondern, im Gegenteil, der Verschleierung, Tabuisierung und Rationalisierung Vorschub leistet. Damit aber sind wir bereits mitten in dem Thema, über das zu sprechen ich eingeladen wurde. Wer sich einen auch nur oberflächlichen Einblick verschafft über die Rechts- und Doktrinalsprache der römisch-katholischen Kirche, stößt in durchgängig allen Normtexten, in denen es um Leitung, Entscheidung, Lehre und Verkündigung geht, auf genau diese Begriffe. Da ist beispielsweise von einer „Kirchengewalt" die Rede, die sich ineinander zugeordneter Weise in „Weihegewalt" und „Jurisdiktionsgewalt" unterscheidet. Auch in der Form von Gesetzen und Verwaltungsanordnungen üben die Inhaber dieser Gewalten Leitungs- oder Lehrbefehle aus. Inhaber dieser Gewalten sind hierzu befugt, weil ihnen in Akten der Herrschaftsverleihung, die wiederum von dazu befugten Herrschaftssubjekten vollzogen werden, entsprechende Vollmachten verliehen werden. Die Vollmacht verleiht ihnen das Recht zu legitimer Ausübung ihrer Macht, die im Rahmen der Rechtsordnung unter Umständen das Recht auf Gehorsamserzwingung miteinschließt.

Welche Taktik also verfolgen Vertreter der Amtskirche – eine gendersensible Sprache kann an dieser Stelle aus bekannten Gründen, die zum Thema gehören, nicht verwendet werden –, wenn sie beharrlich von „Dienst" sprechen, um, was offensichtlich ist, zentrale Grundbegriffe der kirchlichen Rechtssprache zu vermeiden? Und welchen Zweck verfolgt ein Amtsinhaber, der von „geistlichen" Prozessen in Kontexten spricht, in denen Machtfragen verhandelt und in denen schlussendlich Entscheidungen gefällt werden? Steckt etwas anderes dahinter als der Versuch, reale Herrschaftsverhältnisse verschleiern und den Gebrauch von Macht kaschieren zu wollen? Natürlich kann man hier auf die Idee kommen, hinter dieser Redeweise verberge sich der regressiv-aggressive Gestus des Autoritären. Oder es fällt einem Nietzsche ein: Wer sich selbst erniedrigt, will erhöht werden. Aber aus systemischer Sicht liegt – das Verdruckste und Verschämte ist ja mit den Händen zu greifen – die Vermutung nahe, dass sich hinter diesen Äußerungen eine gewisse Rollenunsicherheit verbergen könnte. Es ist, als ob jemanden, der nicht souverän dazu stehen kann, legitimer Inhaber von Herrschaftsgewalt zu sein, der Verdacht beschleicht, dass seinem Gebrauch legaler und legitimierter Macht das nötige Einverständnis derer fehlen könnte, die seinen Befehlen zu folgen hätten. Er sieht, in Anlehnung an Max Weber formuliert, dass ihm unter Umständen die Chance auf erwartbaren Gehorsam genommen ist. Es könnte ihn das Gefühl beschleichen, dass die Machtunterworfenen ihm entgleiten.

So ein Verhalten wäre eigentlich und auf den ersten Blick sehr erstaunlich, weil innerhalb der kirchlichen Rechtsordnung ein Bischof seiner rechtlich begründeten Legitimation zur Ausübung seiner legal abgesicherten Lehr- und Leitungsgewalt sicher sein kann; kirchliche Rechtsordnungen sind hier selbstreferentiell wasserdicht. Und dennoch wird man den Verdacht nicht los, dass so ein Amtsträger, der die besagten Begriffe versteckt und stattdessen von einem „Dienst" redet, in Wirklichkeit ein Getriebener ist. Analoge und nicht minder ideologieanfällige Vermeidungsstrategien liegen vor, wenn ignoriert wird, dass die römisch-katholische Kirche als Glaubensgemeinschaft eine Rechtsgemeinschaft ist, oder wenn sie als „Communio" bezeichnet wird und dabei unter den Tisch fallen soll, dass sie kraft ihrer Verfassungsordnung eine streng hierarchisch strukturierte absolute Monarchie ist. Ich halte im Übrigen auch die jüngst noch einmal zur Anwendung gekommene Begründungsformel des römischen Lehramts – die Kirche verfüge „weder über die Vollmacht, Verbindungen von Personen gleichen Geschlechts (…) zu segnen, noch kann sie über diese Vollmacht verfügen." – für einen solchen Fall einer semantisch erschlichenen Verschleie-

Legitimität. Ein blinder Fleck in kirchlichen Rechtfertigungsordnungen?

rung der Tatsache, dass selbstredend hier von legitimierter Vollmacht Gebrauch gemacht wird.[1]

Derartigen Überlegungen möchte ich im Folgenden nachgehen und werde dies im Blick auf einen Begriff tun, der aus dem Staats- und Verfassungsrecht vertraut ist: Legitimität. Auch wenn Definitionsvorschläge den Schein des bloß Stipulativen an sich haben und sie naturgemäß sprachspielabhängig verwendet werden, möchte ich den Begriff „Legitimität", hierin einem Vorschlag von Udo di Fabio folgend, von den Begriffen „Legalität" und „Legitimation" abgrenzen. Aber der Distinktionsgewinn dieser Begriffsklärung leuchtet, so denke ich, ein. Legalität bezeichnet die Rechtmäßigkeit einer Handlung im Sinne ihrer Übereinstimmung mit dem Gesetz. Legitimation wiederum zielt, jedenfalls in einem staatsrechtlichen Geltungsbereich, auf die durch Rechtsakte wie beispielsweise Wahl oder Ernennung gerechtfertigte Verleihung von Vollmachten zur Ausübung von Herrschaft. Was aber meint, im Unterschied dazu, Legitimität? Legitimität ist, so der von di Fabio eingebrachte Vorschlag, ein metarechtlicher Begriff, der „soziale Wirklichkeit beschreibt oder analytisch zugänglich macht".[2] Ihm zugeordnet sind Semantiken wie Anerkennung, Akzeptanz und Zustimmung und also Grundhaltungen, mit denen ein Einverständnis darüber eingeholt werden soll, dass der Geltungsanspruch, der von Normen, Recht und Gesetzen erhoben wird, richtig, wahrhaftig und auch rechtmäßig ist.[3] Es genügt ganz offensichtlich nicht, die Machtfrage rechtlich geklärt und die Geltungskraft von Herrschaft legitimatorisch gut begründet zu haben. Es ist evident, dass der souveräne Inhaber von Macht wenig souverän ist, wenn die Bereitschaft zur Unterwerfung unter seine Befehle und Gesetze allein auf Gewaltandrohung beruhen sollte. Souverän ist, wer sich der Legitimität seiner Herrschaft sicher und gewiss sein darf!

Zwar begründet das Zusammenspiel von Legalität und Legitimation eine Geltungsqualität, mit der die Einhaltung von Normativität durch die zwangsweise Herstellung von Gehorsam zu Wege gebracht werden kann. Aber die Antwort,

---

1   Ladaria, Luís Francisco, *Responsum ad dubium* der Kongregation für die Glaubenslehre über die Segnung von Verbindungen von Personen gleichen Geschlechts, https://press.vatican.va/content/salastampa/it/bollettino/pubblico/2021/03/15/0157/00330.html#ted (3.6.2021).
2   Di Fabio, Udo, Herrschaft und Gesellschaft, Tübingen 2019, 42. Zu den weiteren Hintergründen vgl. vor allem Forst, Rainer, Normativität und Macht. Zur Analyse sozialer Rechtfertigungsordnungen, Berlin 2015; ders., Kritik der Rechtfertigungsverhältnisse. Perspektiven einer kritischen Theorie der Politik, Berlin 2011. Vgl. ferner den jüngst erschienenen Aufsatzband ders. / Günther Klaus (Hg.), Normative Ordnungen, Berlin 2021. Zu den verfassungsrechtlichen Voraussetzungen, die im Hintergrund meiner Überlegungen stehen, vgl. demnächst Essen, Georg, Fragile Souveränität. Eine Politische Theologie, 2025 (im Druck).
3   Vgl. Fabio, Herrschaft, 42.

dass Recht Geltung beanspruchen und durchsetzen darf, sofern und weil es von einer gesetzgebenden Gewalt, die hierzu legitimatorisch befugt ist, korrekt erlassen wurde, verlangt offenkundig nach Differenzierungen. Einerseits kann die Frage im Raum stehen, ob das Recht faktisch akzeptiert wird. Andererseits kann desgleichen die Frage nach der Anerkennungs- und Zustimmungswürdigkeit des Rechts aufgeworfen werden. Ersteres eröffnet einen rechtssoziologischen, das Zweite einen geltungstheoretischen Problemhorizont. Tauchen diese Fragen auf, ist der Begriff der Legitimität bereits im Spiel und zwar in der doppelten Hinsicht, dass nämlich im Rückgriff auf Legitimität die Geltung des Rechts sowohl deskriptiv als auch normativ gedacht werden soll.[4]

Natürlich stellt auch das Recht selbst eine Legitimitätsressource dar. Legitimität wird durch institutionell erwartbare Verfahrenssicherung begründet sowie durch Rechtsklarheit und Rechtssicherheit. Aber hinter diesen Instrumenten, zu denen etwa auch Verfahren von Gewaltenteilung, die Befristung von Herrschaft oder Grundrechtsgewährleistung gehören, steht ja bereits das Bemühen der Machthaber um Anerkennung und Zustimmung. Entscheidend ist allerdings – und für das Thema meines Beitrages von zentraler Bedeutung –, dass Legitimität nicht selbstbezüglich von den Machthabern erzeugt und selbstreferentiell sichergestellt werden kann. Von Niklas Luhmann können wir lernen, dass sich soziale Ordnungsbildungen jedweder Art über Kommunikation organisieren und verlaufen.[5] Legitimität gehört in besonderer Weise zur gesellschaftlichen Kommunikationsform des Rechts, weil sie ein „soziales Phänomen" ist.[6] Als ein solches ist Legitimität wahrzunehmen, weil mit ihr eine auf Anerkennung beruhende Bindungswirkung verbunden ist, die hinsichtlich ihrer Geltungskraft von anderer Art ist, als dies für das Recht in Anspruch genommen werden kann. Legitimitätsquellen verweisen zurück auf Normativitätsordnungen, deren Geltungssinn in sozialen Interaktionsbeziehungen aufgesucht werden muss, in denen durch Modi von Einverständnis und Zustimmung die Akzeptanz von Rechtsverhältnissen erzeugt wird.[7] Das bedeutet freilich nicht, um das an dieser Stelle lauernde Missverständnis sogleich auszuräumen, dass vorrechtlichen Normativitätsinstanzen kein unter Umständen sogar unbedingter Verpflichtungscharakter innewohnt. Das wird schlagartig deutlich, wenn wir uns klar machen, dass klassischerweise Moral, Tradition oder Religion als Legitimitätsordnungen in Anspruch genommen wurden und werden. Festzuhalten ist allein, dass wir es hier mit Rechtfertigungsordnungen zu tun haben, die normativ anspruchsvoller und komplexer sind als die

---

4   Vgl. Hahn, Judith, Grundlegung der Kirchenrechtssoziologie. Zur Realität des Rechts in der römisch-katholischen Kirche, Wiesbaden 2019, 147–149.
5   Vgl. Luhmann, Niklas, Die Gesellschaft der Gesellschaft, Frankfurt am Main 1997, 93.
6   Fabio, Herrschaft, 38.
7   Vgl. Forst, Kritik.

Legitimität. Ein blinder Fleck in kirchlichen Rechtfertigungsordnungen?

dem Recht immanente Logik des zwingenden Befehls. Auch leuchtet ein, dass das Recht selbst nur in sehr eingeschränkter Weise eine Legitimitätsquelle darstellt. Das wird anhand eines Beispiels aus jüngster Zeit schlagartig deutlich. Das sogenannte Gercke-Gutachten zur Aufarbeitung sexuellen Missbrauchs und seiner Vertuschung im Erzbistum Köln beschreibt und interpretiert die Zuschreibungen von Schuld, Verantwortung und Versagen ausschließlich in Rechtskategorien und urteilt allein am Maßstab der Justiziabilität der Pflichtverletzungen.[8] Dass nach der Veröffentlichung des Gutachtens die Kritik am Kölner Erzbischof nicht verstummte, lässt sich in meinen Augen auch so erklären, dass es ihm offensichtlich nicht gelungen ist, seine Verantwortung im Modus der Verrechtlichung klarzustellen. Auf diesem Weg allein lassen sich offenbar Vertrauen und Glaubwürdigkeit nicht wiederherstellen. In den vielfältigen Formen von Protest, Kritik und Widerspruch, die sich teils in starken Ausdruckhandlungen aus dem Binnenraum der Kirche heraus Gehör verschaffen, artikuliert sich die Verweigerung von Legitimitätszuspruch. „Wie lange will Woelki so weitermachen?", kommentiert sehr akzentuiert die SZ: „Der Vorgang zeigt, dass Woelki keine Autorität mehr hat. Nur noch Macht".[9] Wie gesagt: Souverän ist, wer sich der Legitimität seiner Herrschaft sicher und gewiss sein darf.

Deutlich sollte sein, dass Legitimität eine soziale Handlungskategorie ist, die in Formen von Interaktion und Anerkennung kommunikativ wirksam wird. Auch für Legitimität gelten mithin zentrale Axiome über Kommunikation, die uns von Paul Watzlawick her vertraut sind: Man kann nicht nicht kommunizieren; jede Kommunikation hat einen Inhalts- und einen Beziehungsaspekt; Kommunikation ist immer Ursache und Wirkung.[10]

In der Konsequenz dieser Einsichten leuchtet ein, dass als Legitimitätsressource alles in Betracht kommen kann, was, kurzgefasst, der Ausübung von Herrschaft seitens der ihr Unterworfenen Anerkennung und Akzeptanz sowie Vertrauen und Glaubwürdigkeit zu verschaffen vermag. Geläufig sind uns, wie teilweise bereits angedeutet, in verfassungshistorischer Hinsicht die vorrechtlichen Normativitäts-

---

8 Erzbistum Köln, Unabhängige Untersuchung: Aufarbeitung von sexualisierter Gewalt, Unabhängige Untersuchung: Aufarbeitung von sexualisierter Gewalt, https://www.erzbistum-koeln.de/rat_und_hilfe/sexualisierte-gewalt/aufarbeitung/unabhaengige-untersuchung/ (3.6.2021); Gercke, Björn / Stirner, Kerstin / Reckmann, Corinna / Nosthoff-Horstmann, Max / Pree, Helmuth / Korta, Stefan, Pflichtverletzungen von Diözesanverantwortlichen des Erzbistums Köln im Umgang mit Fällen sexuellen Missbrauchs von Minderjährigen und Schutzbefohlenen durch Kleriker oder sonstige pastorale Mitarbeitende des Erzbistums Köln im Zeitraum von 1975 bis 2018. Verantwortlichkeiten, Ursachen und Handlungsempfehlungen, Köln 2021, https://mam.erzbistum-koeln.de/m/2fce82a0f87ee070/original/Gutachten-Pflichtverletzungen-von-Diözesanverantwortlichen-im-Erzbistum-Koln-im-Umgang-mit-Fallen-sexuellen-Missbrauchs-zwischen-1975-und-2018.pdf (3.6.2021).
9 Zoch, Annette, Abkehr von Kardinal Woelki, in: Süddeutsche Zeitung 24. Mai 2021.
10 Bender, S., Paul Watzlawick, https://www.paulwatzlawick.de (3.6.2021).

quellen von Ethik, Tradition, Geschichte, Kultur und Religion. Aber Legitimität wird auch durch Rituale, Symbole, Feste und also in allen Formen ästhetischer Inszenierung erzeugt, die in einer Gemeinschaft oder einer Gesellschaft resonanzfähig sind. Ihr Geltungssinn ist hingegen nicht abhängig vom Wohlwollen der Machtinhaber.

2. Das Zueinander von Legitimation und Legitimität in normativen Selbstbeschreibungen der römisch-katholischen Kirche

In gebotener Knappheit und deshalb auch nur in formaler Verdichtung möchte ich in einem ersten Schritt das Zueinander von Legitimation und Legitimität aufhellen, wie es dem Selbstverständnis der römisch-katholischen Kirche normativ entspricht.

Erstens. Als wahrheitsgebundene Überzeugungsgemeinschaft kennt die Kirche zwar die Rechtskategorie der formal legitimierten Autorität, aber sie sieht sich außerstande, jenen wahrheitsasketischen Formalcharakter des Rechts für sich zu akzeptieren, den Thomas Hobbes markant in der Sentenz zusammengefasst hatte: *auctoritas non veritas facit legem*. Der Geltungscharakter des kirchlichen Rechts findet seine Fundamentalverankerung in der von der Kirche als von Gott gegeben geglaubten Wahrheit! Mehr als nur ein Widerhall dieser Rechtsauffassung findet sich in zwei für die Kirche zentralen Rechtsbegründungsfiguren: *ius divinum positivum* und *ius divinum naturale* – Recht aus Offenbarung und Recht aus Natur.[11] Offenbarung und Natur fungieren hier eins sowohl als formale Rechtsquellen, aus denen die kirchliche Rechtsordnung schöpft, als auch als materiale Wissensressourcen, aus denen der Gesetzgeber sein Wissen über jene Inhalte bezieht, die er kodifiziert. Dass sich das Lehramt als letztverbindliche Interpretin dieser Rechtsquellen begreift, hat zur Folge, dass seine Autorität sowohl inhaltlich sachbegründet als auch formal geltungsbegründet ist. Diesbezügliche Zuordnungslinien verlaufen freilich asymmetrisch, weil die normative Geltungsfundierung beider letztlich in dem Anspruch formaler Autorität gründet. Dass es sich so verhält, kommt auch dadurch zum Ausdruck, dass jedweder Autoritätsanspruch der Kirche in einer Wahrheit gründet, die das Lehramt selbst autoritativ und letztverbindlich erkennt, interpretiert und adressiert. Genauer: Es ist der

---

11 Zum Folgenden vgl. Hahn, Grundlegung, 171–175; Lüdecke, Norbert, Das Verständnis des kanonischen Rechts nach dem Codex Iuris Canonici von 1983, in: Grabenwarter, Christoph / Lüdecke, Norbert (Hg.), Standpunkte im Kirchen- und Staatskirchenrecht. Ergebnisse eines interdisziplinären Seminars, Würzburg 2002, 177–215.

Legitimität. Ein blinder Fleck in kirchlichen Rechtfertigungsordnungen?

Papst, der das Offenbarungs- wie das Naturrecht umfassende *ius divinum* feststellt und verbindlich auslegt.[12]

Der Gottesbezug, der beiden auf Offenbarung und Natur rekurrierenden Rechtsbegründungsfiguren inhärent ist, verweist freilich darauf, dass letztlich Gott als Quelle aller Wahrheit die Quelle allen kirchlichen Rechts ist. Die damit verbundene Geltungslogik läuft darauf hinaus, dass in einem letztbegründenden Sinn Gott die *Legitimationsinstanz* aller in der Kirche existierenden Legitimationen ist. Gott verbürgt allerdings zugleich die *Legitimität* diesbezüglicher Geltungsansprüche. Anders formuliert: Gott ist Geltungsgrund von Normativitäten, denen deshalb Überzeugungskraft und Bindungswirkung innewohnen soll, weil sie als von Gott legitimiert gelten.

Zweitens. Von Gott her, der sowohl als Legitimations- wie auch als Legitimitätsgrund in Anspruch genommen wird, bezieht wiederum die Kirche sowohl ihre Legitimation wie ihre Legitimität. Dieser Zusammenhang wird in kirchlichen Selbstbeschreibungen in ein Narrativ gekleidet, das zugleich als *Legitimationskette* funktioniert.[13] Es lautet, kurzgefasst, dass der Herr Jesus Christi den Zwölferkreis der Apostel und in ihrer Mitte Petrus als deren Haupt bestellt habe. Dieses Apostelamt dauere in der Kirche und zwar in Form der apostolischen Sukzession in den Bischöfen fort. Der legitimitätsverschaffende Legitimationsgrund ist ein „Weihe" genannter Akt göttlicher Einsetzung in das Amt des Bischofs. Christus verleiht durch diese Legitimationskette hindurch jene *sacra potestas*, heilige Vollmacht, mit denen die Bischöfe das Volk Gottes leiten und lenken. Weil sich die Legitimationskette von Christus über die Apostel auf die Bischöfe in stetiger Fortdauer übertragen habe, stehen die Bischöfe an Gottes Stelle der Herde vor und leiten sie mit der Vollmacht eines Hirten, eines Lehrers und eines Priesters.

Die souveränitätsrechtliche Figur „Legitimation durch Repräsentation" wird kirchlicherseits sakramental gedacht, und zwar so, dass mit der Priesterweihe die Vollmacht verliehen wird, *in persona Christi capitis*, in der Person Christi des Hauptes zu handeln. Die Vollmachten des Heiligens, Lehrens und Leitens sind in legitimatorischer Hinsicht sakramental in der Priesterweihe begründet.

Gerade dieser letzte Hinweis belegt sehr deutlich, dass der Schlüsselbegriff des normativen Selbstverständnisses der Kirche der Legitimationsbegriff ist, um den

---

12 Vgl. zum Gesamtzusammenhang diesbezüglicher Rechtsbegründungsfiguren Lüdecke, Norbert / Bier, Georg, Das römisch-katholische Kirchenrecht, Stuttgart 2021, 13–28.

13 Die nachstehenden Ausführungen verstehen sich als Paraphrasierungen, die der Dogmatischen Konstitution über die Kirche, *Lumen gentium* (LG), entnommen sind. Vgl. Hünermann, Peter (Hg.), Constitutio dogmatica de ecclesia. Dogmatische Konstitution über die Kirche „Lumen gentium": Die Dokumente des Zweiten Vatikanischen Konzils. Konstitutionen, Dekrete, Erklärungen. Lateinisch-deutsche Studienausgabe, in: Hünermann, Peter / Hilberath, Bernd Jochen, Herders Theologischer Kommentar zum Zweiten Vatikanischen Konzil, Bd. 1, Freiburg im Breisgau 2004, 73–192, hier: 103–130 passim (LG 18–29).

alles kreist. Weil der Legitimationsgrund in Jesus Christus offenbar gewordener Wille Gottes ist, fallen, dem normativen Selbstverständnis folgend, Legitimation und Legitimität zusammen. Beide gründen in derselben Quelle, die Gott selbst ist. Der Zuspruch an Legitimität, den die Kirche für sich in Anspruch nimmt, heißt in frommer Sprache das Wirken des Heiligen Geistes, dessen Beistand sich die Kirche so gewiss sein kann, dass sie irrtumsimmun und also unfehlbar um die Wahrheit, die Gott selbst ist, weiß. Im Grunde ist sie auf so etwas wie Legitimität im beschriebenen Sinne folglich gar nicht angewiesen, weil sie als geisterfüllte Sakralordnung aus der Wahrheit, die ihr kraft göttlicher Legitimation stets gewiss ist, nicht herausfallen kann. Aber in Fragen von Legitimitätsbeschaffung geht es nicht um die Feststellung, was Wahrheit ist, sondern um die Frage nach der Zustimmung zu ihr und die Bindung an sie.

3. Legitimität. Ein blinder Fleck in kirchlichen Rechtfertigungsordnungen

Dass die Geltungskraft der Legitimation kirchlicher Amtsvollmachten ineins die Legitimität der sie Innehabenden verbürgen soll, findet seinen Ausdruck in dem Befund, dass Fragen der Legitimitätsbeschaffung im Selbstverständnis der Kirche von nur untergeordneter Bedeutung sind. Die kirchliche Rechtsordnung kennt im Grunde genommen nur eine einzige Form der Adressierung von Legitimitätserwartungen. Und diese sind durch Akte des Gehorsams zu erfüllen, zu denen die katholischen Gläubigen sowohl moralisch als auch rechtlich verpflichtet sind. Denn der Gehorsam, mit dem die Normadressat*innen auf Leitungs- und Lehrbefehle zu reagieren haben, ist machtförmig strukturiert, weil sowohl der Leitungs- als auch der Lehrgehorsam als sanktionsbewehrte Rechtspflichten normiert und kodifiziert sind.[14] Zahllos sind in den doktrinalen und rechtlichen Normtexten Ermahnungen zum Gehorsam zu lesen. Beredt sind die Semantiken, die sich in Auslegungen zur Bildwelt von Schafen, Hirten und Herden finden lassen, die in der Regel patriarchal, paternalistisch und autoritär getönt sind. Vielfach Verwendung findet auch die Redeweise vom „kindlichen Gehorsam". Sie entstammt einer Bildwelt, in der sich die Bischöfe als Väter begreifen. Auffallend ist, dass diese Redeweise zumeist im performativen Sprechakt der Entmündigung daherkommt.

Wichtig ist der Hinweis darauf, dass die zur Rechtspflicht erhobene Tugendhaltung des Gehorsams das strukturleitende Grundverhältnis regiert, das das Miteinander von Klerikern und Laien konstitutiv durchherrscht. Die einzig legitime Antworthaltung der Gläubigen gegenüber einer vom Lehramt vorgelegten Lehre in Fragen des Glaubens und der Sitte ist, wenn auch in gestufter Weise, die der Geltungsqualität der Lehre entspricht, der Akt einer inneren Zustimmung, die

---

14 Vgl. can. 212 § 1 CIC. S. u.

Legitimität. Ein blinder Fleck in kirchlichen Rechtfertigungsordnungen?

„tatsächliche innere Anerkennung und die äußere Gefolgschaft". „Es geht um Zustimmung aus und als Gehorsam".[15] Dieser Gehorsam erhält seine Verpflichtungskraft freilich nicht im Rekurs auf den Inhalt der Glaubenslehre, sondern sie besteht in der Unterwerfung des eigenen Urteils unter die Autorität des Kirchenamtes; Maßstab des Gehorsams ist mithin die Anerkennung der kirchlichen Autorität.[16] Erst durch den Gehorsam wiederum sind die Gläubigen übrigens in die Legitimationskette mit einbezogen, von der gerade die Rede war: „Die Gläubigen aber müssen dem Bischof anhängen wie die Kirche Jesus Christus und wie Jesus Christus dem Vater, damit alles durch die Einheit zusammenstimme und überströme zum Ruhm Gottes".[17]

Die Folge dieses hierarchisch strukturierten Kommunikationsmusters besteht darin, dass die Amtskirche ein Selbstbild der Kirche imaginiert, in der Zweifel an der Anerkennungs*würdigkeit* ihrer Lehren und Rechtsordnung eigentlich gar nicht aufkommen und bestehen dürfen. Wo sie aber laut werden, erwecken sie einen Verdacht, der sprungbereit sanktionswürdig ist. Den Schutzraum der gewährten Sozialsphäre, in der in Prozessen von Interaktionen, von Deliberation und Partizipation das Werben um Legitimität und der Zuspruch an Legitimität ausgehandelt wird, gibt es im Rahmen der kirchlichen Rechtsordnung nicht. Formen von „Meinungs- und Meinungsäußerungsfreiheit stehen", so Judith Hahn, „in der Kirche nicht für sich, sondern immer in einer Beziehung zum Gehorsam, den Katholikinnen und Katholiken dem Kirchenamt und seiner Lehre schulden".[18]

Das Kirchenrecht kennt allein die Bestimmung, dass es den Gläubigen unbenommen sei, „ihre Anliegen, insbesondere die geistlichen, und ihre Wünsche den Hirten der Kirche zu eröffnen". Und es ist lediglich die Rede davon, dass die Gläubigen

> „entsprechend ihrem Wissen, ihrer Zuständigkeit und ihrer hervorragenden Stellung (…) das Recht und bisweilen sogar die Pflicht [haben], ihre Meinung in dem, was das Wohl der Kirche angeht, den geistlichen Hirten mitzuteilen und sie unter Wahrung der Unversehrtheit des Glaubens und der Sitten und der Ehrfurcht gegenüber den Hirten und unter Beachtung des allgemeinen Nutzens und der Würde der Personen den übrigen Gläubigen kundzutun".[19]

Die Kautelen sind allesamt restriktiv auszulegen, denn dahinter steht klar ersichtlich der Versuch, derartige Willensbekundungen einzuhegen und zu domestizieren. Der Generalbass ist auch hier die Pflicht zur Gehorsamsbefolgung: „Was die geistlichen Hirten in Stellvertretung Christi als Lehrer des Glaubens erklären oder als Leiter

---

15 Lüdecke / Bier, Kirchenrecht, 85; vgl. ebd., 77–95.
16 Vgl. ebd., 84. 86.
17 LG 27.
18 Hahn, Grundlegung, 177; vgl. ebd., 176–178.
19 can. 212 §§ 2f. CIC.

der Kirche bestimmen, haben die Gläubigen im Bewusstsein ihrer eigenen Verantwortung in christlichem Gehorsam zu befolgen".[20] Die hier eingeflochtene Rede vom Verantwortungsbewusstsein darf freilich nicht darüber hinwegtäuschen, dass es ausdrücklich nicht um die Aufforderung geht, sich hier von seinem eigenen autonomen Gewissen in Anspruch nehmen zu lassen; die Autonomie des Gewissens ist der Kirche wesensfremd.[21] Die „Verweigerung von Unterordnung" beziehungsweise des „religiösen Gehorsams" ist als „Straftaten gegen die kirchlichen Autoritäten" zu ahnden.[22] Klar ist darüber hinaus, dass exklusiv die „Hirten" selbst darüber wachen, ob an sie adressierte Willensbekundungen die Unversehrtheit von Glauben und Sitten tangieren. Die genannten Canones haben ohnehin allein asymmetrische und hierarchische Sprechakte im Blick, die stets die „Ehrfurcht" gegenüber den Hirten zu respektieren haben.[23]

Es lohnt sich, die kirchlichen Strategien im Umgang mit Legitimitätsproblemen anhand eines Modells zu analysieren, das von Max Weber stammt. Er hat den Vorschlag eingebracht, Legitimitätsvermutungen für Formen der Macht zu unterstellen, die charismatisch, traditional oder legal codiert sind.[24] Alle drei Aspekte treffen für die Kirche zu, verdeutlichen aber zugleich diesbezügliche Ambi-

---

20 can. 212 § 1 CIC. Für den weiteren rechtliche Referenzrahmen dieser Norm wäre etwa u.a. auf cann. 218, 386, 750–754 CIC i. V. m. can. 1371 CIC zu verweisen.
21 Vgl. Essen, Georg, Erst das Gewissen, dann der Papst? Die Mühen der katholischen Kirche mit der Gewissensfreiheit, in: epd-Dokumentation 21 (2021),12–17.
22 Vgl. cann. 1370–1377 CIC.
23 Eine Legitimität durch Repräsentation in dem Sinne, dass Laien, ausgestattet mit der Kompetenz-Kompetenz des Leitens und Lehrens, in Entscheidungsgremien mit Stimmrecht und also Entscheidungsbefugnissen vertreten sind, sieht die kirchliche Rechtsordnung nicht vor. Vgl. Hahn, Grundlegung, 183–185. Man sage nicht, das Zweite Vatikanische Konzil habe doch in der Lehre vom *sensus fidei* oder in der vom gemeinsamen Priestertum aller Gläubigen Formen normiert, in denen sich die infragestehende Legitimitätsbeschaffung vollziehen könne. Die Lehre vom *sensus fidei* kann dies schon deshalb nicht leisten, weil sie durch die Forderung nach der Unterwerfung im Gehorsam unter die Autorität des Kirchenamts diejenigen, die sich auf ihren unfehlbaren Glaubenssinn berufen wollen, diszipliniert, einhegt und domestiziert. Das gemeinsame Priestertum aller Gläubigen eignet sich ebenfalls nicht dazu, weil die in ihm begründete Teilhabe an den drei Ämtern Christi lediglich eine Würde-, keineswegs jedoch eine Funktionsqualität bezeichnet, die mit kirchenamtlichen Vollmachten beispielsweise des Leitens und Entscheidens verbunden wäre. Vgl. (LG 12, 10); Essen, Georg, In guter Verfassung? Ein rechtssoziologisch-dogmatischer Versuch über Macht, Recht und Freiheit, in: Reisinger, Doris (Hg.), Gefährliche Theologien. Wenn theologische Ansätze Machtmissbrauch legitimieren, Regensburg 2021, 103–117. Vgl. ferner Söding, Thomas (Hg.), Der Spürsinn des Gottesvolkes. Eine Diskussion mit der Internationalen Theologischen Kommission, Freiburg im Breisgau 2016; Bier, Georg, Wir sind Kirche. Der Glaubenssinn des Gottesvolkes in kirchenrechtlicher Sicht, in: Meier, Dominikus M. / Platen, Peter / Reinhardt, Heinrich J. F. / Sanders, Frank (Hg.), Rezeption des Zweiten Vatikanischen Konzils in Theologie und Kirchenrecht heute, Essen 2008, 73–97.
24 Vgl. Weber, Max, Die drei reinen Typen der legitimen Herrschaft, in: ders., Wirtschaft und Gesellschaft. Die Wirtschaft und die gesellschaftlichen Ordnungen und Mächte. Nachlass.

valenzen. Dass, *erstens*, ein charismatischer Herrscher sich Akzeptanz kraft seiner Ausstrahlung erwirbt, trifft in hohem Maße für die zu Priestern geweihten Amtsträger zu, die auf allen Ebenen ihrer kirchlichen Präsenz mit einer Sakral-Aura ausgestattet werden, welche in Ehrenbezeugungen von Titeln und Anreden, im Sprachgestus des feierlich und autoritativ wirkenden Gebrauchs der ersten Person Plural, mit der der Papst von sich selbst spricht, in Kleiderordnungen oder auch in liturgischen Inszenierungen zum Ausdruck kommt.

Auch der Hinweis von Max Weber, dass, *zweitens*, in traditionalen Herrschaftsgebilden Legitimität durch die Anerkennung einer historisch überkommenen gemeinschaftsstiftenden Ordnung erzeugt werden soll, passt so gut zur römisch-katholischen Kirche, dass die Nennung von Stichworten genügen kann: Schrift und Tradition, apostolische Sukzession, apostolische Überlieferung. Freilich ist die Berufung auf Tradition eine zweischneidige Angelegenheit, weil die Aufdeckung ihrer Vielfalt, mit der der Möglichkeitssinn für Alternativen zum *Status quo* geschärft werden könnte, auch delegitimierende Effekte hervorrufen kann. Allerdings hat das Lehramt hier insofern wirksame Gegenmaßen getroffen, als es ihm allein obliegt, die Tradition autoritativ und letztverbindlich auszulegen und auf die Gegenwart zu applizieren.[25]

Die Kirche ist, *drittens*, als eine Form legaler Herrschaft organisiert, für die Weber zufolge kennzeichnend ist, dass sie ihre Legitimierung durch die Bindung an das Recht erzeugt. Allerdings ist dies, wie Judith Hahn hat aufzeigen können, der Schwachpunkt, der ein wenig ausführlicher beleuchtet zu werden verdient.[26] Rechtssicherheit und Rechtsklarheit sind hinsichtlich des kirchlichen Rechts nicht, vorsichtig formuliert, über jeden Zweifel erhaben. Man wird kaum sagen können, dass die in Demokratien geachteten Standards an Rechtstaatlichkeit – Grundrechtsschutz, Gewaltenteilung, rechtlich normierte und sanktionierbare Machtbegrenzung, strikte Verfahrensförmlichkeit in Gesetzgebungsprozessen – im Geltungsraum der Kirche gültig sind. Hahn weist in Aufnahme von Argumenten, die die Kanonisten Georg Bier und Norbert Lüdecke vorgebracht haben, darauf hin, dass gerade auch die Legitimität der päpstlichen Macht zweifelhaft ist, sofern diese auf einer Bindung an das Recht beruhen soll. Zwar sei der Papst dem Anspruch unterworfen, sein Amt unter Beachtung von Offenbarung und Kirche auszuüben, die ihn verpflichten. Auch dürfe er von der Gewalt, zu der er ermächtigt ist, nur so Gebrauch machen, wie es von seinem Amt her gefordert sei. Aber die Machtfülle des Papstes ist insofern nahezu einschränkungsfrei, als er als Inhaber der höchsten, vollen, unmittelbaren und universalen ordentlichen Gewalt, über die

---

Teilband 4: Herrschaft. Studienausgabe der Max Weber-Gesamtausgabe, Bd. I/22-4, Tübingen 2009, 217–225.

25 Vgl. Essen, Georg, „Löscht den Geist nicht aus!" (1 Thess 5,19). Die Kirchengeschichte als rückwärtsgewandte Prophetie, in: ET Studies 10 (2019), 297–318.
26 Vgl. Hahn, Grundlegung, 175–182.

er jederzeit und allerorts frei verfügen kann, nicht an das Recht gebunden ist, das er erlassen hat. Die Verantwortung, die er als „oberster Hirte" gewiss fürsorglich zu tragen hat, ist gänzlich in die Innenwelt seines moralisch gebundenen und frommen Gewissens hineingenommen. Der Hinweis auf die Selbstbindung des Papstes an das Gottesrecht verfängt nicht, weil in der bereits aufgedeckten hermeneutischen Selbstreferentialität der „Stellvertreter Christi" selbst die Interpretationshoheit über den Willen Gottes besitzt.

4. Souverän ist, wer sich seiner Herrschaft sicher und gewiss sein darf. Vom „gewissen ‚toten Punkt'" und seinen Perspektiven

Für den Legitimitätsbegriff lassen sich, das Vorstehende zusammenfassend, diese Aspekte herausstellen: Legitimität ist, *erstens*, ein metarechtlicher Begriff, der der Beschreibungsebene der sozialen Wirklichkeit zuzuordnen ist. Mit ihm werden die sozialen Interaktionsmuster identifiziert, mit denen die Herrschaftsunterworfenen die Anerkennung und Akzeptanz von Macht und Herrschaft gewähren oder entziehen. Es geht um Kommunikationsweisen, mit denen zwischen Herrschenden und Herrschaftsunterworfenen ausgehandelt wird, inwiefern die durchaus auch legale und legitime Ausübung von Macht auf einem Einverständnis letzterer beruht.

Entscheidend ist darüber hinaus und *zweitens*, dass Legitimität, eben weil Prozesse von Legitimitätsbeschaffung und Legitimitätsgewährung einen intersubjektiven und diskursiven Charakter haben, nicht selbstbezüglich von den Machthabern erzeugt und selbstreferentiell sicher-, prägnanter noch: hergestellt werden kann. Auch der Rekurs auf Prinzipien von Legalität und Legitimation allein erzeugt nicht jene Formen von Legitimität, mit denen im beschriebenen Sinne Anerkennung und Zuspruch adressiert werden.

Diese Einsichten haben zur Konsequenz, dass im Gesamt rechtlicher und doktrinaler normativer Ordnungen der römisch-katholischen Kirche für Rechtfertigungsordnungen zur Legitimitätsbeschaffung im Grunde keine Freiräume gewährt werden beziehungsweise verbleiben. Dass Interaktionen über Legitimität in der Sphäre des Sozialen frei ausgehandelt werden und werden müssen, gäbe Anlass zu der Frage, wo in den normativen Ordnungen der Kirche selbst die Gewährung diesbezüglicher Freiheiten eröffnet und ermöglicht wird. Zu konstatieren ist jedoch, dass einschlägige Rechtsinstrumente des liberalen Rechtsstaates – unter anderem Grundrechtsschutz, der klassischerweise ein Abwehrrecht dem Staat gegenüber ist, Meinungsfreiheit sowie verlässliche Rechtssicherheit und -klarheit – in der kirchlichen Rechtsordnung gänzlich fehlen oder nur unzureichend kodifiziert sind. Legitimitätsverbürgende Modelle, etwa die einer Beteiligung durch Repräsentation, sind schwach bis gar nicht ausgebildet. Kraft der Exklusion von Laien von Entscheidungs- und Leitungsvollmachten sind Partizipationsprozesse

Legitimität. Ein blinder Fleck in kirchlichen Rechtfertigungsordnungen?

auf bloße Beratung hin eingeschränkt. Deren Ergebnisse sind, um Beschlussgeltung zu erlangen, der episkopalen oder pontifikalen Entscheidungsvollmacht zu übergeben und bilden unter Umständen nicht mehr als ein Dispositiv, das amtskirchliche Entscheidungsorgane zu nichts verpflichtet. Der Übergang von der Beratungsebene, an der auch Laien beteiligt sein dürfen – so es die Amtskirche denn gestattet – zu der Entscheidungsebene, von der diese ausgeschlossen sind, weil hierzu Weihevollmacht erforderlich ist, gestaltet sich als ein intransparenter Vorgang. Wie zum Beispiel der Papst mit synodalen Beratungsergebnissen verfährt, bleibt dem Gutdünken seiner Willkür überlassen. Ein solches Vorgehen aber ist heute weniger denn je geeignet, Legitimität durch Repräsentation und Verfahren herzustellen.

Die Ausarbeitung einer normativen Theorie der Legitimität, die Fragen der Anerkennungs- und Zustimmungswürdigkeit des Rechts zu klären und zu begründen hätte, müsste von einer Begründungsstruktur her entwickelt werden, die Legitimität als einen seinerzeit legitimen Ausdruck des autonomen Freiheitsbewusstseins von gemeinschaftlich und gesellschaftlich verfassten Subjekten begreift. Weil an dieser Stelle schon aus Zeitgründen eine solche Legitimitätstheorie noch nicht einmal in Ansätzen ausgearbeitet werden kann, muss thesenhaft der Hinweis auf zwei Axiome genügen.[27] Das erste betrifft die Begründung und Legitimation von Ordnungen und Institutionen. Diese sind nach Kriterien aufzubauen, die durch die sittliche Vernunft selbst zu begründen und zu rechtfertigen sind. Denn die Freiheit ist der Ordnung vorgeordnet und jedwede Ordnung ist durch einen Akt der Freiheit zu begreifen. Folglich entstammen legitime Ordnungen einem Akt der Freiheit und sind eine durch Freiheit und in Freiheit gesetzte Ordnung. Das zweite betrifft die Begründung und Legitimation von Macht, von denen wiederum deren Legitimität abhängt. Autonomem Freiheitsbewusstsein entspricht, dass nicht der Anspruch der Freiheit, wohl aber der Anspruch der Macht der Legitimation, aber auch der Legitimität bedarf. Das Institut der Macht kann seinen Sinn allein darin haben, dass es die Bedingungen für das kommunikative Miteinander von Freiheiten schafft und sichert. Also ist die Freiheit der Grund der Macht und die Freiheit das zur Macht ursprünglich Ermächtigende. Allein die Herkunft der Macht aus der Freiheit schafft Freiheitsordnungen.

In der Konsequenz dieser Einsichten gilt, dass allein Rechtsordnungen den Anspruch auf Legitimität erheben können, die im Freiheitsbegriff geltungsfundiert sind. Und allein sie wiederum begründen legitime Ordnungen von Herrschaft und Macht. Damit ist das Urteil gefällt im Blick auf kirchliche Rechts- und Herrschaftsordnungen! Sie repräsentieren keine normativen Ordnungen, die über hinreichen-

---

27 Zum Folgenden vgl. Krings, Hermann, Staat und Freiheit, in: ders., System und Freiheit. Gesammelte Aufsätze, Freiburg u.a. 1980, 185–208; ders., Freiheit und Macht, in: Philosophisches Jahrbuch 97 (1990), 1–14.

de Legitimität verfügen, wie sie menschlichem Freiheitsbewusstsein und dem ihm innewohnenden Streben nach Selbstbestimmung gemäß ist.

Die Gründe sind hinlänglich bekannt und gehen allesamt auf die Grundhaltung der verweigerten Autonomie zurück.[28] Der innertheologische Debattenstand wiederum läuft, übrigens nicht erst seit vorgestern, auf die zentrale Einsicht zu, dass Freiheit, als anthropologischer wie als das Verhältnis von Gott und Mensch betreffender theologischer Grundbegriff durchaus in Anspruch genommen werden kann für die Grundlegung einer kirchlichen Verfassungsordnung und mit ihr einer kohärenten Ausdifferenzierung von Legalität, Legitimation und Legitimität. Die Ordnung der Kirche hat aus intrinsisch theologischen Gründen eine Ordnung der Freiheit zu sein! Wer an dieser Stelle, wie es insonderheit dem römischen Lehramt bis heute zu eigen ist, immer noch meint, Theonomie und Autonomie als Oppositionsbegriffe gegeneinander auszuspielen, hat erstens nichts, aber auch gar nichts begriffen vom Freiheitsdenken der Neuzeit und hat, zweitens, seinen Anspruch auf Legitimität verspielt. Nur eine Wahrheit macht frei (Joh 8, 32), die die Freiheit derer anerkennt und achtet, die sie für sich gewinnen will.

Und damit bin ich bei meinen Schlussbemerkungen schon angekommen, die sich mit der Wahl der Überschrift meines Schlussteils bereits andeuten: Vom „gewissen ‚toten Punkt'" und seinen Perspektiven. Das einmontierte Zitat stammt natürlich aus dem Rücktrittsersuchen von Kardinal Marx.[29] Die Metapher ist im Blick auf die derzeitige Kirchenkrise sehr sprechend gewählt. Lesen will ich, der angesichts der Krisenkirche ein katholischer Melancholiker ist, diese Metapher als einen „Punkt", von dem wir noch nicht wissen, ob er zum Kairos für allfällige Reformen in der Kirche werden kann. „Tot" ist der Punkt auch deshalb, weil Vielen in der Kirche diese als ein gefesselter Riese anmutet, der reformunfähig zu sein scheint. Der Grund hierfür liegt, gewiss nicht allein, aber unter anderem auch darin, dass die bestehende Verfassungs- und Rechtsordnung der Kirche wie auch ihr doktrinales Lehrgebäude von einer normativ gewollten Hermetik geprägt sind, die grundlegende Veränderung, wirkliche Innovation, zukunftsoffenen Ausbruch aus dem Festgezurrten und Fixierten unmöglich macht. Ansatzweise deutlich zu machen, versucht habe ich dies unter der Überschrift der Selbstreferentialität von Legalität- und Legitimationsordnungen, der Legitimität kirchenrechtsdogmatisch wesensfremd ist. Weil diese Hermetik ebenso rigide wie perfekt strukturiert ist, kann es innerhalb der geltenden Normativitätsordnungen der Kirche Inter-

---

28 Vgl. Görtz, Stephan / Striet, Magnus (Hg.), Nach dem Gesetz Gottes. Autonomie als christliches Prinzip, Freiburg im Breisgau 2014; Pröpper, Thomas, Theologische Anthropologie I–II, Freiburg 2011.
29 „Wir sind – so mein Eindruck – an einem gewissen ‚toten Punkt', der aber auch, das ist meine österliche Hoffnung, zu einem ‚Wendepunkt' werden kann." Marx, Reinhard, Brief an Papst Franziskus, https://www.erzbistum-muenchen.de/cms-media/media-55270120. PDF (7.6.2021).

Legitimität. Ein blinder Fleck in kirchlichen Rechtfertigungsordnungen?

aktionsformen von legaler und legitimierter Legitimität nicht geben. Weil aber das Bedürfnis nach Legitimitätsprüfungen unveräußerlich zum Bewusstsein der Freiheit gehört, artikuliert sich ein solches Bedürfnis vielfach durch den Bruch oder die Missachtung beziehungsweise das Ignorieren des geltenden Rechts und in der Nichteinhaltung von Glaubenslehren. Und genau dies, will mir scheinen, beobachten wir derzeit an vielen Stellen in der Kirche und im Blick auf eine Vielzahl von Lehrentscheidungen. Es ist, als ob die Herde, von der in lehramtlichen Texten zumeist in autoritärer Absicht die Rede ist, eine inzwischen recht hartnäckige Herdenimmunität ausgebildet hat. Was heißt das? Ich meine, dass wir es hier mit Akten einer Verweigerung von Legitimitätszuspruch zu tun haben, mit denen Veränderungen in der Kirche eingefordert werden sollen, weil man sich in ihr nicht mehr heimisch fühlt. In Formen von verweigerter Legitimität artikuliert sich gläubige Obdachlosigkeit in der Kirche!

Rechtsbruch ist keine Lappalie und fortgesetzter Rechtsbruch wird auch dann nicht zum Kavaliersdelikt, wenn die Exekutive, wie es in der Kirche der Fall ist, in der Durchsetzung geltenden Rechts notorisch ineffizient ist oder aber, wie es ebenfalls sehr häufig kirchlicherseits geschieht, Amtsinhaber das geltende Recht nicht anwenden. Aber wenn wir, wie ich hoffentlich habe deutlich machen können, davon ausgehen müssen, dass der kirchliche Gesetzgeber keine Gestaltungsräume eröffnet und schützt, in denen der Streit um das Nehmen und Geben von Legitimität legal ausgetragen werden kann, dann fällt es auf ihn selbst zurück, wenn das in diesen Konflikten sich artikulierende Freiheitsbewusstsein nur in einer Weise innerhalb der Kirche präsent sein kann, dass es mit dem geltenden kirchlichen Recht unausweichlich in Konflikt geraten muss. Die Amtskirche kann sich von dieser Verantwortung nicht freisprechen, da sie es ist, die diesen Umstand allererst herbeigeführt hat. Das Austragen von Legitimitätskonflikten in der Form einkalkulierter und bewusst herbeigeführter Rechtsbrüche ist gewiss ein Grenzfall. Dahinter steht die Hoffnung, dass in der Erschütterung des Legitimitätsglaubens selbst Reformpotentiale enthalten sind. Denn Zielpunkt derartiger Einsprüche von der Warte der Opposition aus ist der wunde Punkt jedweder Herrschaft: Souverän ist, wer sich seiner Herrschaft gewiss und sicher sein darf.

3.

Legitimation kirchlicher Macht aus staatlicher Perspektive

Zum Selbstbestimmungsrecht der Religionsgemeinschaften

Ute Sacksofsky

Die Legitimation kirchlicher Macht im deutschsprachigen Raum aus staatlicher Perspektive zu erläutern, ist das Anliegen von Ute Sackofsky. Sie geht in ihrem Beitrag der Verhältnisbestimmung von Staat und Kirche nach mit besonderem Fokus auf das weite Verständnis des Selbstbestimmungsrechts der Kirchen, skizziert dabei dessen verfassungsrechtliche Ausgangslange sowie Entstehung durch eine traditionell kirchenfreundliche Auslegung verfassungsrechtlicher Normen. Auch erläutert sie anhand zweier Fallbeispiele neuere unionsrechtliche Entwicklungen und zeigt auf, dass grundrechtliche Schutzpflichten als neuer Ansatz forschungsrelevante Ansatzpunkte beinhalten.

Der Missbrauchsskandal in der katholischen Kirche bestand nicht nur aus den Verfehlungen Einzelner. Ganz wesentlich trugen strukturelle und systemische Elemente der kirchlichen Organisation dazu bei, dass Verbrechen an Kindern, Jugendlichen und jungen Erwachsenen über so lange Zeit begangen und vertuscht werden konnten. Der Beitrag geht der Frage nach, weshalb – aus der Perspektive der staatlichen Ordnung – den Kirchen so viel Macht überlassen wurde, dass sich ein solches System etablieren konnte.

Zuerst soll die verfassungsrechtliche Ausgangslage (1.), im Anschluss die traditionelle deutsche verfassungsrechtliche Haltung zum Selbstbestimmungsrecht der Kirchen beschrieben werden (2.). Neuere unionsrechtliche Entwicklungen erzeugen Veränderungsdruck (3.). Abschließend wird skizziert, wie grundrechtliche Schutzpflichten als Ansatzpunkt für die Forschung herangezogen werden könnten (4.).

1. Eckpunkte des Religionsverfassungsrechts

Zur Grundlegung der Erörterungen sollen einige Eckpunkte des geltenden Religionsverfassungsrechts beschrieben werden. Hierfür ist zunächst ein Blick auf die relevanten Normen erforderlich (1.1), sodann werden Leitlinien des Religionsverfassungsrechts, wie sie in der bundesverfassungsgerichtlichen Rechtsprechung zu finden sind, skizziert (1.2).

1.1 Normative Verortung

Regelungen zum Religionsverfassungsrecht finden sich an mehreren Stellen des Grundgesetzes (GG). Zentral ist zum einen das Grundrecht der Glaubensfreiheit, welches in Art. 4 GG gewährleistet wird:

> „(1) Die Freiheit des Glaubens, des Gewissens und die Freiheit des religiösen und weltanschaulichen Bekenntnisses sind unverletzlich.
>
> (2) Die ungestörte Religionsausübung wird gewährleistet."

Zum anderen ist Art. 140 GG von zentraler Bedeutung. Art. 140 GG ist eine ungewöhnliche Verfassungsnorm. Sie zählt eine Reihe von Artikeln der Weimarer Reichsverfassung (WRV) auf und erklärt sie zum Bestandteil des Grundgesetzes. Diese Artikel der Weimarer Verfassung sind also vollgültiges grundgesetzlich gewährleistetes Recht.

Die inkorporierten Artikel zum Verhältnis von Religionsgesellschaften und Staat lassen sich als „doppelten Kompromiss"[1] beschreiben. Sie sind ein doppelter Kompromiss in dem Sinne, dass sich schon die Verfassungsgeber in Weimar schwer damit taten, sich über das Verhältnis von Kirche und Staat zu einigen. Den Verfechtern des *Status quo* standen die Forderungen von stärkerer Entflechtung von Kirche und Staat seitens der Liberalen und Sozialdemokraten gegenüber. Das Ergebnis war ein Kompromiss: Einerseits sind die Weimarer Religionsartikel geprägt von der korporativen Religionsfreiheit, andererseits wird religiöse Pluralisierung anerkannt.[2] Bei der Schaffung des Grundgesetzes traten die Konflikte in ähnlicher Form wieder auf. Der Kompromiss, den die Väter und Mütter des Grundgesetzes fanden, bestand in der schlichten Übernahme – eben Inkorporation – des Weimarer Kompromisses.

Die für diesen Beitrag wichtigsten inkorporierten Vorschriften finden sich in einzelnen Absätzen des Art. 137 WRV:

> „(1) Es besteht keine Staatskirche.
>
> (...)
>
> (3) Jede Religionsgesellschaft ordnet und verwaltet ihre Angelegenheiten selbständig innerhalb der Schranken des für alle geltenden Gesetzes. Sie verleiht ihre Ämter ohne Mitwirkung des Staates oder der bürgerlichen Gemeinde.

---

1 Hollerbach, Alexander, Die Kirchen unter dem Grundgesetz, in: Veröffentlichungen der Vereinigung der Deutschen Staatsrechtslehrer 26 (1968), 57, 59.
2 Vgl. Morlok, Martin, in: Dreier, Horst (Hg.), Grundgesetz-Kommentar, Bd. 3, Tübingen 32018, Art. 140 Rn. 11.

Legitimation kirchlicher Macht aus staatlicher Perspektive

(...)
(5) Die Religionsgesellschaften bleiben Körperschaften des öffentlichen Rechtes, soweit sie solche bisher waren. Anderen Religionsgesellschaften sind auf ihren Antrag gleiche Rechte zu gewähren, wenn sie durch ihre Verfassung und die Zahl ihrer Mitglieder die Gewähr der Dauer bieten."

1.2 Leitlinien des Religionsverfassungsrechts

Art. 4 und Art. 140 GG bilden die Eckpfeiler des Religionsverfassungsrechts. Aus ihnen lassen sich einige Leitlinien des geltenden Religionsverfassungsrechts ableiten, wie sie insbesondere in der Rechtsprechung des Bundesverfassungsgerichts entwickelt worden sind; diese sollen im Folgenden skizziert werden.[3]

Individuelles Grundrecht – weit gefasst

Nach der ständigen Rechtsprechung des Bundesverfassungsgerichts[4] wird Art. 4 Abs. 1 und 2 GG als einheitliches Grundrecht verstanden und extensiv ausgelegt.[5] Danach gehört zur Glaubensfreiheit nicht nur die Freiheit, einen Glauben zu haben, sondern auch die Freiheit, „sein gesamtes Verhalten an den Lehren seines Glaubens auszurichten und seiner inneren Glaubensüberzeugung gemäß zu handeln".[6]

Häufig wird Kritik an diesem weiten Schutzbereichsverständnis des Bundesverfassungsgerichts geübt.[7] Doch eine Einschränkung des Schutzbereichs der

---

3 Die anschließenden Ausführungen basieren auf Sacksofsky, Ute, Religiöse Freiheit als Gefahr?, in: Veröffentlichungen der Vereinigung der Deutschen Staatsrechtslehrer 68 (2009), 7–46, dort auch mit weiteren Nachweisen.
4 Die Entscheidungen des Bundesverfassungsgerichts werden nach der amtlichen Entscheidungssammlung zitiert (BVerfGE) mit Band und Anfangsseite; soweit passend wurde das gängige Schlagwort für die Entscheidung angefügt.
5 Ständige Rechtsprechung seit BVerfGE 24, 236, 245–246; zuletzt etwa BVerfGE 153, 1, 46 Rn. 101 – Kopftuch III.
6 BVerfGE 32, 98, 106; 108, 282, 297. Nach dem BVerfG betrifft dies nicht nur imperative Glaubenssätze; vielmehr gehöre dazu das Recht der Einzelnen, ihr gesamtes Verhalten an den Lehren ihres Glaubens auszurichten und dieser Überzeugung gemäß zu handeln, also glaubensgeleitet zu leben (BVerfGE 108, 282, 297; 138, 296, 328–329, BVerfGE 153, 1, 33–34 Rn. 78 – Kopftuch III).
7 Siehe z.B. Schoch, Friedrich, Die Grundrechtsdogmatik vor den Herausforderungen einer multikonfessionellen Gesellschaft, in: Bohnert, Joachim / Gramm, Christof / Kindhäuser, Urs / Lege, Joachim / Rinken, Alfred / Robbers, Gerhard (Hg.), Verfassung – Philosophie – Kirche, Berlin 2001, 149, 159; Hellermann, Johannes, Multikulturalität und Grundrechte – am Beispiel der Religionsfreiheit, in: Grabenwarter, Christoph (Hg.), Allgemeinheit der Grundrechte und Vielfalt der Gesellschaft, Wien 1994, 129, 137–138; Muckel, Stefan, Religiöse Freiheit und staatliche Letztentscheidung, Berlin 1997, 125–130; Kästner, Karl-Hermann, Religionsfreiheit in Zeiten des religiösen Pluralismus, in: Zeitschrift für evangelisches Kirchenrecht 60 (2015), 1; Classen, Claus Dieter, Religionsrecht, Tübingen ²2015, Rn. 86–88, 158–159.

Religionsfreiheit ist abzulehnen. Die Religionsfreiheit gehört unverzichtbar zum Kanon der Menschenrechtskataloge, da Religion ein zentrales Element der moralischen Identität des Menschen ist. Religion beschränkt sich nicht auf Kultushandlungen, sondern verlangt von den Gläubigen, ihr Leben an den Regeln der Religion auszurichten. Die Religionsfreiheit soll die Einzelnen in möglichst großem Umfang davor schützen, von der staatlichen Rechtsordnung dazu gezwungen zu werden, gegen die eigenen religiösen Überzeugungen verstoßen zu müssen. Ein enges Verständnis des Schutzbereichs würde diesem grundlegenden Gehalt der Religionsfreiheit nicht gerecht.

Kollektives Grundrecht aus Art. 4 GG

Die Glaubensfreiheit hat neben der individuellen auch eine kollektive und korporative Seite. Religion wird typischerweise gemeinschaftlich ausgeübt. Die Glaubensfreiheit umfasst daher auch das Recht, sich zu Religionsgemeinschaften zusammenzuschließen.[8] Damit ist das Grundrecht des Art. 4 GG ein „tragender Pfeiler"[9] des verfassungsrechtlichen Freiraums der Religionsgemeinschaften.[10] An dieser Stelle kommt zudem das in Art. 137 Abs. 3 WRV gewährleistete Selbstbestimmungsrecht der Religionsgemeinschaften ins Spiel. Es macht besonders deutlich, dass mit der kollektiven Seite der Glaubensfreiheit auch gewährleistet ist, dass die Religionsgemeinschaften grundsätzlich selbst bestimmen dürfen, wie sie ihre innere Ordnung gestalten.

Staatliche Neutralität

Prägend für das deutsche Religionsverfassungsrecht ist der Grundsatz staatlicher Neutralität. Klarer als in Art. 137 Abs. 1 WRV kann dies nicht formuliert werden, indem schlicht festgestellt wird, dass keine Staatskirche besteht. Dies unterscheidet Deutschland von manch anderen Ländern – auch europäischen –, die einer bestimmten Religionsgemeinschaft besondere Privilegien zuschreiben. In Deutschland hingegen haben die beiden großen christlichen Kirchen keine Sonderstellung.

Häufig wird der Status der Körperschaft des öffentlichen Rechts als ein solches Privileg der christlichen Kirchen angesehen, aber dies ist unzutreffend. Prinzipiell können alle Religionsgemeinschaften diesen Status erreichen. Und das ist nicht nur Theorie: Allein in Hessen werden über siebzig Religionsgemeinschaften auf-

---

8   Allgemeine Meinung, siehe z.B.: Morlok, Martin, in: Dreier, Horst (Hg.), Grundgesetz-Kommentar, Bd. 1, Tübingen 32013, Art. 4 Rn. 90; Starck, Christian, in: Mangoldt, Hermann von / Klein, Friedrich / Starck, Christian (Hg.), Grundgesetz, München 72018, Art. 4 Rn. 49–56.
9   Korioth, Stefan, Freiheit der Kirchen und Religionsgemeinschaften, in: Merten, Detlef / Papier, Hans-Jürgen (Hg.), Handbuch der Grundrechte in Deutschland und Europa, Bd. 4, Heidelberg 2011, § 97 Rn. 14.
10 Ständige Rechtsprechung: BVerfGE 19, 129, 132; 70, 138, 160–161.

geführt, die den Status der Körperschaft des öffentlichen Rechts innehaben; dazu gehören beispielsweise neben zahlreichen jüdischen Gemeinden Freikirchen, Zeugen Jehovas, Bahaì, Ahmadis oder eine humanistische Gemeinschaft.[11]

Gleichbehandlung der Religionen

Zwingende Folge aus dem Gebot staatlicher Neutralität ist die Gleichbehandlung der Religionen. In den Anfängen seiner Rechtsprechung war das Bundesverfassungsgericht von einer Gleichbehandlung noch ein ganzes Stück entfernt. Es gab Betroffenen nur im Einzelfall das Recht, ohne Kreuz im Gerichtssaal verhandeln zu dürfen[12], billigte die christliche Gemeinschaftsschule[13] und erlaubte ein von der staatlichen Schulverwaltung angeregtes Schulgebet.[14] Inzwischen ist aber auch das Bundesverfassungsgericht bei der „strikten Gleichbehandlung"[15] der verschiedenen Glaubensrichtungen angelangt. Dies ist auch zwingend. Behandelt der Staat eine bestimmte Religion als höherwertig gegenüber anderen, degradiert er die Angehörigen anderer Religionen zu Bürgerinnen und Bürgern zweiter Klasse. Indem ihnen Anerkennung versagt wird, wird ihnen die volle Mitgliedschaft im Gemeinwesen vorenthalten. Wie die moderne Diskussion um ein gehaltvolles Konzept von *citizenship* aber zeigt, ist die Teilhabe aller als Freie und Gleiche Grundlage des freiheitlichen Staates.

2. Traditionell weites Verständnis des Selbstbestimmungsrechts

Das Selbstbestimmungsrecht der Religionsgesellschaften hat also zwei Wurzeln: eine grundrechtliche und eine institutionell-rechtliche. Doch die religionsverfassungsrechtlichen Normen sind – wie verfassungsrechtliche Bestimmungen zumeist – weit gefasst. Sie müssen daher durch Auslegung konkretisiert werden. Erst in der Auslegung zeigt sich dann, welchen Schutz die jeweiligen Verfassungsnormen tatsächlich bieten. Über lange Jahrzehnte wurden die das Selbstbestimmungsrecht der Religionsgemeinschaften gewährleistenden verfassungsrechtlichen Vorschriften in der verfassungsrechtlichen Literatur überwiegend sehr kirchenfreundlich ausgelegt; auch die Rechtsprechung des Bundesverfassungsgerichts lag ganz auf dieser Linie.[16]

---

11 Vgl. Internetseite des BMI (und für Heimat): https://www.personenstandsrecht.de/Webs/PERS/DE/informationen/religionsgemeinschaften/_documents/kirche_hessen.html;jsessionid=266ED5DFA2B37F434906D5EFD1397479.2_cid295 (5.5.2022).
12 Vgl. BVerfGE 35, 366, 373–376.
13 Vgl. BVerfGE 41, 29, 44–64.
14 Vgl. BVerfGE 52, 223, 236.
15 BVerfGE 108, 282, 298.
16 Vgl. Einschätzung ebenso bei Dreier, in: Dreier (Hg.), GG-Kommentar 1, Art. 1 Abs. 3 Rn. 77; kritisch dazu Wieland, Joachim, Die Angelegenheiten der Religionsgesellschaften, in: Der Staat (1986), 321; Czermak, Gerhard, Zur weltanschaulichen Schieflage des BVerfG in seiner

Ute Sacksofsky

2.1 Drei Auslegungsfragen

An drei Fragen zur Auslegung, wie weit das Selbstbestimmungsrecht der Religionsgemeinschaften reicht, soll die traditionelle Kirchenfreundlichkeit der verfassungsrechtlichen Diskussion exemplifiziert werden.[17]

Wer entscheidet, was „eigene Angelegenheiten" sind?

Wie wirkungsvoll das Selbstbestimmungsrecht von Religionsgemeinschaften tatsächlich geschützt ist, hängt zentral von der Beantwortung der Frage ab, *wer* darüber entscheiden darf, was die „eigenen Angelegenheiten" sind, auf die sich das Selbstbestimmungsrecht bezieht: der Staat oder die Kirche selbst? Wenn ausreicht, dass eine Religionsgemeinschaft etwas als „eigene Angelegenheit" *behauptet*, könnten die Kirchen jegliches eigene Handeln der Kontrolle von außen entziehen. Umgekehrt bleibt wenig für das Selbstbestimmungsrecht übrig, wenn der Staat allein bestimmen dürfte, was eine „eigene Angelegenheit" ist, denn er würde dann weit in die organisierte Religion hineinregieren. Anders gewendet geht es um die Frage: Inwieweit können (staatliche) Gerichte im Streitfall überprüfen, ob es sich um eine „eigene Angelegenheit" handelt?

Die kirchenfreundliche Auffassung überließ die Entscheidung ganz den Kirchen. Beispielhaft für diese Position steht etwa Johannes Heckel: „Die Kirche bestimmt selbst nach Art. 137 III WV/140 GG, was zu ‚ihren Angelegenheiten' gehört, und dieser Kreis ist ziemlich weit!"[18]. Freilich wurde auch schon zu Zeiten der Weimarer Republik die Gegenposition vertreten. Der große Kommentator der Weimarer Reichsverfassung, Gerhard Anschütz, hob hervor, dass die Frage, welche Angelegenheiten vom Selbstbestimmungsrecht erfasst werden, eine Frage ist, die „im Streitfalle vom Richter (…) in unabhängiger Auslegung" zu entscheiden ist.[19]

Die Rechtsprechung des Bundesverfassungsgerichts stand der kirchenfreundlichen Auslegung näher und erklärte das Selbstverständnis der Kirchen für maßgeblich[20]:

70-jährigen Geschichte, in: Neue Juristische Online-Zeitschrift (2022), 33; zur Diskussion um den Begriff „Staatskirchenrecht" Korioth, Stefan, in: Dürig, Günter / Herzog, Roman / Scholz, Rupert (Hg.), Grundgesetz-Kommentar, München 95 2021, Art. 140 Rn. 2, 3.

17 Sehr lesenswert im Hinblick auf das kirchliche Arbeitsrecht Schlink, Bernhard, Die Angelegenheiten der Religionsgesellschaften, in: Juristenzeitung (2013), 209.

18 Heckel, Martin, Die Kirche unter dem Grundgesetz, in: Veröffentlichungen der Vereinigung der Deutschen Staatsrechtslehrer 26 (1968), 5, 41.

19 Anschütz, Gerhard, Die Verfassung des Deutschen Reiches vom 11. August 1919. Ein Kommentar für Wissenschaft und Praxis, Berlin 14 1933, Art. 137, 635.

20 Siehe Mückl, Stefan, Grundlagen des Staatskirchenrechts, in: Isensee, Josef / Kirchhof, Paul (Hg.), Handbuch des Staatsrechts, Bd. 7, Heidelberg 3 2009, § 159 Rn. 82; dazu auch schon Hesse, Konrad, Das Selbstbestimmungsrecht der Kirchen und Religionsgemeinschaften, in:

Legitimation kirchlicher Macht aus staatlicher Perspektive

„Ordnen' und ‚Verwalten' im Sinne des Art. 137 Abs. 3 Satz 1 WRV meint das Recht der Kirchen, alle eigenen Angelegenheiten gemäß den spezifischen kirchlichen Ordnungsgesichtspunkten, d.h. auf der Grundlage des kirchlichen Selbstverständnisses, rechtlich gestalten zu können."[21]

Was ist ein „für alle geltendes" Gesetz?

Nach Art. 137 WRV besteht das Selbstbestimmungsrecht „innerhalb der Schranken des für alle geltenden Gesetzes". Damit wird die Frage entscheidend, was eigentlich ein „für alle geltendes" Gesetz ist.

Bereits in der Weimarer Republik war diese Frage umstritten. Eine Auffassung deutete die Regelung formal: „‚Für alle' ist also gleichbedeutend mit ‚für jedermann'".[22] Doch gab es auch damals schon auch ein anderes, engeres Verständnis der Schrankenbestimmung. Für diese Auffassung steht wiederum beispielhaft der Name von Johannes Heckel. Für Heckel war in Anknüpfung an Smends Verständnis des allgemeinen Gesetzes als Schranke der Meinungsäußerungsfreiheit ein für alle geltendes Gesetz nur ein

> „Gesetz, das trotz grundsätzlicher Bejahung der kirchlichen Autonomie vom Standpunkt der Gesamtnation als sachlich notwendige Schranke der kirchlichen Freiheit anerkannt werden muß; m.a.W. jedes für die Gesamtnation als politische, Kultur- und Rechtsgemeinschaft unentbehrliche Gesetz, aber auch nur ein solches Gesetz".[23]

Diese sog. Heckel'sche Formel wurde in der frühen Rechtsprechung[24] und der Staatsrechtslehre rezipiert.[25] Moderner gefasst klingt sie dann etwa so: ein Gesetz, das „zwingenden Erfordernissen des friedlichen Zusammenlebens von Staat und Kirche in einem religiös und weltanschaulich neutralen politischen Gemeinwesen entspricht".[26]

Aber es gab auch vielfältige weitere Versuche, andere Abgrenzungen zu entwickeln. Als Beispiel mag etwa die Bereichslehre dienen, die zwischen dem Innen- und Außenbereich der religionsgemeinschaftlichen Angelegenheiten unterscheiden wollte. Für den Innenbereich sollte der Staat gar keine Schranken setzen

---

Listl, Joseph / Pirson, Dietrich (Hg.), Handbuch des Staatskirchenrechts der Bundesrepublik Deutschland, Bd. 1, Berlin 22014, § 17, 538–544.
21 BVerfGE 70, 138, 165.
22 Anschütz, Kommentar WRV, 636.
23 Heckel, Johannes, Das staatskirchenrechtliche Schrifttum der Jahre 1930 und 1931, in: Verwaltungsarchiv 37 (1932), 280, 284.
24 BGHZ 22, 383, 387–388; 34, 372, 374.
25 Nachweise bei Hesse, Konrad, Die Entwicklung des Staatskirchenrechts seit 1945, in: Jahrbuch des öffentlichen Rechts der Gegenwart N. F. 10 (1961), 26, Anm. 28.
26 Campenhausen, Axel Freiherr von / Wall, Heinrich de, Staatskirchenrecht, München 42006, 109; in diese Richtung bereits Hollerbach, VVDStRL 26 (1968), 57, 61–62.

dürfen. Für den Außenbereich wurde dann die „Jedermann-Formel" entwickelt: „Zu den ‚für alle geltenden Gesetzen' können nur solche Gesetze rechnen, die für die Kirche dieselbe Bedeutung haben wie für den Jedermann. Trifft das Gesetz die Kirche nicht wie jedermann, sondern in ihrer Besonderheit als Kirche härter, ihr Selbstverständnis, insbesondere ihren geistig-religiösen Auftrag beschränkend, also anders als den normalen Adressaten, dann bildet es insoweit keine Schranke."[27] Inzwischen wurde diese sehr enge Auffassung relativiert.

> „Art. 137 Abs. 3 Satz 1 WRV gewährleistet in Rücksicht auf das zwingende Erfordernis friedlichen Zusammenlebens von Staat und Kirchen sowohl das selbständige Ordnen und Verwalten der eigenen Angelegenheiten der Kirchen als auch den staatlichen Schutz anderer für das Gemeinwesen bedeutsamer Rechtsgüter. Dieser Wechselwirkung ist durch entsprechende Güterabwägung Rechnung zu tragen."[28]

Wer ist erfasst?

Nach der Rechtsprechung des Bundesverfassungsgerichts sind Träger*innen des Selbstbestimmungsrechts nicht nur die Kirchen selbst, sondern auch selbständige Einrichtungen der Kirche. In den Worten des Bundesverfassungsgerichts:

> „alle der Kirche in bestimmter Weise zugeordneten Einrichtungen ohne Rücksicht auf ihre Rechtsform, bei deren Ordnung und Verwaltung die Kirche grundsätzlich frei ist, wenn sie nach kirchlichem Selbstverständnis ihrem Zweck oder ihrer Aufgabe entsprechend berufen sind, ein Stück Auftrag der Kirche in dieser Welt wahrzunehmen und zu erfüllen"[29].

Auch damit wird das Selbstbestimmungsrecht äußerst weit gefasst.

2.2 Hintergrund: Verhältnis von Kirche und Staat

Die ausgeprägte Kirchenfreundlichkeit in der Auslegung der verfassungsrechtlichen Normen erklärt sich aus der Geschichte. Die europäische Geschichte war jahrhundertelang durch die Auseinandersetzung zwischen weltlicher und geistlicher Macht geprägt. Bis ins 20. Jahrhundert hinein kämpften Kirche und Staat um Einflusssphären.[30] Es entspricht dieser Geschichte, wenn die Perspektive auf die

---

27 BVerfGE 42, 312, 334.
28 BVerfGE 53, 366, 400.
29 BVerfGE 46, 73, 85; ebenso 137, 273, 306–307 Rn. 91–94.
30 Für kürzere geschichtliche Einführungen instruktiv: Mückl, in: Isensee / Kirchhof (Hg.), HStR 7, § 159 Rn. 5–16.

Legitimation kirchlicher Macht aus staatlicher Perspektive

Religionsverfassung herkömmlich institutionell geprägt war;[31] der Begriff „Staatskirchenrecht" kennzeichnete damals treffend den Gegenstand.[32] Die Kirchen waren zentrale Akteurinnen des Gemeinwesens und prägten das Leben des ganz überwiegenden Teils der Bevölkerung. Noch in den sechziger Jahren des 20. Jahrhunderts waren über 95% der Bevölkerung Mitglied in einer der beiden großen Kirchen.[33] Die Staatsrechtslehre der fünfziger und sechziger Jahre leistete ihren Beitrag zur Aufwertung der Rolle der Kirchen, indem sie beispielsweise mit der Koordinationslehre die Vorstellung der Gleichrangigkeit von Staat und Kirche wiederbelebte.[34] In die Naturrechtsrenaissance nach dem Ende des NS-Regimes passte die „neue Nähe"[35] von Staat und Kirche gut.[36]

Auch das Bundesverfassungsgericht betonte in seiner frühen Rechtsprechung die Sonderstellung der Kirche. Es kennzeichnete sie damit,

> „daß die Kirchen zum Staat ein qualitativ anderes Verhältnis besitzen als irgend eine andere gesellschaftliche Großgruppe (Verband, Institution); das folgt nicht nur aus der Verschiedenheit, daß jene gesellschaftlichen Verbände partielle Interessen vertreten, während die Kirche ähnlich wie der Staat den Menschen als Ganzes in allen Feldern seiner Betätigung und seines Verhaltens anspricht und (rechtliche oder sittlich-religiöse) Forderungen an ihn stellt, sondern insbesondere aus dem Spezifikum des geistig-religiösen Auftrags der Kirchen".[37]

Die Herausarbeitung einer spezifischen Stellung der Kirchen, die sich keinesfalls auf private Verbände reduzieren lassen solle, blieb lange ein zentrales Thema der Staatsrechtslehre. Ein Faktor, der dazu wesentlich beigetragen hat, war die religiöse Verwurzelung der Staatsrechtslehrer, die sich in den fünfziger und sechziger Jahren mit den Fragen des Verhältnisses von Kirche und Staat beschäftigte: Ganz überwiegend waren sie eng mit der katholischen oder evangelischen Kirche verbunden.[38] Dies wurde auch schon damals durchaus kritisch begleitet:

---

31 S. etwa Campenhausen, Axel Freiherr von, Religionsfreiheit, in: Isensee / Kirchhof (Hg.), HStR 7, § 157 Rn. 2; Mückl, in: Isensee / Kirchhof (Hg.), HStR 7, § 159 Rn. 2.
32 Instruktiv dazu aus jüngerer Zeit: Steinberg, Rudolf, Vom Staatskirchenrecht zu einem zeitgemäßen Religionsrecht, Baden-Baden 2021, insb. 13–22, 66–68.
33 Vgl. Statistisches Bundesamt, Fachserie A. Bevölkerung und Kultur. Volks- und Berufszählung vom 6. Juni 1961, Heft 5, Bevölkerung nach der Religionszugehörigkeit, Stuttgart – Mainz 1966, 21.
34 Auch in der Rechtsprechung wurde diese teilweise akzeptiert: siehe etwa BGHZ 34, 372, 373–374.
35 Smend, Rudolf, Staat und Kirche nach dem Bonner Grundgesetz, in: Zeitschrift für evangelisches Kirchenrecht 1 (1951), 3, 9–10.
36 Vgl. Jeand'Heur, Bernd / Korioth, Stefan, Grundzüge des Staatskirchenrechts, Stuttgart 2000, Rn. 44.
37 BVerfGE 42, 312, 333.
38 Ausführlich hat dies Stolleis, Michael herausgearbeitet: Die Geschichte des öffentlichen Rechts in Deutschland. Bd. 4, München 2012, 337–349.

Konrad Hesse beobachtete, dass die Kirchen mittelbar durch staatskirchenrechtliche Institutionalisierung zurückzugewinnen suchten, was sie an unmittelbarem Einfluss auf die Gesellschaft verloren hatten.[39] Angesichts der Veränderungen, die sich in den letzten Jahrzehnten ereignet haben – als Schlagworte mögen genügen: Individualisierung, Pluralisierung, Globalisierung, Säkularisierung – wird das Festhalten an den überkommenen Vorstellungen zum Verhältnis von Kirche und Staat immer schwieriger vertretbar, überspitzt könnte man auch sagen – *ad absurdum* geführt.

3. Gegenwind aus Europa

Das weite Verständnis des Selbstbestimmungsrechts ist inzwischen gegenläufigen Tendenzen aus Europa ausgesetzt. Diese beziehen sich vor allem auf das kirchliche Arbeitsrecht. Traditionell hat das Bundesverfassungsgericht auch in diesem Bereich das Selbstbestimmungsrecht weit gefasst. Zwar findet auch nach Auffassung des Bundesverfassungsgerichts das staatliche Arbeitsrecht auf kirchliche Arbeitsverhältnisse Anwendung. Dies dürfe aber nicht dazu führen, dass das „kirchliche Proprium" des kirchlichen Dienstes infrage gestellt wird.[40] Die Kirchen könnten den ihr angehörenden Arbeitnehmer*innen die Beachtung jedenfalls der tragenden Grundsätze der kirchlichen Glaubens- und Sittenlehre auferlegen. Welche kirchlichen Grundverpflichtungen dies seien, richte sich nach den von der Kirche anerkannten Maßstäben. Darüber sollten die Kirchen abschließend entscheiden dürfen.[41]

Aufgrund europäischen Rechts sind diese Grundsätze unter Druck geraten. Zunächst war es der Europäische Gerichtshof für Menschenrechte, der ab 2010 mit einigen Verfahren aus diesem Bereich befasst war und strengere Maßstäbe der gerichtlichen Überprüfung von Loyalitätspflichten in kirchlichen Arbeitsverhältnissen forderte.[42]

---

39 Vgl. Hesse, Konrad, Freie Kirche im demokratischen Gemeinwesen (1965), abgedruckt in: Häberle, Peter / Hollerbach, Alexander (Hg.), Konrad Hesse. Ausgewählte Schriften, Heidelberg 1984, 452, 459.
40 Vgl. BVerfGE 70, 138, 165–166.
41 Vgl. BVerfGE 70, 138, 167–168.
42 Vgl. EGMR, Urt. v. 23.9.2010 – 1620/03 (Schüth / Deutschland), in: Neue Zeitschrift für Arbeitsrecht (2011), 279; EGMR, Urt. v. 23.9.2010 – 425/03 (Obst / Deutschland), in: Neue Zeitschrift für Arbeitsrecht (2011), 277; EGMR, Urt. v. 3.2.2011 – 18136/02 (Siebenhaar / Deutschland), in: Neue Zeitschrift für Arbeitsrecht (2012), 199; EGMR, Urt. v. 28.6.2012 – 1620/03 (Schüth / Deutschland), in: Neue Zeitschrift für Arbeitsrecht (2013), 1425; EGMR, Urt. v. 12.6.2014 – 56030/07 (Fernández Martinez / Spanien), in: Neue Zeitschrift für Arbeitsrecht (2015), 533; dazu Fremuth, Michael Lysander, Das letzte Amen ist noch nicht gesprochen, in: Europäische Zeitschrift für Wirtschaftsrecht (2018), 723, 725–727.

3.1 Neuere Rechtsprechung des Gerichtshof der Europäischen Union (EuGH)

Vor allem war es der EuGH, der mit zwei Entscheidungen die Diskussion entfachte.[43] Im sog. Chefarzt-Fall ging es um die Wiederheirat eines geschiedenen, in einem katholischen Krankenhaus angestellten Chefarztes. Er klagte gegen seine Kündigung und gewann letztinstanzlich vor dem Bundesarbeitsgericht (BAG).[44] Doch das Bundesverfassungsgericht schritt ein. Es bekräftigte (noch im Jahr 2014) seine eigenen Maßstäbe, indem es dem BAG vorhielt, „sich über den Maßstab der verfassten Kirche hinweg zu setzen" und eine „unzulässige eigene Bewertung der Schwere des Loyalitätsverstoßes" vorzunehmen.[45] Das BAG musste also erneut entscheiden, wollte sich aber offensichtlich nicht einfach dem Bundesverfassungsgericht fügen, sondern rief den EuGH im Wege des Vorlageverfahrens nach Art. 267 AEUV an.[46] Der EuGH folgte der Linie des Bundesverfassungsgerichts nicht, sondern stellte heraus, dass die nationalen Gerichte vollumfänglich zu überprüfen hätten, ob die aus dem Ethos der Religionsgesellschaft abgeleiteten Anforderungen „wesentlich, rechtmäßig und gerechtfertigt" seien und dem Grundsatz der Verhältnismäßigkeit entsprächen.[47] Abgestützt durch diese europäische Entscheidung bekräftigte das BAG seinen Widerstand gegen das Bundesverfassungsgericht und gab dem kirchlichen Mitarbeiter recht.[48] Die katholische Kirche hätte auch gegen diese Entscheidung nochmals das Bundesverfassungsgericht anrufen können, doch sie verzichtete auf die Verfassungsbeschwerde, vermutlich, weil sie Sorge hatte, dass jetzt auch das Bundesverfassungsgericht einschwenken und seine äußerst kirchenfreundliche Rechtsprechung aufgeben würde.

Im zweiten aufsehenerregenden Fall ging es um die Zugehörigkeit zur Kirche als Einstellungsvoraussetzung. Vera Egenberger hatte sich beim Evangelischen Werk für Diakonie und Entwicklung e. V. auf eine befristete Stelle als Referentin für die Erstellung eines Berichts über rassistische Diskriminierung beworben. Frau Egenberger wurde nicht zu einem Vorstellungsgespräch geladen, da sie nicht Kirchenmitglied war. Nach der traditionellen Rechtsprechung des Bundesverfassungsge-

---

43 Zu dieser Entwicklung: Junker, Abbo, Gleichbehandlung und kirchliches Arbeitsrecht – Ein deutscher Sonderweg endet vor dem EuGH, in: Neue Juristische Wochenschrift (2018), 1850; Malorny, Friederike, Diskriminierungsschutz als Grenze kirchlicher Selbstbestimmung, in: Europäische Zeitschrift für Arbeitsrecht (2019), 441; Nebeling, Martin / Lankes, Florian, 100 Jahre „kirchliches Arbeitsrecht": die Entwicklung des Verhältnisses von Staat und Kirche in Deutschland im Hinblick auf das Arbeitsrecht in der Kirche, in: Recht der Arbeit (2020), 101.
44 Vgl. BAG, Urt. v. 8.9.2011 – 2 AZR 543/10.
45 BVerfGE 137, 273, 339.
46 Vgl. BAG, Beschl. v. 28.7.2016 – 2 AZR 746/14 (A).
47 Vgl. EuGH, Urt. v. 11.9.2018, Rs. C-68/17, Rn. 61 – Chefarzt.
48 Vgl. BAG, Urt. v. 20.2.2019 – 2 AZR 746/14.

richts hätte Frau Egenberger ihre Diskriminierungsklage wohl verloren, aber das letztinstanzlich angerufene BAG holte sich Unterstützung aus Europa und rief den EuGH an;[49] immerhin hatte es ja gerade im Chefarzt-Fall erfahren müssen, dass das Bundesverfassungsgericht an seiner Rechtsprechung festhalten wollte.[50]

In beiden Fällen ging es um die Auslegung des Allgemeinen Gleichbehandlungsgesetzes (AGG). In Deutschland war der Erlass eines Antidiskriminierungsgesetzes lange umstritten gewesen.[51] Durch den Erlass mehrerer Antidiskriminierungsrichtlinien der Europäischen Union im Jahr 2000 war die Schaffung eines solchen Gesetzes zwingend geworden, denn Deutschland ist zur Umsetzung von europäischen Richtlinien verpflichtet. Im Jahr 2006 – mit erheblicher Verspätung – kam es dann zum Erlass des AGG. Das AGG verbietet grundsätzlich Benachteiligungen aus Gründen der Religion. Es enthält in § 9 AGG aber eine Ausnahme vom Diskriminierungsverbot wegen der Religion, die ausdrücklich auf das Selbstverständnis der jeweiligen Religionsgemeinschaft Bezug nimmt. Doch die Auslegung dieser Ausnahmevorschrift muss im Einklang mit dem Unionsrecht stehen, da das AGG der Umsetzung europäischer Richtlinien diente. Dies ist auch der Grund, weshalb der EuGH angerufen werden konnte.

Der EuGH führte aus, dass es den staatlichen Gerichten abgesehen von ganz außergewöhnlichen Fällen nicht zustehe, die Legitimität des Ethos der betreffenden Kirche als solchem zu beurteilen, sie hätten aber darüber zu wachen, dass das Recht der Arbeitnehmer*innen, wegen der Religion keine Diskriminierung zu erfahren, nicht verletzt werde.[52] Der Gerichtshof verlangt daher, dass die Rechtmäßigkeit einer Ungleichbehandlung wegen der Religion vom „objektiv überprüfbaren Vorliegen eines direkten Zusammenhangs zwischen der vom Arbeitgeber aufgestellten beruflichen Anforderung und der fraglichen Tätigkeit" abhängt. Ein solcher Zusammenhang könne sich entweder aus der Art dieser Tätigkeit ergeben – z. B., wenn sie mit der Mitwirkung an der Bestimmung des Ethos der betreffenden Kirche oder einem Beitrag zu deren Verkündigungsauftrag verbunden sei – oder aus den Umständen ihrer Ausübung, z. B. der Notwendigkeit, für eine glaubwürdige Vertretung der Kirche nach außen zu sorgen.[53]

---

49 Vgl. BAG, Beschl. v. 17.3.2016 – 8 AZR 501/14 (A).
50 Im Fall Egenberger entfiel die „Schleife" zum Bundesverfassungsgericht, da das BAG unmittelbar den EuGH anrief; so erklärt sich, dass die Egenberger-Entscheidung des EuGH vor derjenigen zum Chefarzt erging.
51 Erste Entwürfe wurden bereits in den 1990er Jahren vorgelegt. Zur Debatte: Baer, Susanne, „Ende der Privatautonomie" oder grundrechtlich fundierte Rechtsetzung? – Die deutsche Debatte um das Antidiskriminierungsrecht, in: Zeitschrift für Rechtspolitik (2002), 290; zur verfassungsrechtlichen Auseinandersetzung: Staatsrechtslehrervorträge von Jestaedt, Matthias und Britz, Gabriele zu Diskriminierungsschutz und Privatautonomie, in: Veröffentlichungen der Vereinigung der Deutschen Staatsrechtslehrer 64 (2005), 288–354 und 355–402.
52 Vgl. EuGH, Urt. v. 17.4.2018, Rs. C-414/16, Rn. 61 – Egenberger.
53 EuGH, Urt. v. 17.4.2018, Rs. C-414/16, Rn. 63 – Egenberger.

3.2 Konsequenzen

Damit ist das kirchliche Selbstbestimmungsrecht nicht vollkommen ausgehebelt, aber das Antidiskriminierungsrecht führt zu einer „grundlegenden Akzentverschiebung"[54]. Denn jetzt kommt es zu einer vollen gerichtlichen Überprüfung und nicht lediglich – wie nach der Rechtsprechung des Bundesverfassungsgerichts – zu einer Plausibilitätskontrolle.[55] Dabei verlangt der EuGH auch inhaltlich von den Gerichten, dass sie die Anforderungen genau prüfen und fordert zudem eine Verhältnismäßigkeitsprüfung. Damit kommt der Unterscheidung zwischen „verkündungsnahen" und „verkündungsfernen" Tätigkeiten größere Bedeutung zu.[56]

4. Ein neuer Ansatz: Schutzpflichten

Es ist nicht nur das europäische Recht, welches Ansatzpunkte zur Beschränkung des nach traditionellem Verständnis so weitgehenden Freiraums der Kirchen bietet. Auch staatliche Schutzpflichten, abgeleitet aus dem Grundrecht der körperlichen Unversehrtheit, könnten Beschränkungen verlangen.

Die körperliche Unversehrtheit und das Leben werden durch das Grundrecht aus Art. 2 Abs. 2 Satz 1 GG geschützt. Dieses Grundrecht gewährt – wie alle Grundrechte – in erster Linie Schutz vor staatlichen Eingriffen.[57] Es ist aber nicht der Staat, der in Missbrauchsfällen die Unversehrtheit der Betroffenen bedroht. Die abwehrrechtliche Seite der Grundrechte bietet daher keinen Schutz gegen von Privaten ausgehende Gewalt. Doch ist in der Grundrechtsdogmatik inzwischen allgemein anerkannt, dass Grundrechte – zumal das hier in Frage stehende Grundrecht aus Art. 2 Abs. 2 Satz 1 GG – auch Schutzpflichten beinhalten.[58] Der Staat ist nicht nur verpflichtet, Eingriffe zu unterlassen, sondern muss darüber hinaus aktiv werden, um Eingriffe von Dritten zu unterbinden.

Das Bundesverfassungsgericht hat diese Schutzpflichtdogmatik in den Abtreibungsentscheidungen entwickelt und näher entfaltet: „Das Grundgesetz verpflichtet den Staat, menschliches Leben zu schützen (...). Die Verfassung gebietet, sich schützend und fördernd vor dieses Leben zu stellen, d.h. vor allem, es auch vor rechtswidrigen Eingriffen von seiten anderer zu bewahren"[59].

---

54 Payandeh, Mehrdad, Europarecht: Grenzen des Selbstbestimmungsrechts von Religionsgemeinschaften, in: Juristische Schulung (2018), 593, 595.
55 Plausibilitätskontrolle ist ein weitmaschiger Prüfungsmaßstab. Siehe z.B. BVerfGE 137, 273, 301–302 Rn. 81, 314–317 Rn. 113–119.
56 Payandeh, Europarecht, 593, 595; Morlok, in: Dreier (Hg.), GG-Kommentar 3, WRV Art. 137 Rn. 68.
57 Vgl. Ständige Rechtsprechung seit: BVerfGE 7, 198, 204.
58 Siehe etwa: Dreier, in: Dreier (Hg.), GG-Kommentar 1, Vorb. vor Art. 1 Rn. 101–104 m.w.Nachw.
59 BVerfGE 88, 203, 251.

„Der Schutzpflicht ist andererseits nicht dadurch genügt, daß überhaupt Schutzvorkehrungen irgendeiner Art getroffen worden sind. (…) Notwendig ist ein (…) angemessener Schutz; entscheidend ist, daß er als solcher wirksam ist. Die Vorkehrungen, die der Gesetzgeber trifft, müssen für einen angemessenen und wirksamen Schutz ausreichend sein und zudem auf sorgfältigen Tatsachenermittlungen und vertretbaren Einschätzungen beruhen."[60]

Die vom Bundesverfassungsgericht hier präzisierten Anforderungen werden als „Untermaßverbot" bezeichnet. Der Gesetzgeber darf sich nicht mit irgendeinem Schutzkonzept zufriedengeben, sondern er muss erhebliche Anstrengungen unternehmen, um den genannten, strengen Anforderungen des Bundesverfassungsgerichts zu genügen. Dabei ist es in einem gewissen Sinne durchaus angemessen, dass die Schutzpflichten, die in den Abtreibungsentscheidungen gegen Frauen gewendet wurden, jetzt auch Frauen (und allen anderen Missbrauchsbetroffenen) zugutekommen.

Besonders hohe Anforderungen an den Staat, für die Sicherung des Lebens und der körperlichen Unversehrtheit der Bürger*innen zu sorgen, finden auch aus staatstheoretischer Perspektive ihre Rechtfertigung. Die Sicherheit der Bürger*innen auch voreinander zu gewährleisten, ist eine der ältesten anerkannten Aufgaben gesellschaftlicher Organisationsformen überhaupt.[61] Hobbes hat auf dieser Einsicht seine gesamte Staatstheorie aufgebaut. Heute ist zwar höchst umstritten – wie die Staatsaufgabendiskussion zeigt –, was eigentlich staatliche Aufgaben sind; dass aber die Sicherung des Lebens und der Gesundheit der Bürgerinnen und Bürger dazugehört, ist unbestritten.

Es ist daher festzuhalten, dass zur Erfüllung der Schutzpflicht möglicherweise allein ein strafrechtliches Verbot nicht ausreicht. Der Staat muss mehr tun, als Missbrauch zu verbieten und strafrechtlich zu sanktionieren; der staatliche Schutz muss angemessen und wirksam sein. Dies bedeutet vor allem, es nicht allein bei abstrakten Verboten zu belassen, sondern erfordert, auch die tatsächliche Durchsetzung des Verbotes zu berücksichtigen. Schutzpflichten können daher bestimmte Anforderungen an die Ausgestaltung von Verfahren, etwa bei Bekanntwerden von Missbrauchsverdacht, stellen. Insoweit könnte ein vergleichender Blick auf andere Institutionen hilfreich sein, in denen Menschen in besonderer Weise Gefährdungen ausgesetzt sind. Dies sind insbesondere Institutionen, die das Leben von Menschen umfassend prägen und in denen Machtgefälle bestehen. Denn Herrschaft von Menschen über Menschen, Abhängigkeiten, worin sie auch immer gründen, stellen Gefährdungslagen dar. Der Freiheitsraum für ein Kollektiv darf

---

60 BVerfGE 88, 203, 254.
61 Siehe dazu: Hermes, Georg, Das Grundrecht auf Schutz von Leben und Gesundheit, Heidelberg 1987, 148–186.

nicht dazu führen, dass die Verletzbarkeit der Einzelnen übersehen wird; die Gender-Forschung hat dies beispielsweise für die Institution der Familie erarbeitet.

Zusammenfassend: Wenn Missbrauchsfälle nicht nur als Verfehlungen Einzelner erscheinen, sondern institutionell begünstigt und vertuscht werden, reicht es nicht aus, dass der Staat seine Hände in Unschuld wäscht. Dies bedeutet selbstverständlich nicht, dass das Selbstbestimmungsrecht der Religionsgemeinschaften abgeschafft werden sollte. Aber es geht um eine andere Zuordnung von Selbstbestimmungsrecht der Religionsgemeinschaften und Schutz der Einzelnen. Wie diese Zuordnung genau ausgestaltet werden muss, erfordert genauere Analyse. Insoweit besteht Forschungsbedarf.

4.

Pastoralmacht – Anmerkungen zu einem Foucault'schen Schlüsselbegriff aus bibelwissenschaftlicher Sicht

Martin Nitsche

Aus einem bibelwissenschaftlichen Blickwinkel stellt Martin Nitsche das Theorem der Pastoralmacht als Foucault'schen Schlüssebegriff in Grundzügen vor und erörtert anhand ausgewählter Foucault-Lektüren die Darstellung zum Pastorat bei den Hebräer*innen. Dabei geht er mittels einer Relecture der Foucault'schen Textgrundlage der Frage nach, welche Bedeutung die Rede von den Hebräer*innen und der „Intensivierung des Pastorats" bei Foucault besitzt und analysiert den Bedeutungsgehalt der Hirtenmetaphorik in diesem Kontext.

1. Der Begriff und die Fragestellung

Der Begriff der Pastoralmacht hat in den vergangenen Jahren eine besondere Rezeptionsdynamik in theologischen und kirchlichen Diskursen entwickelt. Kirchliche Machtstrukturen und deren theologische Legitimationsmuster sind spätestens mit der Aufarbeitung sexuellen Missbrauchs zu theologischen Schlüsselfragen geworden. Dabei ist der Begriff der Pastoralmacht vom Wortsinn her resonant mit vorgefundenen Strukturen und Überlegungen. „Macht" ist die Kategorie, die es zu beschreiben gilt, „Pastoral" ohnehin kirchliches Kerngeschäft. Zugleich ist der Begriff stets gekoppelt an seine Schöpfung und Prägung durch den französischen Philosophen Michel Foucault (1926–1984) und dessen Denkkategorien, nicht zuletzt an die Entwicklungen der Begrifflichkeiten (vor allem des Machtbegriffs) innerhalb des Foucault'schen Werks.

Vor diesem Hintergrund ist es von historischem und bibelwissenschaftlichem Interesse, dass Foucault seinen Begriff der „Pastoralmacht" auch aus altorientalischen, biblischen und antiken Quellen herleitet. Kann es vor diesem Hintergrund einen weiteren, spezifisch theologischen Zugang zum Begriff der Pastoralmacht geben? Der Beitrag wirft diese Frage auf und schärft sie anhand ausgewählter Foucault-Lektüren und ihrer *Relecture* unter Hinzunahme bibelwissenschaftlicher Positionen. Dazu werden zunächst die entsprechenden Bezugnahmen Foucaults ausführlich präsentiert und eingeordnet. Es geht damit nicht um eine allgemeine, historische Einordnung der Bezugnahmen Foucaults,[1] sondern um konkrete Textbelege.[2]

2. Foucault, die Pastoralmacht und die (Um-)Welt der Bibel

Foucault hat sich nicht systematisch zur Pastoralmacht geäußert, es besteht kein zusammenhängender Entwurf. An verschiedenen Stellen entwickelt er dieses Konzept, welches hier nicht in Einzelheiten nachgezeichnet werden kann.[3] Die Ausführungen in diesem Beitrag beziehen sich ausschließlich auf die fünfte und sechste Vorlesung 1978 im Band Geschichte der Gouvernementalität I (GG I).[4] Es sind jene Vorlesungen, in denen Foucault seine Vorstellungen von „Pastorat" und „Macht" am ausführlichsten mit antiken Quellen in Verbindung bringt. In der sechsten Vorlesung greift er dabei einige Gedanken der fünften Vorlesung erneut auf und geht auch auf, offenbar in der Zwischenzeit geäußerte, Rückfragen und Missverständnisse ein. Mit Blick auf alles, was er über den alten Orient und die klassische Antike gesagt hatte, stellt Foucault in der sechsten Vorlesung klar, dass das Phänomen der Pastoralmacht für ihn erst mit dem sich formierenden Christentum greifbar wird:[5]

> „Eine Religion, die derart Anspruch erhebt auf die tägliche Regierung der Menschen in ihrem wirklichen Leben unter dem Vorwand ihres Heils und im Maßstab der Menschheit, das ist die Kirche und es gibt in der Geschichte der Gesellschaften kein weiteres Beispiel."[6]

---

1 U. a. dargelegt bei Suchan, Monika, Mahnen und Regieren. Die Metapher des Hirten im früheren Mittelalter, Berlin 2015, besonders Abschnitt „1 Die Hirtenmetapher in den Kulturen der Antike und des Christentums 1.1 Der Alte Orient und der Mittelmeerraum", 26–65. Die religionsgeschichtlichen Folgerungen Suchans für das Alte Testament (ebd. 33–34) werden im vorliegenden Beitrag nicht vollständig geteilt.
2 Vielversprechend ist in diesem Zusammenhang der im Druck befindliche Tagungsband „The Image of the Good Shepherd – Modes of Governance in Antiquity" von Claudia Horst und Stéphanie Anthonioz. Dr. Claudia Horst danke ich für ein beratendes Telefonat im Vorfeld.
3 Vgl. Ruoff, Michael, Foucault-Lexikon. Entwicklung – Kernbegriffe – Zusammenhänge, Paderborn 32013, 169–173.
4 Hier immer zitiert nach: Foucault, Michel, Sicherheit, Territorium, Bevölkerung. Geschichte der Gouvernementalität I. Vorlesung am Collège de France 1977–1978, aus dem Französischen von Brede-Konersmann , Claudia und Schröder, Jürgen, unter der Leitung von Ewald, François und Fontana, Alessandro, hg. v. Sennelart, Michel, Frankfurt am Main 72020. Die Schreibweisen wurden immer nach der Vorlage beibehalten. Vgl. zu Foucaults Beschäftigung mit der Hirtenmetapher Clements, Niki Kasumi, Discussing the Discipline. Foucault's Christianities, in: Journal of the American Academy of Religion 1/89 2021, 1–40, hier 9–11.
5 Vgl. die Darstellung bei Ruoff, Focault-Lexikon, 162.
6 Foucault, GG I, 218; vgl. ebd., 228.

Pastoralmacht – Anmerkungen zu einem Foucault'schen Schlüsselbegriff

Dementsprechend sind die Überlegungen zu antiken Quellen vorchristlicher Zeit nicht konstitutiv für das Konzept der Pastoralmacht. Gleichzeitig kommt diese Pastoralmacht für Foucault nicht aus dem Nichts, sondern fußt auf einer jahrhundertelangen Tradition des „Pastorats" im Alten Orient im Allgemeinen und bei den „Hebräern" im Besonderen. Es ist also keine ausgewachsene „Pastoralmacht",[7] die Foucault in den im Folgenden vorgestellten Quellentexten ausmacht, aber es sind konkrete Anwendungsformen der Hirtenmetaphorik im Politischen oder im Religiösen, Anwendungen auf zwischenmenschliche Relationen oder auf die Gott-Menschen-Beziehung. Ausdrücklich nimmt Foucault die klassische, griechisch-römische Antike aus:

„Ich denke jedoch, man kann allgemein feststellen, daß die Idee der Regierung der Menschen eine Idee ist, deren Ursprung man eher im Orient suchen muss, in einem zunächst vorchristlichen und dann im christlichen Orient."[8]

2.1 Pastoralmacht: Die Grundlegung

Die „Idee und Organisation einer pastoralen Macht"[9] ist für Foucault ein allgemeines Motiv „im gesamten mediterranen Orient"[10]. Wahlweise ein König oder ein Oberhaupt können dabei in die Rolle des Hirten treten, das Volk (Foucault: „die Menschen"[11]) wird dann zur Herde.[12] Recht beiläufig postuliert Foucault: „(...) man findet es [das genannte Motiv, MN] gleichermaßen und vor allem sicherlich bei den Hebräern"[13], wobei für diesen Befund zunächst keine Quelle angegeben wird. Für Ägypten wird als Illustration der These die Überreichung des Krummstabes (*ḥeḳa3*-Zepter)[14] an den neuen Pharao bei der Krönung erwähnt, für Babylonien der Hirtentitel als Königstitulatur. Darüber hinaus wird noch ein ägyptischer Hymnus

---

7   Sophie Gruber spricht in Ihrer an der Universität Wien als Diplomarbeit eingereichten Untersuchung von „vorchristlicher Pastoralmacht" und untersucht auch die hier zugrundeliegenden Quellen; online abrufbar: https://www.academia.edu/42718828/DIPLOMA_THESIS (5.5.2022); zur hier gewählten Unterscheidung vgl. Klostermeier, Birgit, Das unternehmerische Selbst der Kirche, Berlin 2011, 36.
8   Foucault, GG I, 185.
9   Ebd.
10 Ebd.
11 Ebd.
12 Ebd., 198 Anm. 23 mit Verweis auf Müller, Dieter, Der gute Hirt. Ein Beitrag zur Geschichte ägyptischer Bildrede, in: Zeitschrift für Ägyptische Sprache 86 (1961), 126–144. In den Anmerkungen wird auf seinerzeit gebräuchliche und anerkannte Fachliteratur für Ägypten, Assyrien und Mesopotamien verwiesen.
13 Foucault, GG I, 185.
14 Vgl. Koenen, Klaus, Art. Stock / Stab / Stecken, https://www.bibelwissenschaft.de/stichwort/24629/ (5.5.2022).

zitiert, der dafür Zeugnis gibt, dass der Hirtentitel auch für Gottheiten verwendet wird und diese als Hirten der Menschen qualifiziert werden:

> „O Re, der du wachst, wenn all die Menschen schlafen, du, der du suchst, was deiner Herde wohltut ..."[15]

Foucault zieht daraus Schlüsse für das Verhältnis jenes Pastorats der Gottheit und des Pastorats des Königs, die demnach nicht auf einer Ebene liegen können. Wenn König und Gottheit gleichermaßen als Hirte betitelt werden, wird der König zum untergeordneten Hirten, dem von der Gottheit die Menschenherde anvertraut wird, welche er am Ende seiner Regentschaft wieder abgeben müsse. Grundsätzlich also handele es sich um eine Verhältnisbestimmung zwischen einer Gottheit und den Menschen, an der der König Anteil hat.[16] Foucault findet exakt diese Sicht in einem assyrischen Hymnus bestätigt, wo es an den König gerichtet heißt:

> „strahlender Gefährte, der du am Pastorat Gottes teilhast, du, der du auf das Land achtest und der du es ernährst, O Hirte des Überflusses."[17]

Es folgt eine Darstellung zum Pastorat bei den Hebräer*innen, die Foucault mit der Behauptung beginnt, bei diesen hätte sich das Pastorat offensichtlich entwickelt und intensiviert.[18] Den wesentlichen Effekt dieser Entwicklung erkennt Foucault in der religiösen Bedeutung des Pastorats. Weil die entsprechenden Ausführungen zum Kern meiner Überlegungen führen, seien sie an dieser Stelle ausführlich zitiert:

> „Und besonders bei den Hebräern hat sich das Thema des Pastorats intensiviert. Mit der Besonderheit, daß bei den Hebräern das Verhältnis Pastor–Herde wesentlich, grundlegend und beinahe ausschließlich ein religiöses Verhältnis ist. Es sind die Beziehungen Gottes, und seines Volkes, die als Beziehungen eines Pastors zu einer Herde definiert werden. Kein hebräischer König, mit Ausnahme von David, dem Begründer der Monarchie, wird namentlich ausdrücklich als Hirte bezeichnet. Der Begriff ist Gott vorbehalten. Bestimmte Propheten werden einfach so angesehen, als hätten sie die Menschenherde aus Gottes Händen erhalten, dem sie sie zurückgeben müssen, und auf der anderen Seite werden die schlechten Könige, die angeprangert werden, ihre Aufgabe verraten zu haben, als schlechte Hirten bezeichnet, übrigens niemals individuell, sondern immer pauschal, als diejenigen, die die Herde vergeudet und zerstreut haben, die unfähig waren, ihr die Nahrung zu sichern und sie zu ihrem Land

---

15 Foucault, GG I, 186. Dort Quellenangabe in Anm. 26: Hymne à Amon-Rê (Kairo, um 1430 v. Chr.), in: Barucq, Andrés / Daumas, François, Hymnes et prièresde l'Egypte ancienne, Nr. 69, Paris 1980, 198.
16 Vgl. Foucault, GG I, 186.
17 Ebd. als assyrischer Hymnus; dort Anm. 26: Keine Quellenzuweisung möglich.
18 Foucault, GG I, 186. Die beigefügte Anmerkung 26 gibt dann einen Überblick über die reichhaltige Literatur zum Hirtenmotiv im Alten und Neuen Testament.

zurückzuführen. Das pastorale Verhältnis in seiner erfüllten Form ist also wesentlich das Verhältnis von Gott zu den Menschen."[19]

Foucault nennt hier eine ganze Reihe spezifischer Punkte, auf die unten gesondert einzugehen ist: Die „Intensivierung des Pastorats", die Wesentlichkeit des göttlichen Pastors, vor dem menschliche Hirten evaluativ-negativ gezeichnet werden müssen, das Herausgehoben-Sein Davids, die stellvertretende Hirtenfunktion mancher Propheten. Es folgen wieder einige Ausführungen zur griechischen Religion, die sich in diesem Punkt nachhaltig unterscheide:

„Denn bei den Griechen finden Sie niemals diese Vorstellung, daß die Götter die Menschen führen, wie ein Pastor, wie ein Hirt seine Herde führen kann. Was auch immer die Vertrautheit – und sie ist zwangsläufig nicht sehr groß – der griechischen Götter zu ihrer Stadt sein mag, das Verhältnis ist niemals ein solches. Der griechische Gott gründet die Stadt, er zeigt ihren Standort, er hilft beim Bau der Mauern, er gewährleistet ihre Solidarität, er gibt der Stadt seinen Namen, er erteilt Orakel und verkündet dadurch seinen Rat. Man konsultiert den Gott, er beschützt, er interveniert, es geschieht, daß er zornig wird und daß er sich wieder versöhnt, doch niemals leitet der griechische Gott die Menschen der Stadt, wie ein Hirt seine Schafe leiten würde."[20]

2.2 Pastoralmacht: Gott und die Herde in Bewegung

Ebenfalls in Ablehnung zu griechischen Gottheiten skizziert Foucault einen zentralen Aspekt des Hirtenmotivs bei den Hebräer*innen. Während der griechische Gott ein territorialer Gott *intra muros* sei, der in einer Stadt, in einem Tempel wirke, sei Hirtenmacht notwendig mit Bewegung verknüpft:[21]

„Der hebräische Gott im Gegenteil ist sicherlich der Gott, der marschiert, der Gott, der sich fortbewegt, der Gott, der umherzieht. Nie ist die Präsenz dieses hebräischen Gottes intensiver, sichtbarer als genau dann, wenn sich sein Volk fortbewegt und wenn er sich – auf den Irrwegen seines Volkes, in seiner Fortbewegung, die der Anlass dafür ist, die Stadt, die Wiesen und Weiden zu verlassen – an die Spitze setzt und die Richtung zeigt, der es folgen muß. Der griechische Gott erscheint eher auf Mauern, um seine Stadt zu verteidigen. Der hebräische Gott erscheint genau dann, wenn man die Stadt verläßt, beim Auszug aus den Mauern und wenn man den Weg zu verfolgen beginnt, der die Weiden durchquert. (...) Auf die gleiche Art übrigens, das heißt auf eine Art, die ein wenig daran erinnert, ist der ägyptische Gott-Pastor Amon als derjenige definiert, der die Leute auf allen Wegen führt. Und wenn es in dieser Führung, die der Gott hinsichtlich einer bewegten Multiplizität sicherstellt, wenn es einen

---

19 Ebd., 186–187.
20 Ebd., 187.
21 Vgl. ebd., 188.

Verweis auf das Territorium gibt, dann in dem Maße, wie der Gott-Pastor weiß, wo die fruchtbaren Wiesen, welches die guten Wege sind, um sie dort hinzuführen, und welches die günstigen Ruheplätze sind. Mit Bezug auf Jahwe wird im Exodus gesagt: ‚Du lenktest in Deiner Güte / das Volk, das Du erlöst hast, / du führtest sie machtvoll / zu deiner heiligen Wohnung.'"[22]

2.3 Pastoralmacht als wohltätige Macht

Die pastorale Macht, die Foucault beschreibt, ist eine durchweg wohltätige Macht. Er bestreitet nicht, dass Wohltätigkeit durchaus auch in griechischen und römischen Machtkonzeptionen impliziert ist, aber nur als ein Ziel unter vielen:

> „Die Macht definiert sich über die Fähigkeit, über die Feinde zu triumphieren, sie zu besiegen, sie zu versklaven. Die Macht definiert sich ebenso durch die Möglichkeit der Eroberung […] Die Wohltätigkeit ist nur einer der Züge in diesem ganzen Bündel, durch das die Macht definiert ist."[23]

Ziel der Pastoralmacht sei demnach die Sorge um das Wohl der Herde. Foucault zitiert eine rabbinische Erzählung (Midrasch Schemot Rabba zu Ex 3,2)[24], in der Mose, weil er so ein guter Hirte war, als würdig befunden wird, Israels Hirte zu sein. JHWH sagt über Mose:

> „Da du mit den Schafen Erbarmen haben kannst, wirst du mit meinem Volk Erbarmen haben, und ich vertraue es Dir an."[25]

Es geht, so Foucault, nicht um heldenhaften Glanz. Die pastorale Macht ist eine Macht der Sorge, die auch Opferbereitschaft bedeutet, es ist eine Sorge um die Anvertrauten. Der Hirte, der sich um sich selbst sorgt, ist eben ein schlechter Hirte.[26] Der göttliche Pastor ist für Foucault eine Gottheit, die bei den Menschen nicht Angst und Schrecken verbreitet, weil „die pastorale Macht an sich selbst stets ein Gut ist."[27] In der sechsten Vorlesung kommt Foucault erneut auf Mose zu sprechen:

> „Christus ist Pastor, sicher, und er ist ein Pastor, der sich opfert, um Gottes Herde wieder zurückzubringen, die verloren war, der sich sogar opfert, nicht nur für die

---

22 Ebd.
23 Ebd., 189.
24 Schwierig zu datieren, vgl. Talabardon, Susanne, Art. Midrasch, https://www.bibelwissenschaft.de/stichwort/27721/ (5.5.2022).
25 Foucault, GG I, 190.
26 Vgl. ebd., 191.
27 Ebd.

Herde im allgemeinen, sondern für jedes einzelne seiner Schafe im besonderen. Wir finden hier das mosaische Thema des guten Hirten wieder, wie Sie es kennen, der es akzeptiert, seine eigene Herde zu opfern, um ein einziges Schaf, das in Gefahr ist, zu retten. Aber das, was in der mosaischen Literatur nur ein Thema war, wird nun sogar der Eckpfeiler der gesamten Organisation der Kirche."[28]

Die „Intensivierung des Pastorats", die Foucault ausmacht, wird hier von Mose bis zu Christus verlängert und in einen großen Bogen eingespannt.

3. Die *Relecture*

3.1 Allgemeine Einordnung[29]

Die altorientalischen Befunde, die Foucault anführt, sind hinsichtlich ihrer Textgrundlagen weitgehend überzeugend. Schon ab dem 3. Jahrtausend v. Chr. belegen akkadische und sumerische Hymnen, dass Könige und Götter in Mesopotamien als Hirten bezeichnet werden.[30] Dabei lässt sich zunächst für Mesopotamien ein recht umfangreiches Bedeutungsspektrum des Hirtentitels für den König feststellen, der ihm sowohl in seiner kultischen Funktion als Oberhaupt der Priesterschaft als auch dem Volk gegenüber zukommt, das er „sammelt und schützt, es reichlich mit irdischen Gütern versieht und die Gerechtigkeit wahrt"[31].

Für Ägypten lässt sich ebenfalls die breite Verwendung als Göttertitulatur belegen. Besonders Könige, können als Hirten und bezeichnet werden.[32] Die Anwendung der Metapher weitet sich möglicherweise aus:

> „Aber auch hohe Beamte sind die Hirten ihrer Leute, bei ihrem Tod trauert man: ‚Der gute Hirt ist fortgegangen'. In der Sp[ät]Z[ei]t heißt aber auch der Tod: ‚Hirt von allem, was auf Erden ist'."[33]

Auch im Alten Testament ist ein reiches Bedeutungsspektrum der Hirtenmetapher sowohl für Gott als auch für menschliche Anführer im Prinzip vorhanden. Das Hebräische kennt zunächst das Verb *rʿh*, welches meist mit „weiden" wiedergegeben

---

28 Ebd., 224.
29 Eine ausführliche Darstellung findet sich bei Hunziker-Rodewald, Regine, Hirt und Herde. Ein Beitrag zum alttestamentlichen Gottesverständnis, Stuttgart 2001; zuletzt 2021 dies., Art. Hirt (AT), https://www.bibelwissenschaft.de/stichwort/21334/ (5.5.2022).
30 Vgl. Soggin, J. A., Art. העד, in: THAT, 2, München 1976, 791–794; vgl. Willmes, Hirt, 155.
31 Soggin, העד, 794.
32 Vgl. Helck, Wolfgang, Art. Hirt, in: Lexikon der Ägyptologie, 2, Wiesbaden 1975, 1220–1223, 1222. Für Helck ist hier der Typos des „guten Hirten" entstanden, Silvia Schroer deutet den Befund diesbezüglich zurückhaltender (vgl. Schroer, Silvia, Art. Guter Hirte, in: RGG, 3, Tübingen 42000, 1347–1348).
33 Helck, Art. Hirt, 1220–1223, hier: 1222.

wird und sich auf das Hüten von Vieh bezieht. Das entsprechende substantivierte Partizip dient dann als Berufsbezeichnung für Hirten.[34] JHWH agiert als Hirte Israels „durch das Verb ‚weiden' (Hos 4,16; Mi 7,14; Sach 11,7.9)"[35] oder anders, z. B. durch die Bezeichnung Judas als Herde des Herrn (Jer 13,17). Ebenso ist die Bezeichnung für Führer des Volkes anzutreffen. Es mag verwundern, dass das unter den Königen Israels und Judas namentlich nur für David der Fall ist (2 Sam 5,2; Ps 78,70–72).[36] Gleichwohl tragen Anführer des Volkes ganz selbstverständlich den Hirtentitel (2 Sam 7,7). Kyrus wird in Jes 44,28 aus Sicht JHWHs als „mein Hirte" (ro'i) bezeichnet. Auch dann, wenn die Anführer des Volkes kritisiert werden, können sie als Hirten bezeichnet werden (Jer 2,8). Für die Zukunft können bessere Hirten verheißen werden (Jer 3,15). Die Pauschalität, mit der die Hirtenmetapher hier angewendet wird, belegt zugleich deren Selbstverständlichkeit.

3.2 Die Hebräer*innen und die „Intensivierung des Pastorats"

Bei der Lektüre der untersuchten Vorlesung fällt zunächst der schillernde Gebrauch des Wortfeldes Hebräer / hebräisch auf. Es scheint als eine konsistente Größe mit einem stabilen Gottesbild gedacht, die von der Zeit des Mose an durch die Geschichte hindurch greifbar ist. Dort, wo unmittelbare Linien von neutestamentlichen Aussagen über Jesus zu Mose gezogen werden, entsteht der Eindruck einer Kontinuität dieses „Hebräertums" in die Zeit des sich formierenden Christentums hinein. Eine solche Kontinuität lässt sich historisch-rekonstruktiv nicht beschreiben.[37] Ähnlich ahistorisch sind die Ausführungen über den Gott, der sich in der Bewegung manifestiert, anstatt von seinem Tempel aus, seine Stadt zu beschützen. Religionsgeschichtlich dürfte JHWH in der Königszeit als ein solcher Stabilitätsgarant für Stadt und Staat verehrt worden sein.[38] Diese Konzeptionen sind während der Entstehung der Hebräischen Bibel Entwicklungen unterworfen, deren gravierendster Auslöser der Untergang der judäischen Staatlichkeit nach 587 v. Chr. war. Dennoch lässt sich die Rede von der „Intensivierung des Pastorats bei den Hebräern" kaum nachvollziehen. Im Grunde wird das bereits an jenen Textstellen greifbar, die Foucault selbst heranzieht und welche oben dokumentiert sind.

Dies allein einer Fehleinschätzung Foucaults anzurechnen, wäre allerdings ebenso ein ahistorischer Fehlschluss: Der Blick auf die Theologiegeschichte Isra-

---

34 Vgl. Willmes, Bernd, Art. Hirt, Guter Hirt I. Altes Testament, in: LThK, 5, Freiburg im Breisgau 31996, 155.
35 Willmes, Hirt, 155.
36 So Soggin, רעה, 794.
37 Vgl. unten „3.3 Das Hirtentum des Mose".
38 Vgl. Paganini, Simone / Giercke-Ungermann, Annett, Art. Zion/Zionstheologie, http://www.bibelwissenschaft.de/stichwort/35418/ (5.5.2022).

els hat sich in der Forschung der vergangenen Jahrzehnte massiv verändert.[39] Eine exegetische „Bewertung" dieser Zugriffe ist schon von daher kaum sinnvoll. Die Frage ist eher, welche Bedeutung die Rede von der „Intensivierung des Pastorats" bei den Hebräer*innen für Foucaults Argumentationsgefüge hat. Sie hat argumentativ möglicherweise das Ziel, eine gewisse Entwicklung vom allgemeinen Gebrauch im Alten Orient über den intensivierten Gebrauch im Alten Testament hin zur christlichen, ausgeprägten Pastoralmacht zu plausibilisieren.

3.3 Das Hirtentum des Mose

Vor diesem Hintergrund ist auch der Rekurs auf das Hirtenamt des Mose bemerkenswert. Die kaum datierbare, wohl recht späte Erzählung, die die Hirtentätigkeit des Mose mit seiner Leitungsfunktion in Israel verknüpft, vermag dem biblischen Befund kaum etwas hinzuzufügen, zumal zu fragen ist, ob sie nicht ihrerseits von christlichen Motiven geprägt sein könnte. Der biblische Text in Ex 3 braucht Mose keinen Hirtentitel zu verleihen, weil er ihn als Hirte vorstellt, der aus dieser Situation heraus berufen wird. Eher entsteht der Eindruck, dass die große Linie, die Foucault zieht, einen Befund in die Vergangenheit hinein verlängert.

3.4 Die Universalität der Hirtenmetaphorik

Wirklich an den Kern dessen, was Foucault mit dem Pastorat im Alten Orient beschreibt, führt die Frage nach dem Bedeutungsgehalt der Hirtenmetaphorik in den verschiedenen Belegstellen. Die Überlegung, dass hier eine wohltätige Macht beschreibbar sei, die zum Beispiel nicht über Feinde triumphiere oder Territorien erobere, ist nicht belegbar. Weder für eine mir bekannte Herrscherideologie noch für die theologischen Aussagen der Hebräischen Bibel lässt sich eine friedliebende Hirtenmetaphorik von anderen Attributen abgrenzen. Dies sei an einigen Beispielen belegt. So können mit Bezug auf JHWH Hirten- und Königstitel beinahe synonym gebraucht werden.[40] Die häufig angeführte Stelle, an der David als Hirte Israels eingesetzt wird (2 Sam 5,1–2), ist mit Blick auf den Gebrauch der Hirtentitulatur ebenfalls aufschlussreich:

---

39 Vinzenz Hamp konnte in seinem Beitrag zum Hirtenmotiv noch formulieren: „So wird klar, daß der Hirtenbegriff des Alten Testaments unendlich tiefer und reichhaltiger ist als in der akkadisch-assyrischen Literatur (...)" Hamp, Vinzenz, Das Hirtenmotiv im Alten Testament, in: ders., Weisheit und Gottesfurcht. Aufsätze zur alttestamentlichen Einleitung, Exegese und Theologie, bearb. u. hg. v. Georg Schuttermayr, St. Ottilien 1990 (Erstveröffentlichung 1949), 186–201, hier 200.
40 Vgl. Hamp, Hirtenmotiv, 200; vgl. z. B. die Kombination in Mi 4,6–7.

> „1 Und es kamen alle Stämme Israels zu David nach Hebron und sagten: Sieh doch, dein Bein und dein Fleisch sind wir. 2 Schon zuvor war es so, als Saul noch unser König war, warst du es, der Israel hinaus und wieder zurückgeführt hast. Und JHWH hat zu dir gesagt: Du sollst mein Volk, Israel, weiden [attah thir'eh eth-ammiy eth-yisra'el]. Und du sollst Anführer [nagid] sein über Israel."

Zunächst fällt auf, dass die Hirtentätigkeit und die Anführertätigkeit faktisch gleichbedeutend sind. Sodann ist bemerkenswert, dass ein gleichlautendes Hirtenwort an David nicht erwähnt wird. Bezug genommen wird offenbar auf 1 Sam 18, wo von Davids militärischer Anführerschaft unter König Saul erzählt wird. Für die in 2 Sam 5 sprechenden Ältesten des Volkes ist diese militärische Tätigkeit offenbar Teil der Hirtentätigkeit Davids. So schließen sie einen Vertrag mit David und salben ihn zum König (2 Sam 5,3).

Ein Blick auf die Insignien des Hirten – im realen und metaphorischen Sinne – verdeutlicht die Bedeutungsbreite einer Hirtentitulatur. Ein Hirt hat nicht nur einen Stab, er hat zwei, so kommt es auch in der bekanntesten Adaption der Hirtenmetapher (Ps 23) zum Ausdruck:

> „4 Auch wenn ich gehe im finsteren Tal, ich fürchte kein Unheil, denn du bist mit mir. Dein Stock (shivtekha) und dein Stab (mish'antekha), sie trösten mich."

Es wird aus diesem einzelnen Vers heraus nicht deutlich, welche beiden Gegenstände damit konkret bezeichnet sind. Klaus Koenen referiert eine gängige Deutung, die noch einmal zeigt, wie umfassend die Hirtenmetapher mit der allgemeinen Königsideologie verbunden ist und hier gebraucht werden kann:

> „In Ps 23,4 sind mit Jahwes Stecken (…) und Stab (…) wohl die beiden Hirtenstäbe gemeint, also Schlagstock und Wanderstock. Diese Gegenstände, die für Hirten in ihrem täglichen Überlebenskampf in einer vielfach feindlichen Umgebung wichtig waren, bieten dem Beter Trost, sind für ihn zu Symbolen der rettenden Hilfe Gottes geworden (…). Da ‚Hirte' ein geläufiges Bild für einen König ist, kann mit dem Stock in königlichem Kontext eine Keule als Schlagwaffe des Königs bzw. ein Zepter als Insignie königlicher Macht gemeint sein (Ps 2,9; Ps 45,7). Darüber hinaus kann der Stock zum Bild für Macht und Vorherrschaft werden (Gen 49,10; Num 24,17; Am 1,5.8; Sach 10,11). Der Stab des Mundes ist dann ein machtvolles Wort (Jes 11,4)."[41]

Mit Blick auf christliche Adaptionen der Rede vom Hirten ist es wenigstens bemerkenswert, dass der bischöfliche Hirtenstab häufig vom ägyptischen Heka-Zepter hergeleitet wird, einem Krummstab, welcher wiederum wohl auf den Stab eines Hirten zurückzuführen ist.[42] Auch Pharaonen haben häufig ein weiteres

---

41 Koenen, Stock / Stab / Stecken.
42 Vgl. ebd.

Werkzeug in der Hand, eine Keule, mit der sie der wichtigen Aufgabe des „Erschlagens der Feinde" nachkommen. Dieses geprägte Motiv ist vom Alten Reich bis in die ptolemäische Zeit ikonographisch belegt[43] und lässt sich vielleicht auch so deuten, dass die Hirtenmacht in Ägypten kein separat verstehbarer Aspekt der Königsideologie, sondern ein untrennbar verwobener, integraler Bestandteil ebendieser ist.

3.5 Machtkritik als Spezifikum des Alten Testaments

Will man einen Punkt benennen, an dem die Hirtenmetaphorik im Alten Testament einen spezifischen Eigengebrauch aufweist, ist der Aspekt der deutlich und häufig formulierten, prophetischen Machtkritik hervorzuheben. Sie lässt sich auch an der Hirtenmetaphorik festmachen und ist außerhalb Israels nur sehr selten belegt.[44] Historischer Anlass dafür dürfte die Erfahrung des gescheiterten Königtums und ihre theologische Reflexion sein.[45] Nirgend ist sie expliziter anzutreffen als in Ez 34.[46] Weil die menschlichen, als Hirten inszenierten Könige gescheitert sind (Ez 34,7–8),[47] fällt das Königtum wieder allein Gott zu (Ez 34,11–12), ebenfalls werden messianische Hoffnungen auf einen guten Hirten stark (Ez 34,23).[48] Im Rahmen der Foucault-Relecture ist vor allem festzuhalten, dass problematische Aspekte von Machtgebrauch hier in explizitem Zusammenhang mit der Hirtenmetaphorik gebraucht werden.[49] Auf der Frankfurter Tagung „Machtkritik durch Theologie" hat Ilse Müllner 2 Sam 12, die Erzählung in der Natan David nach dem Tod des Urija und der illegitimen Ehe mit Batseba zur Rede stellt, als „Urszene biblischer Machtkritik" bezeichnet.[50] Von Hirten ist in Natans Parabel nicht explizit die Rede,

---

43 Vgl. Wildung, Dietrich, Erschlagen der Feinde, in: Lexikon der Ägyptologie, 2, Wiesbaden 1975, 14–17.
44 Vgl. Hunziker-Rodewald, Hirt (AT), die auch auf die „dezidierte Verankerung in der kleinräumig konzipierten Heilsgeschichte Israels" als Spezifikum hinweist.
45 Vgl. ebd.
46 Vgl. zu Ez 34 Hunziker-Rodewald, Hirt, 11.158–168.
47 In der Fachliteratur wird erwogen, dass hier nicht nur auf Könige, sondern auf die Könige und deren gesamtes Führungspersonal abgezielt wird, vgl. Greenberg, Moshe, Ezechiel 21–37, Freiburg im Breisgau 2005, 397.
48 Zur Rezeption dieser Entwicklung in „zwei Traditionslinien" und ihrer Rezeption im Neuen Testament vgl. Lang, Manfred, Art. Hirt (NT), https://www.bibelwissenschaft.de/stichwort/46901/ (5.5.2022).
49 Vgl. Clements, Niki Kasumi, Foucaults Christianities. Discussing the Discipline, in: Journal of the American Academy of Religion 1/89 2021, 10–11. Foucault erwähnt jene Stellen, in denen schlechte Hirten pauschal negativ beurteilt werden (s. o.) und skizziert damit einen Teil der alttestamentlichen Hirtenideologie trefflich.
50 Müllner, Ilse, Tora – Prophetie – Königtum. Machtkritik aus dem Ersten Testament, in: Reisinger, Doris (Hg.), Gefährliche Theologien. Wenn theologische Ansätze Machtmissbrauch legitimieren, Regensburg 2021, 16–34.

wohl aber von Rindern, Schafen und Lämmern. So verlegt Natan Davids Machtmissbrauch narrativ auf die Weide, dessen ureigenen (als Hirte in Bethlehem) und metaphorischen (als idealer König) Dienstort.

4. Vorläufige Schlussfolgerungen

Ein Fazit an dieser Stelle wäre unangemessen, einzelne Beobachtungen und Einordnungen sollen diesen Beitrag beschließen.

Für Foucault ist die Pastoralmacht eine spezifisch christliche Machttechnik. Ihre Herleitung aus der klassischen Antike und aus der christlichen Theologie sind deutlich ausführlicher als jene Ausflüge in den Alten Orient und in die Hebräische Bibel, die hier vorgestellt und eingeordnet wurden. Die Plausibilität von Foucaults Thesen mit Blick auf das Neue Testament und die Alte Kirche wäre eigens zu untersuchen.[51] Die hier vorgelegte *Relecture* zeigt, dass Foucault einige Zuschreibungen überzeugend trifft, die Quellen aber nicht jede seiner Schlussfolgerungen unterstützen. An vielen Stellen scheint es, als entwickle Foucault sein Konzept von Pastoralmacht sehr unmittelbar aus der Hirtenmetapher und ihrem realen Ursprung, der Tätigkeit von Hirten. Die biblischen und altorientalischen Zugriffe auf dieses Motiv scheinen zwar argumentativen Charakter zu haben, sind aber letztlich vor allem illustrierend gebraucht.[52] Im Gespräch mit bibelwissenschaftlichen Positionen lässt Foucaults scharfsinnige und machtsensible[53] Analyse der Hirtenmetaphorik die Bedeutung der biblischen Machtkritik und Machtdekonstruktion deutlich aufscheinen, die theologisch noch stärker zu rezipieren wäre und von jedem theologischen und kirchlichen Zugriff auf die Hirtenmetaphorik eingeholt werden müsste.[54]

---

51   Vgl. Clements, Christianities, 1–40.
52   So versteht auch Monika Suchan Foucaults Orient-Lektüren: „Um die Funktionsweise von Macht zu erklären, wählt Foucault den ‚Hirten'. Kulturgeschichtlich blickt er zurück bis in die Blüte des Alten Orients, als der Hirte ein weitverbreiteter Beruf war und er bereits als Metapher genutzt wurde: Nach ihm hat man die Aufgaben des Königs gegenüber seinem Volk als die des Hirten über seine Herde beschrieben"; Suchan, Mahnen, 21. Mit ähnlicher Skepsis für die konkreten historischen Linien hinsichtlich der gesellschaftlichen Entwicklungen seit der Antike: Weimer, Martin, Das Verdrängte in der Hirtenmetapher. Kritische Reflexionen zu Foucaults Begriff des ‚Pastorats', in: Wege zum Menschen 47 (1995), 61–76, hier 66.
53   Zu „Hirtendiskursen", „Macht" und Foucault vgl. Suchan, Mahnen, 18.
54   Insofern sind die Forderungen 1995, die Norbert Mette in Anschluss an seine Foucault-Lektüre machte, ungebrochen gültig; vgl. Mettte, Norbert, Pastoralmacht. Praktisch-theologische Anmerkungen zu einem Theorem M. Foucaults, in: Wege zum Menschen 47 (1995), 76–83. 20 Jahre später hat er sie erweitert und erneuert: Mette, Norbert, Kirche und Macht, in: Pastoraltheologische Informationen 1/34 (2015), 215–233.

Pastoralmacht – Anmerkungen zu einem Foucault'schen Schlüsselbegriff

Wer einen geprägten Begriff wie „Pastoralmacht" verwendet, lässt sich dabei notwendigerweise auf ein theoretisches Konstrukt ein, von welchem der Begriff nicht zu trennen ist. Das Problematische am Zugriff auf den Pastoralmachtsbegriff sind dabei nicht die biblischen Illustrationen, mit denen Foucault dessen Herleitung versieht. Schwieriger sind die Entwicklungen, die der Begriff im Foucault'schen Werk durchmacht. Foucaults Perspektiven auf das Christentum sind genauso Entwicklungen unterworfen[55] wie sein Machtbegriff[56], wodurch eine Verwendung des Begriffs zum Import eines sehr komplexen Gedankengefüges führt. Das Kompositum „Pastoralmacht" bringt Hirtenmetaphorik und Machtvisualisierung schon semantisch zusammen und bietet sich damit als Kategorie für Erkundungen aus vielen Perspektiven, auch bibelwissenschaftlicher Art, an. Für den konzeptionellen Gebrauch beim Entwerfen einer „Theologie der Macht" bedürfte es weiterer Schärfungen und Abgrenzungen.

---

55 Zu den Entwicklungen in den verschiedenen Phasen vgl. Clements, Discipline, 31–33.
56 Vgl. zum Machtbegriff bei Foucault Bublitz, Hannelore, Art. Macht, in: Kammler, Clemens / Parr, Rolf Schneider, / Ulrich Johannes (Hg.), Foucault-Handbuch. Leben – Werk – Wirkung, Berlin 22020, 273–277, bes. 276–277.

5.

„Die starke Hand des Herrn wirkt mit Macht"
(Ps 118,15-16)

Machttheoretische Ambivalenzen im theistischen Gottesbegriff

Knut Wenzel

In seinem Beitrag lädt Knut Wenzel die Leser*innen zu einer teilnehmenden Untersuchung der machttheoretischen Ambivalenzen im theistischen Gottesbegriff ein. Vor dem Hintergrund der Begriffsabhandlung Karl Rahners zur Allmacht Gottes im LThK² betont er die untilgbare Ambivalenz im theistischen Gottesbegriff, indem er Gottes Allmacht als Macht im Entzug festmacht.

Nicht von einem Nullpunkt beginnen die Menschen mit Gott. Gott mit den Menschen schon: *ex nihilo*, aber sie nicht mit ihm. *De profundis*, aus den Tiefen (Ps 130), aus der Bedrängnis (Ps 118,5): Die Menschen haben den Ausgangspunkt ihres Gottesverhältnisses tief im Minus. Die theologische Vernunft hätte es gerne, wenn der Gottesgedanke ohne Not, in interesseloser Entspanntheit, gefasst werden würde. So verhält es sich mit der Genese des biblischen Gottesgedankens aber nicht, und die Geltung eines biblisch gewonnenen und verantworteten Gottesbegriffs wird von solcher Genese nicht freizuhalten sein. Negativ markiert ist der Existenzstatus, von dem her biblisch der Gottesgedanke gefasst wird – Gott angerufen wird: aus der Tiefe der Not. Biblisch ist die Vorstellung von der (All)Macht Gottes „nicht zuerst eine Beschreibung Gottes, sondern der Einspruch gegen den Augenschein, demzufolge eben nicht Gott, sondern das Leiden und der Tod die Macht in dieser Welt haben".[1]

Die weite Streuung der biblischen Rede von diesem Negativstatus menschlicher Existenz lässt sich auf ein Spektrum von drei Kernerfahrungen zurückführen: die Sünde, der Tod, die Feind*innen. Die Ausgangssituation erzeugt das Gottesbild: Die Not der Sündenübermacht – ruft den Barmherzigen an, der vergebungsbereit ist und nicht strafenszornig: „Denn der Herr, dein Gott, ist ein barmherziger Gott. Er lässt dich nicht fallen und gibt dich nicht dem Verderben preis und vergisst nicht den Bund mit deinen Vätern, den er ihnen beschworen hat."[2] Die Not des

---

[1] Schoberth, Wolfgang, Gottes Allmacht und das Leiden, in: Ritter, Werner H. / Feldmeier, Reinhard / Schoberth, Wolfgang / Altner, Günter (Hg.), Der Allmächtige. Annäherungen an ein umstrittenes Gottesprädikat, Göttingen 1997, 43–67, hier 66.
[2] Dtn 4,31.

Sterben-Müssens ruft den Lebendigen an, der Leben gibt und den Tod nicht will: „Nicht die Toten loben den Herrn, / keiner, der ins Schweigen hinabsteigt."³ Die Not der Feindesübermacht ruft den (All)Mächtigen an, der noch die Übermacht der Feind*innen überwindet und die ihn anrufen darin nicht untergehen lässt: „Er entriss mich meinem mächtigen Feind, / meinen Hassern, denn sie waren stärker als ich. ... Er führte mich hinaus ins Weite, / er befreite mich".⁴

Im Kirchenlied ist die hierin wirksame enorme, auf Gott zulaufende Asymmetrie zur Figur des Überwinders verdichtet worden: Christoph Bernhard Verspoells *Wahrer Gott, wir glauben dir* von 1810, im aktuellen *Gotteslob* nicht mehr enthalten, besingt den wahren Gott: „Du, der den Satan und Tod überwand".⁵ Der Hymnus *Großer Gott, wir loben dich*, eine der vielen Eindeutschungen des *Te Deum*, geht ursprünglich auf Ignaz Franz zurück (1771), hat aber mehrfache Variationen erfahren, darunter die des Schweizer reformierten Pfarrers Karl von Greyerz, geschaffen nach dem Ersten Weltkrieg und bei allem pazifistischen Impetus dennoch in der dritten Strophe diese Trias von Gottes-Allegorien aufzählend: „Helfer, Kämpfer, Überwinder".⁶

Und dennoch: Eine eindeutige Beziehungslage sieht anders aus. Zunächst steht hier ein krasser Debit einem ungeheuren Haben gegenüber. Sodann: Auch wenn die Kirchenlieder Gott als den machtvollen Überwinder feiern, kann das nicht darüber hinwegtäuschen, dass dem Begriff eines allmächtigen Gottes, gerade weil Allmacht im Sinn der Unbedingtheit absolut gedacht wird, eine untilgbare Ambivalenz innewohnt: die von Gewährung *und* Verweigerung von Gottes rettender Übermacht den Menschen gegenüber. Als biblischer Beleg mag ein Hinweis auf Ps 88 reichen, der mit der Möglichkeit des ungeretteten Verbleibs im Tod rechnet: Der Psalmist, der Gott anruft als „Herr, du Gott meiner Rettung", sieht sich zu den Erschlagenen gehören, „derer du nicht mehr gedenkst"; ja, der als Retter adressierte Gott selbst hat ihn zu Tod gebracht: „Du brachtest mich in die unterste Grube, / in Finsternisse, in Tiefen. / Auf mir lastet dein Grimm." Und zweifelnd fragt der so Geschlagene: „Wirst du an den Toten Wunder tun, / werden Schatten aufstehn, um dir zu danken?" Der ohnehin Sterbliche – „Elend bin ich, ein Sterbender von Jugend an" – weiß sich jetzt von den Schrecken Gottes umflutet; „mein Vertrauter ist nur noch die Finsternis."⁷

Selbst wenn aber das religiöse Bewusstsein sich ganz auf die Sieg- und Triumphgewissheit der Kirchenlieder einlässt, bleibt ihm die Frage, warum in einem Geschehen, das auf Rettung, auf Erlösung angelegt ist, eine Instanz der übermäch-

---

3   Ps 115,17; vgl. Ps 6,6, Jes 38,18.
4   2Sam 22,18.20; vgl. Ps 18,18.20.
5   Gotteslob von 1975, Nr. 864.
6   Nr. 518 im evangelisch-reformierten Gesangbuch; im christkatholischen Gesangbuch für den Buß- und Bettag vorgesehen.
7   Ps 88,2.6.7f (besser 7–8 ?).11.17–19.

tigen Bezwingungsmacht vorgesehen ist und Gott zugewiesen wird, oder anders: warum die Macht der Befreiung als polemische Macht konzipiert wird, als Macht-im-*polemos*, Macht, die sich im Kampf bewährt, und zwar durch die Besiegung, Erniedrigung, in letzter Konsequenz Vernichtung der Feind*innen. Macht-im-*polemos* ist Gewalt; Macht-der-Unterwerfung ist Herrschaft. Wenn Macht durch Vernichtung rettet – was ist dann Rettung? Zumal sogar die panentheistische Vision des Neuen Testaments – „Ich bin das Alpha und das Omega, spricht Gott, der Herr"[8] – bei Paulus im Bedeutungsfeld des *polemos* ausformuliert wird; die panentheistische Vision wird hier hergestellt durch eine Kaskade der Unterwerfungen:

> „Denn er muss herrschen, bis Gott ihm alle Feinde unter seine Füße gelegt hat. Der letzte Feind, der entmachtet wird, ist der Tod. Denn: Alles hat er seinen Füßen unterworfen. Wenn es aber heißt, alles sei unterworfen, ist offenbar der ausgenommen, der ihm alles unterwirft. Wenn ihm dann alles unterworfen ist, wird auch er, der Sohn, sich dem unterwerfen, der ihm alles unterworfen hat, damit Gott alles in allem sei."[9]

John D. Caputo hat eine solche Kodierung der Macht im Gotteskonzept für eine direkte Legitimierung weltlicher und kirchlicher Herrschaftsverhältnisse verantwortlich gemacht und in Konsequenz das Konzept eines schwachen Gottes vorgeschlagen.[10] Direkte Ableitungen realer Praktiken und Strukturen von Macht und Herrschaft in der Kirche von Gotteskonzeptionen müssen freilich als unterkomplex und fast schon wieder als Exkulpierung realer Täter*innen erscheinen. Stattdessen wäre von einer *monotheistischen Kultur* zu sprechen, die von Einträgen polemischer Macht gezeichnet ist und den Deutungsrahmen bereitstellt, innerhalb dessen sich Praktiken von Macht und Herrschaft den Anschein selbstverständlicher Geltung verschaffen können. Was Caputos Exit-Strategie – den Vorschlag eines schwachen Gottes – anbetrifft, hat Friederike Sass auf wenigen Seiten konzise die Selbstwidersprüchlichkeit aller Spielarten des Gedankens vom ohnmächtigen Gott – sofern Ohnmacht als Synonym für Caputos *weakness* genommen werden darf, was naheliegt – aufgewiesen:[11] Gott selbst, also nicht irgendein kontingentes Wesen, als ohnmächtig denken hieße, sich in einen unauflösbaren Selbstwiderspruch begeben, wenn anders die Ohnmacht Gottes nicht als von Gott, etwa am Kreuz, verfügte Selbstbestimmung seiner Allmacht zu- und unterzuordnen ist, ja deren ultimativer Erweis ist: Gott kann in seine Allmacht auch die Ohnmacht integrieren: „Die

---

8   Offb 1,8; vgl. 21,6; 22,13.
9   1Kor 15,25–28.
10 Vgl. Caputo, John D., The Weakness of God. Theology of the Event, Bloomington, 2006.
11 Vgl. Sass, Friederike, Allmacht. Einleitende Bemerkungen, in: dies. / Klein, Rebekka A. (Hg.), Gottes schwache Macht. Alternativen zur Rede von Gottes Allmacht und Ohnmacht, Leipzig 2017, 29–32.

Ohnmacht Gottes steht so letztlich gerade für eine Neufassung des traditionellen Allmachtbegriffs oder gar für dessen Steigerung"[12].

Gottes je mächtigere Übermacht schließlich fortzubestimmen zu der absoluten, nicht aus der jeweiligen *polemos*-Situation hervorgehenden, sondern in ihr jeweils als identisch, weil in der Identität Gottes gründend, sich erweisende Allmacht, stellt dann keine komplette Deformation eines biblischen Übermacht- durch einen metaphysischen Allmachtbegriff dar. Die metaphysisch grundierte Theologie hat dann auch mit fragloser Selbstverständlichkeit ihren Allmachtbegriff biblisch nicht nur begründet, sondern als dort gegeben aufgefasst. Karl Rahner etwa geht in seinem LThK[2]-Artikel zur Allmacht Gottes unbefangen so vor; die in biblischen Macht-Belegen vorhandene polemos-Prägung sieht er nicht und nimmt auch keine Stellung dazu.[13] Was seinem Zugriff auf biblische Quellen zugutegehalten werden kann, ist die der Überwindungs-Macht inhärente metaphysische Tiefenströmung der Transzendierung: aus der je konkreten Notsituation aufs Offene: „Er führte mich hinaus ins Weite, er befreite mich".[14] So nämlich entwirft Rahner den Begriff göttlicher Allmacht: als Kraft der Entgrenzung.

Im Grund entkoppelt Rahner die Allmacht von einer Standard-Metaphysik, die in ihr die Garantie für die Existenz und Stabilität dessen, was ist, und damit für die Sicherheit der Menschen, die in dieser Welt leben, sieht. Die Allmacht Gottes wäre, so Rahner, gerade nicht angemessen begriffen, „wenn man sie rein v. der Faktizität des tatsächlich Gegebenen her bemessen wollte".[15] Denn, und auf engstem Raum wird hier die Argumentation einer Verwindung unterzogen, das tatsächlich Gegebene wird nur dann „in seiner Endlichkeit u. freien Verfügtheit für uns sichtbar", wenn es „in einer weiteren Freiheit des größeren Möglichen" steht.[16] Gottes Allmacht garantiert nicht den Status quo; sie rückt das Faktische in den je weiteren, je größeren Horizont des Möglichen. Erst in diesem durch Freiheit bestimmten Horizont kann das Faktisch-Endliche zu seiner vollen Entfaltung kommen.

Der Begriff der Allmacht stellt Gott als den des Möglichen Mächtigen vor. Dieses ist aber schlechterdings nicht abgrenzbar, etwa gegen das Unmögliche. Letzteres bezeichnet Rahner lapidar als – nichts.[17] Der Horizont der Welt, in der der Mensch sich vorfindet, wird von diesem Begriff der Allmacht als einer unendlichen Entgrenzungsdynamik unterliegend aufgefasst. Die Allmacht Gottes ist entgrenzende Macht. Gemäß dem für die Theologie Rahners bestimmenden

---

12 Ebd., 30.
13 Vgl. Rahner, Karl, Allmacht Gottes, in: ders., Sämtliche Werke, Bd. 17/1: Enzyklopädische Theologie. Die Lexikonbeiträge 1956–1973, Freiburg 2002, 106–108, hier 106–107.
14 Ps 18,20.
15 Rahner, Karl, Allmacht Gottes, 106.
16 Ebd.
17 Vgl. ebd., 107.

Gedanken der Offenbarung als Selbstmitteilung Gottes – der Begriff fällt im Text nicht, die Sache ist aber leitend – ist Gott wesentlich der, der entgrenzt: „Die A. gibt für unser Denken dem Wesen u. den übrigen Eigenschaften Gottes ihre unwiderstehl. dynam. Unbedingtheit"[18] Gottes Handeln an und in der Welt steht in einem offenbarenden Entsprechungsverhältnis zu seinem Wesen. Weswegen die „unwiderstehliche dynamische Unbedingtheit" des allmächtigen Gottes den Menschen bemerklich ist daran, „daß eine eigentlich positive u. definitive Eingrenzbarkeit des Möglichen nicht gedacht werden kann u. v. daher gerade das Wirkliche immer das Kontingente u. Fragwürdige bleibt".[19]

Gottes Macht einmal als polemische Übermacht, einmal als entgrenzende Allmacht. Die polemische Macht ist Indikator einer Situation und Erfahrung der Not, der Beklemmung, des drohenden Untergangs. Das Konzept polemischer Macht ist hochgradig ambig: Mit welcher Durchschlagskraft wird hier die Macht Gottes vom Paradigma des *polemos* bestimmt, vom Kampf oder Krieg, in dem es Feind*innen gibt, die niederzuringen, zu vernichten, sind? Werden in diesem Paradigma die Menschen zu Empfänger*innen der huldvollen Zuwendung eines *warlords* – so wie das Konzept der Gnade insgesamt bis heute an seiner Herkunft aus einem feudalistisch bestimmten sozialgeschichtlichen Kontext, der in den Jahrhunderten ihrer Überlieferung immer wieder reaktualisiert worden ist, krankt? Und werden die Menschen, die in den Genuss göttlicher Überwindungsmacht kommen, nicht in der Position der Schwachen, der Opfer gar, festgeschrieben? Und was erst, wenn das Muster der göttlichen Macht als Überwältigung eines anderen Willens sich löst von der signifikanten Bindung an eine reale Unheilserfahrung und als frei flottierendes Deutungsmuster angeeignet werden kann: so nämlich, dass die Kirche als mystischer Leib Christi – oder sonst einer Figur der Kontinuation des Geltungszusammenhangs zwischen Gott und Kirche – die Position der Macht einnehmen kann, die die anderen überwältigt und ihren Willen, ihren Selbststand, ihre Würde bricht? Wie selbstverständlich, wie von vornherein gerechtfertigt können in einer solchen Kultur einer Macht der Überwältigung Menschen sich bewegen, die im Verfolg der Befriedigung ihrer Bedürfnisse das Vertrauen, den Geist, die Seele, den Körper anderer Menschen sich unterwerfen, ausbeuten, brechen, ohne in solchem Handeln etwas zu Verantwortendes sehen zu müssen? Wenn eine mögliche Handlung nicht schon durch eine gegebene Kultur, ein anzapfbares Sittlichkeitsreservoir als sozusagen prinzipiell vorgespurt erscheint und damit aller Selbstverständlichkeit bar wäre, würde sie womöglich nicht „einfach so" oder überhaupt getan werden.

Freilich ist eine solche Pervertierung dem Paradigma der Überwältigungsmacht nicht anzulasten, auch wenn sie in ihm und dank seiner möglich ist. Was

---

18 Ebd., 108.
19 Ebd.

hier begegnet, ist die prinzipielle Vieldeutigkeit religiöser Bedeutungstexturen, samt der damit gegebenen Gefährlichkeit. Soll als Konsequenz Religion nicht gleich ganz aufgegeben werden, müssen die in ihr (hoffentlich) enthaltenen Potenziale der Gegensteuerung, des Einhegens aktiviert, das heißt in der lebensweltlich präsenten Religionskultur geltend gemacht werden.

Das Paradigma von Gottes entgrenzender Allmacht könnte hier korrektiv wirken: Leben in einer je-weiteren, je-freieren Möglichkeit. Zwischen beiden Paradigmen besteht zudem ein bedeutungsmotivisches Junktim: das Bildwort von der eng werdenden *nefesch* – der eng werdenden Kehle und Seele – markiert die im *polemos*-Paradigma kodierte Situation der Not, hält sie aber zugleich der Fortdeutung offen auf die vom Einschnürungsdruck befreite, sich weitende nefesch, wiederum als Kehle und Seele verstanden, hin: die Metaphysik der Entgrenzung ließe sich hier also anschließen als grundsätzlicher Reflex einer realen Befreiung – sei es als Hoffnung auf dieselbe oder als Erfahrung derselben.[20] In der Dynamik der Entgrenzung weicht die Instanz der Macht immer weiter zurück; ihr Zurückweichen ist der Attraktor der Entgrenzung. Die Instanz der Macht steht deswegen unter dem Vorbehalt einer je geringeren Beanspruchbarkeit. Gottes Allmacht ist als Kraft der Entgrenzung im Maß von deren Verwirklichung nicht beanspruchbar; Gottes Allmacht ist als Kraft der Entgrenzung *Macht im Entzug*. Damit werden aber alle Möglichkeiten einer einfach-linearen Legitimation von Macht innerhalb der monotheistischen Kultur außer Kraft gesetzt. Im Maß einer Gottes Allmacht zuschreibbaren Frei-Setzung menschlicher und weltlicher Wirklichkeit wird diese Allmacht innerhalb der so frei gesetzten Wirklichkeit unbeanspruchbar. Mehr noch: Kann eine als dramatisch gegenwärtig erfahrene Überwältigungsmacht Gottes sich legitimatorisch auf menschliche Machtverhältnisse auswirken, verlieren im Geltungsbereich einer monotheistischen Religionskultur dieselben Machtverhältnisse im Schatten einer Allmacht-im-Entzug ziemlich grundsätzlich den Boden ihrer Legitimität.

So wie das Paradigma einer Allmacht der Entgrenzung Korrektiv des Paradigmas einer Macht der Überwältigung sein kann, bedarf es seinerseits der Erinnerung an reale Konfliktlagen der Macht, an den Negativindex menschlicher Existenz, wie er im *polemos*-Paradigma kodiert ist, wenn anders die in ihm verzeichnete Bewegung der Entgrenzung nicht rein abstrakt bleiben soll. In dieser Zeichnung jedenfalls erscheint menschliche Wirklichkeit im Horizont des je weiter Möglichen und nicht unter dem Druck der Bedrängnis. Sie dann als „das Kontingente u. Fragwürdige" wahrzunehmen, hat jetzt nichts Herabwürdigendes mehr, sondern würdigt „das Wirkliche" in seiner – geschöpflichen – Fragilität im Horizont „einer weiteren Freiheit des größeren Möglichen".

20 Die Halacha kennt das Prinzip der Brechung der Schabbatgesetze, um aus Lebensgefahr zu retten. Dieses Prinzip heißt *Pikuach Nefesch*, was wörtlich etwa das Öffnen der Kehle bedeutet.

„Die starke Hand des Herrn wirkt mit Macht"

Bei näherer Betrachtung operiert Rahners Skizze zur Allmacht Gottes gar nicht mit einem handlungsbezogenen Machtbegriff. Weder Max Webers Bestimmung von Macht als Durchsetzung eines Willens auch gegen den Widerstand anderer Willen noch Hannah Arendts Bestimmung von Macht als kooperatives Handeln zur Realisation eines gemeinsamen Ziels noch erst recht Foucault oder Luhmann lassen sich mit seinem Verständnis der Allmacht Gottes assoziieren. Auch findet der in den Sozialwissenschaften gegenwärtig als überzeugende Markierung von Handlungsfähigkeit gehandelte Begriff der *agency*, der als Handlungsmächtigkeit dem Subjekt nur als von Struktur und Institution abgerungen zuzugestehen konzipiert ist, keinen Anhalt bei Rahner. Diese Anschlusslosigkeit ist nicht als Anachronismus zu erklären – dass einem fünfzig Jahre alten Konzept zugemutet werde, an einer Inverhältnisnahme zu späteren oder andernorts und anders aufgebauten Theorieentwicklungen zu scheitern –; sie ist symptomatisch für die Systematik dieses Konzepts.

Weder Foucault noch Luhmann können Macht anders als immanenztotalitär denken: Macht hat keinen Horizont, und kein Lebensvollzug ist, der nicht von ihr umgriffen wäre: Welt aus Sieg und Niederlage, Stoß und Gegenstoß, Triumph und List, Selbstbehauptung und Untergang, *l'arrache-cœur* – *le cœur arraché*.

Das wird zu nichts. Ob der Kampf ihr Aggregatzustand ist, ob die Erschöpfung: Diese Welt ist fertig. Der hier vorteilsbesorgenden, hier statusbefördernden Macht wohnt keine transformative Kraft inne. Durch jeden *polemos* der Macht reproduziert die Welt sich als dieselbe.

Die Allmacht Gottes hieße dementgegen, eine nicht-reproduktive Macht zu denken. Wenn Macht als Handlungs*fähigkeit* darin besteht, der in eine Handlung intarsierten Intentionalität eine Entsprechung im Produkt dieser Handlung zu verschaffen, ist damit doch nur ein reproduktives Moment erreicht. Die Allmacht Gottes hingegen spannt sich, was ihr *worldly embodiment* anbetrifft, zwischen dem Nichts des *ex nihilo* und dem je mehr Möglichen und der je größeren Freiheit aus. Sie ist ohne Zweck und Ziel. Ist nicht das, was gewollt und erreicht werden kann, deswegen schon an den oder im Verbrauch verloren? Wohingegen Gottes Allmacht, indem sie aus dem Nichts will – also bedingungslos bejaht –, sich aller Verfügung über das Gewollte, Bejahte – das Geliebte – begeben hat.

Amo – volo ut sis: Ein Satz mit einer Zitationsgeschichte, die ihn nicht unbeeindruckt zurück lässt, samt einer darin verwickelten Diffusion seiner Urheberschaft – es gibt keinen unbelasteten Satz, sofern es ein menschlicher ist –, dieser Satz – *Ich liebe: ich will, dass du bist und nicht nicht bist* – kann die Reinheit seiner Bedeutung kaum vor der Kontamination durch seine Ingebrauchnahme bewahren.[21]

---

21 Martin Heidegger zitiert ihn 1927 in einem Liebesbrief an Hannah Arendt. Er führt ihn auf Augustinus zurück, in dessen Werk bislang kein Beleg gefunden werden konnte. Arendt

Die Liebe Gottes wird als hochgradig enttäuschungsempfindlich dargestellt, als zornig, nachtragend; plötzlich ist dieselbe Liebesemphase umgeschlagen in Barmherzigkeit und Verzeihen; dann wieder erscheint sie im fernen Licht einer abstrakten Idee. Lässt sich das in die Abfolge eines epistemisch-existentiellen Schemas eintragen? – Ich will dich überwältigen, meine Liebe soll dich verschlingen. Du aber entweichst mir im Griff nach dir: Sowohl, weil du in der Gewalt solcher Liebe dich entziehst, als auch, weil in solcher Gewalt die Liebe dich verfehlt. Überwältigen kann eine Liebe, zu der jemand Ja gesagt hat. Die Freiheit des Ja ist unbedingt. Die Instanz der Einwilligung in ein Verfügt-Werden ist bleibend unverfügbar.

Die Bibel erörtert das narrativ. Sie entfaltet eine religiöse Grundeinsicht im Erzählzusammenhang einer Entwicklungsgeschichte. Dadurch werden die Bedeutungsschichten der einen Grundeinsicht für sich als auch in ihrem Zusammenhang bestimmbar. Die religiöse Grundeinsicht lautet auf das bedingungslose, weder inneren noch äußeren Beschränkungen unterliegende Geliebtsein des Menschen durch Gott. Konstitutiv ist diese Einsicht für das religiöse Bewusstsein. Sie ist nicht die menschheitsgeschichtlich primäre Einsicht. Religion ist menschheitsgeschichtlich sekundär, reaktiv. Menschheitsgeschichtlich primär ist die Einsicht in die nicht-autopoietisch gegründete und nicht autark erhaltene Lebendigkeit unserer Existenz. Die menschheitsgeschichtlich primäre Einsicht hält mithin die Erfahrung einer in ihren Existenzbedingungen schon verlorenen Lebendigkeit fest. Das religiöse Bewusstsein entzündet sich an der Unerträglichkeit dieser Einsicht, die am Ursprung der Geschichte des menschlichen Geists steht. Das religiöse Bewusstsein ist die protestative Abarbeitung an der vorausgehenden Einsicht in die letale Lebendigkeit menschlicher Existenz; protestativ letztlich, auch wenn die zunächst zuhandene religiöse Antwort darauf blank affirmativ sein mag: Bedenke, dass du sterblich bist. Das *memento mori* ist römisch,[22] lang bevor es christlich wird[23].

Auf einer zweiten Stufe kann dann der Tod zu einer Transformationsstufe auf einem aufwärts zur Perfektion führend gedachten Weg der Wandlungen weiter bestimmt werden. Das ist aber eine Entschärfung des Tods in seiner Ereignishaftigkeit und eine Entwertung des Lebens vor dem und bis in den Tod.[24] Die gröbere, aber anspruchsvollere Reaktion auf den Tod ist die des Einspruchs gegen ihn: *quod*

---

ihrerseits schreibt den Satz in *Vom Leben des Geistes* (dt. 1979) Duns Scotus zu, freilich ohne Quellenangabe.

22 Es wird dem siegreichen Feldherrn als Bestandteil der Liturgie seines Triumphzugs buchstäblich nachgesagt.

23 „Bedenke Mensch, dass du Staub bist und zu Staub zurückkehren wirst": Begleitworte beim Auftrag des Aschekreuzes in der Liturgie zum Aschermittwoch; vgl. Gen 3,19; Ps 90,3.

24 Vgl. hierzu Ricœur, Paul, Lebendig bis in den Tod. Fragmente aus dem Nachlass, Hamburg 2011.

non. Friederike Mayröcker hat kurz vor ihrem Tod mit 96 Jahren zu Protokoll gegeben, dass dies doch der eigentliche Skandal sei, dass wir sterben müssen.[25] Im Sinn der Kritik der Pietät, wie Heinz Robert Schlette sie formuliert hat,[26] könnte der kontrafaktische Protest gegen den Tod in seiner Unausweichlichkeit als noch unentfalteter Kern eines religiösen Bewusstseins gelten. Unverwechselbar mit den hybrischen Unternehmungen einiger Sylicon-Valley-Milliardäre (Peter Thiel, Mark Zuckerberg …), durch die Aufwendung von Milliardenbeträgen wenigstens die eigene Sterblichkeit aufschieben und möglichst aufheben zu wollen, also eine Position der selbstermächtigten Souveränität über die eigene prekäre Lebendigkeit zu gewinnen – diese also in einem Status der Monumentalität stillzulegen –, unverwechselbar hiermit ist der Protest gegen den Tod als im Ansatz religiös zu verstehen, weil ihm ein Akt der Anerkennung innewohnt: Nicht dass dem Protest gegen den Tod mit subtiler Dialektik dessen Anerkennung zu unterstellen wäre (Aufklärungsdialektik kann auch diabolisch exekutiert werden); vielmehr: im Einspruch gegen den Tod die Anerkennung der Unverfügbarkeit einer prekären Lebendigkeit.

Liebe hebt die Fragilität des Geliebten nicht auf, exponiert es nur in seiner Kostbarkeit, Unersetzlichkeit. Ein jedes Geliebtes ist einzig, und Liebe nicht rechtfertigbar. Gottesliebe ist kein Sicherheitssystem, der Begriff etikettiert keine Ordnung, die immer schon bestünde und unter dieser Nennung nur aufgerufen werden würde. Gottesliebe ist das Wort absoluter Entsicherung. Die Entsicherung liegt in der Liebe selbst begründet: Zu lieben heißt, ein anderes anzuerkennen, bedingungslos zu wollen, das es ist und nicht nicht ist – um seiner selbst willen. Solche Liebe hat keine Verfügung über das Geliebte – und erfährt schon sich in ihrem Grund als unverfügbar: warum (diese) Liebe?

Gilt das auch für Gott? Wird er als absolute Spontaneität gedacht und nicht als ursprünglich absolutes Selbstbewusstsein, schon. Kreativität geht ursprünglich nicht mit einer manifesten Struktur von Selbstbewusstsein, -bezüglichkeit, -beobachtung einher; vielmehr geht diese aus jener hervor. So hat die Bestimmung in 1Joh 4,8 eminente Wahrheit: Gott *ist* Liebe – und hat nicht ursprünglich ein reflektierendes, temperierendes, jedenfalls primär distantes Verhältnis zu dieser, seiner Seinsqualität. Jakob Böhme, und ihm folgend Friedrich Wilhelm Joseph Schelling, nennt dies Un-Verhältnis den *Ungrund*, Meister Eckhart den *Abgrund* Gottes: Gott *ist* sein Grund und hat ihn nicht noch einmal in einem Verhältnis zu ihm.

Liebe, erst recht die Liebe Gottes, ist abundant und unbedingt. Sie überwältigt: den Liebenden selbst zuerst, dann auch die Geliebte. Als solche hat die Liebe

---

25 Vgl. schon das Interview mit Julia Kospach für die Frankfurter Rundschau: Ein Skandal, dieser Tod, in: FR, 26. September 2008.
26 Vgl. Schlette, Heinz Robert, Skeptische Religionsphilosophie. Zur Kritik der Spiritualität, Freiburg 1972.

das Potenzial zur Traumatisierung: *Love hurts*.²⁷ Gottes Allmacht, wie Rahner sie konzipiert, stellt die Verwandlung dieser überwältigenden Liebe in eine entgrenzende Freisetzung dar. So verstanden hat Gott eine intrinsische Geschichte. Das entspräche dem Denken Schellings. Ob mit der Transformation des Überwältigenden in ein Freisetzen, des Erhabenen in Freiheit, jenes auch als vollständig und irreversibel überwunden zu denken wäre? Die Ambivalenz bleibt, und sei es in der oder als Geschichte Gottes.

---

27 *Love hurts, love scars, love wounds and mars, / any heart that's not tough, or strong enough to take a lot of pain, take a lot of pain. / Love is like a flower, holds a lot of rain. / Love hurts.* Von Boudleaux Bryant, 1960 aufgenommen von den Everly Brothers, 1961 von Roy Orbison, 1972 von Gram Parsons mit Emmylou Harris.

6.

Als Ob

Die fiktiven Momente kirchlicher Macht
und die Ko-Autorschaft der Schafe

Annette Langner-Pitschmann

Einen vertiefenden Blick auf den Gedanken einer Kultur des „als ob" in der röm.-katholischen Kirche wirft Annette Langner-Pitschmann. Sie stellt zunächst einige Unterscheidungen aus der erkenntnis- und handlungstheoretischen Debatte vor und bezieht das Phänomen des „so-tun-als-ob" auf den Problemkontext kirchlicher Machtstrukturen. Sie schließt Überlegungen zur möglichen Überwindung des machtpolitisch problematischen „als ob" an und nimmt dabei die Strategie einer Vereindeutigung in den Blick. Letztlich widmet sie sich der gegenläufigen Strategie der Ambiguitätstoleranz und plädiert für ein ambiguitätstolerantes Umfeld als beste Voraussetzung, um Machtmissbrauch sowie gewaltförmige Beziehungen einzustellen.

„Über die katholische Kirche ist in den vergangenen Wochen viel und zu Recht geschimpft worden – es ist Zeit für was Positives": Mit dieser tatsächlich zeitlosen Feststellung beginnt ein Kommentar in der Süddeutschen Zeitung vom 13. Februar 2013. Anlässlich des Rücktritts von Benedikt XVI. machte sich Matthias Drobinski damals auf die Suche nach einem erfreulichen Aspekt des Katholizismus und fand ihn schließlich in dessen innerer Vielfalt:

„Unter den 1,2 Milliarden Anhängern gibt es Rosenkranzmütterchen und linke Professoren, kinderreiche Familien und Singles, (...) Fromme und Halbfromme aus allen Kulturen der Welt; (...) den konservativen Bischof, der erklärt, warum es keine künstliche Verhütung geben darf (und) das katholische Paar, das sich selbstverständlich nicht daran hält, sich aber in der Gemeinde engagiert."[1]

Dass die katholische Kirche diese Vielfalt, Mehrdeutigkeit und Widersprüchlichkeit nicht nur „aushalte", sondern sogar „zusammenhalte", sei, so Drobinski damals, ihre Stärke. In diesem Sinne attestiert er ihr schließlich eine „überraschende Ambiguitätstoleranz"[2].

Ebenfalls im Jahr 2013 erscheint ein Text von Matthias Katsch, Mitgründer der Betroffeneninitiative *Eckiger Tisch*, der die innerkirchlichen Widersprüche aus einer anderen Perspektive in den Blick nimmt. Ihn leitet die Frage nach den

---

1 Drobinski, Matthias, Die vielen Stimmen des Herrn. Rücktritt des Papstes, in: Süddeutsche Zeitung, 13.02.2013, 4.
2 Ebd.

spezifisch katholischen Ursachen für den Machtmissbrauch in der Kirche. Er arbeitet zunächst das massive Machtgefälle zwischen Klerus und Laien und die damit verbundenen absolutistischen Tendenzen der kirchlichen Organisationsform heraus. Seine Antwort auf die Titelfrage seines Textes – „Warum dieser Missbrauch katholisch schmeckt"[3] – geht über diese Feststellung jedoch einen entscheidenden Schritt hinaus. So hält er fest:

> „Zur Wahrheit gehört aber auch, dass diese Herrschaft des Klerus schon lange an ihr Ende gekommen wäre, wenn nicht die Mehrheit der Katholiken sie mehr oder weniger stillschweigend mittrüge. Nicht immer zustimmend, aber im Allgemeinen widerstandslos erdulden die Schäfchen alles, was von oben kommt, denken sich ihren Teil und lassen den Papst in Rom einen guten Mann sein. *Es herrscht eine Kultur des ‚als ob'*: Wir tun so, als ob wir eure Lehren befolgen, und ihr tut so, als ob ihr nicht genau wüsstet, dass wir dies nicht tun. Seit Jahrzehnten geht das so. (...) Doch dieses *Arrangement zwischen oben und unten* in der katholischen Kirche ist eben nicht so harmlos, wie es scheinen mag. Denn so dulden die Katholiken auch die Gewalt, die die Kirche, also die Hierarchie, ihren Kritikern antut."[4]

Folgen wir der Analyse Katschs, so ist das von Drobinski vorgestellte katholische Paar kein Beispiel für eine lobenswerte Ambiguitätstoleranz. Stattdessen trägt es auf eine spezifische Weise zur Fortschreibung dysfunktionaler Machtstrukturen in der katholischen Kirche bei.

Im Folgenden werde ich diesem Verdacht nachgehen. Im ersten Schritt werfe ich einen vertiefenden Blick auf den Gedanken einer *Kultur des als ob*. Ich stelle dabei einige Unterscheidungen aus der erkenntnis- und handlungstheoretischen Debatte vor, die sich mit dem Phänomen des *So-tun-als-ob* beschäftigt, und beziehe diese Unterscheidungen probehalber auf den Problemkontext kirchlicher Machtstrukturen.

Dabei zeigt sich, dass das kirchliche *So-tun-als-ob* eine beachtliche Ambivalenz aufweist: Während es nämlich einerseits in den Prozessen von Machtetablierung und Machterhalt in problematischer Weise als Stützpfeiler dient, fungiert es im theologischen Denken als solchem als sachlich unverzichtbares Scharnier. Dieser Rolle des *So-tuns-als-ob* gehe ich im zweiten Schritt nach, der den fiktiven Elementen analoger bzw. metaphorischer Bezugnahme auf Gott Beachtung schenkt.

An diese Analyse schließen sich im dritten und vierten Abschnitt Überlegungen zur Überwindung des machtpolitisch problematischen *Als ob* an. Dabei wird im dritten Abschnitt die Strategie der Vereindeutigung in den Blick genommen,

---

3   Katsch, Matthias, Warum dieser Missbrauch katholisch schmeckt, in: Brüntrup, Godehard / Herwartz, Christian / Kügler, Hermann (Hg.), Unheilige Macht. Der Jesuitenorden und die Missbrauchskrise, Stuttgart 2013, 57–70.
4   Katsch, Warum dieser Missbrauch katholisch schmeckt, 64.

während sich der vierte Abschnitt der gegenläufigen Strategie der Ambiguitätstoleranz widmet. Ein abschließender Ausblick dient einer (vorläufigen) Bilanz aus den angestellten Überlegungen.

Bevor ich meine Überlegungen beginne, ist allerdings noch eine Vorbemerkung vonnöten. Mein Interesse gilt der Rolle, die der Gemeinschaft der Gläubigen im Hinblick auf die Fortschreibung innerkirchlicher Machtverhältnisse zukommt. Dabei versuche ich – ohnehin nur tastend – einige begriffliche Unterscheidungen vorzunehmen und Zusammenhänge zu explorieren. Fluchtpunkt der Überlegungen ist dabei zunächst nicht die *normative* Frage nach Schuld und Verantwortung, sondern das vorgelagerte Ziel einer angemessenen *Beschreibung* der Funktion der Gläubigen im System Kirche. Dies betone ich deshalb, weil es mir selbstverständlich nicht darum geht, die Verantwortung für die Fälle des Missbrauchs von Macht pauschal auf die Schultern der Gläubigen – zu denen ja auch die Betroffenen zählen – umzuverteilen. Mein Interesse gilt stattdessen einer exemplarischen Analyse innerkirchlicher Machtdynamiken, die das gesamte System in den Blick nimmt.

1. „Als ob": Stützpfeiler repressiver Machtverhältnisse

Auf den ersten Blick mag es so aussehen, als ob die Charakterisierung der katholischen Kirche als Hort eines allseitigen *So-tun-als-ob* schlicht den hinlänglich bekannten Vorwurf wiederholt, der Katholizismus sei der Inbegriff der Scheinheiligkeit. In der Tat zeigen beide Begriffe in ihrer Stoßrichtung eine Schnittmenge, insofern sie auf eine noch näher zu erörternde Verwicklung von Sein und Schein im Handeln einer Person verweisen. Beide Konzepte werden im Übrigen gleichermaßen sowohl auf die Gläubigen, als auch auf den Klerus bezogen.

Bei genauerem Hinsehen zeigt sich allerdings, dass das Konzept *So-tun-als-ob* eine weiter gefasste Bedeutung hat und in sich stärker differenziert ist. Um der These nachzugehen, dass die Stabilität missbrauchsanfälliger Machtverhältnisse im katholischen Kontext wesentlich durch die allgegenwärtige Neigung zum *als ob* aufrechterhalten wird, lohnt ein kurzer Blick auf den entsprechenden philosophischen Diskurs. Insbesondere zwei Unterscheidungen erscheinen mir aufschlussreich, wobei ich in dieser kurzen Systematisierung an eine epistemologische Studie von Laura Mercolli anknüpfe.

Erstens lassen sich Fälle des *So-tun-als-ob* daraufhin befragen, inwieweit sie *explizit an eine*n Adressat*in gerichtet* sind. Dabei finden sich an einem Ende der Skala solche Fälle, die ganz offensichtlich in einem intersubjektiven Verhalten bestehen – etwa, wenn eine 17-Jährige gegenüber dem Türsteher eines Clubs vorgibt, bereits volljährig zu sein. Den gegenüberliegenden Pol bilden solche Fälle, die sich auf einen rein innersubjektiven Vorstellungsakt zu beschränken scheinen

– etwa, wenn ein Kind allein in seinem Zimmer spielt und dabei so tut, als wäre die Banane ein Telefon.[5]

Die zweite Unterscheidung bezieht sich darauf, inwieweit das jeweilige Als-Ob-Phänomen mit *Intransparenz* verbunden ist.[6] Wenn die 17-Jährige dem nichtsahnenden Türsteher zum ersten Mal gegenübersteht, so wird für ihn nicht transparent sein, dass sie das höhere Alter nur vorgibt. Denkbar ist allerdings auch eine Situation, in welcher der Türsteher bei einem vorangegangenen Besuch längst einen Blick auf den Ausweis geworfen hat, der Jugendlichen aber dennoch den Zutritt gewährt. Ihr *So-tun-als-ob* ist längst beiden Seiten transparent; das Spiel lebt davon, dass der Türsteher seinerseits nur noch so tut, als ob er ernsthaft nach dem Alter fragen würde. Allgemein gesprochen heißt es: Es gibt intransparente Fälle des *So-tun-als-ob*, in denen eine Partei der anderen einen Aspekt ihres Wissens *verheimlicht* – und es gibt transparente Fälle, in denen sich beide Parteien darin verbinden, ein gemeinsames Wissen vorübergehend *einzuklammern*.[7]

Diese Unterscheidungen bieten eine Heuristik an, um etwas eingehender zu reflektieren, was das katholische Paar und der konservative Bischof aus dem kurzen Text von Drobinski eigentlich genau tun – und wie sie damit zur von Katsch beanstandeten *Kultur des als ob* beitragen.

(1) Was die Unterscheidung *adressatenorientiert vs. vorstellungsbasiert* betrifft, so legt eine oberflächliche Betrachtung nahe, sowohl das Paar als auch der Bischof vergegenwärtigten in ihrem Handeln die jeweilige Gegenseite als Adressat*innen. Tatsächlich aber scheint das Problem im katholischen „Arrangement zwischen oben und unten" bei näherem Hinsehen genau darin zu bestehen, dass sich Lehramt und Gläubige – zumindest in einigen Kontexten – wechselseitig eben *nicht* als maßgebliches Gegenüber anerkennen. Der Bischof taucht in der Verhütungsentscheidung des Paares noch nicht einmal mehr als zu verneinende Position auf. Umgekehrt ist mehr als fraglich, ob er seinerseits Menschen wie unser Paar vor Augen hat, während er das Thema für seinen nächsten Hirtenbrief wählt.

Das Als-Ob-Verhalten beruht hier also offenbar nicht darauf, dass sich die Beteiligten in bestimmten Belangen auf die Gegenseite im Machtgefüge als eine*n äußere*n Adressat*in beziehen würden. Den Fokus bildet stattdessen jeweils eine *innere Vorstellung*. Sie besteht in dem Bild, dass die Perspektive der anderen Seite keinerlei Auswirkungen auf die eigene Perspektive habe. Charakteristisch für das katholische Arrangement ist also, dass die Akteur*innen dann, wenn die Realität in Aporien führt, gerne einmal zu einer Imagination greifen, in der sich die Wider-

---

5 Vgl. Mercolli, Laura, So tun, als ob. Analyse und Systematik eines ungewöhnlichen Begriffs mit einer Anwendung auf Theorien der Fiktionalität, Paderborn 2012, 17–18.
6 Mercolli, So tun, als ob, 25–27.
7 Vgl. hierzu: Summa, Michela, Phantasie, Interaktion und Perspektivenübernahme in Als-ob-Situationen. Eine phänomenologische Analyse, in: Gestalt Theory 39 (2017), 175–196, 176.

sprüche und Spannungen in Luft auflösen – wie etwa in dem Bild, dass „Rom weit weg" ist (tatsächlich sind es vom Flughafen Frankfurt gerechnet genau 1 Stunde 50 Minuten Flugzeit).

Um diese Strategie einordnen zu können, erscheint mir ein Aspekt aus der philosophischen Analyse des *So-tun-als-ob* bemerkenswert. So zeigt Michela Summa in ihren phänomenologischen Untersuchungen, dass auch das vorstellungsbasierte *So-tun-als-ob* nicht ohne Adressat*innen auskommt, insofern der Umgang mit Vorstellungen entgegen dem Anschein immer schon in einen intersubjektiven Zusammenhang eingebettet ist. Spätestens dann, wenn ein mentales Bild im betreffenden *So-tun-als-ob* öffentlich manifest werde, bedürfe es einer intersubjektiv vermittelbaren Sinngebung, damit die betreffende Praxis nicht idiosynkratisch für sich stehe. In diesem Sinn seien „wechselseitige Verständigung und Interaktion (…) mindestens potentiell" in ausnahmslos jedem „So-tun-als-ob impliziert"[8].

Mit Blick auf die Gewohnheit der Gläubigen, ein kirchliches Leben zu fantasieren, das durch die lehramtliche Autorität nicht berührt wird, heißt das: So verführerisch es sein mag, diese Gewohnheit als nicht nur kreativen, sondern auch emanzipatorischen Schachzug zu werten, so fraglich ist diese Deutung. Sie übersieht nämlich, dass die vermeintlich kontrafaktische Vorstellung ihrerseits durch die gegebenen Umstände und die sie begleitenden Erzählungen genährt ist. „Rom ist weit" – dieses Bild ist nicht der geniale Einfall eines autonomiebestrebten Individuums. „Rom ist weit" – dieses Bild bekommen heranwachsende Katholik*innen seit Jahrzehnten routinemäßig vor die Augen gehalten, wenn sie die Praxis ihrer Vorbilder und Peers zu verstehen versuchen.

(2) Was die Verortung des typisch katholischen *So-tun-als-ob* im Spannungsfeld zwischen *Intransparenz und Transparenz* angeht, ergibt sich aus dem bisher Gesagten ein Fokus, der zur gängigen Kritik an der Intransparenz kirchlicher Praxis zunächst quer liegt. Dass es zahlreiche Sachverhalte gibt, die Hirten und Schafe wechselseitig voreinander verheimlichen, wird dabei nicht in Frage gestellt. Gleichzeitig gilt: Insofern als beide Seiten stillschweigend in der Vorstellung übereinkommen, sich bei Bedarf gegenseitig ausblenden zu können, ist das katholische Arrangement zugleich durch eine *eigentümliche Transparenz* gekennzeichnet. „Wir tun so, als ob wir eure Lehren befolgen, und ihr tut so, als ob ihr nicht genau wüsstet, dass wir dies nicht tun"[9] – in dieser Beschreibung von Katsch klingt an, dass das *So-tun-als-ob* im katholischen Kontext nicht auf ein wechselseitiges *Verheimlichen* reduziert werden kann, sondern auch mit einer gewissen Einmütigkeit verbunden ist, in der Hirten und Schafe Inkonsistenzen und Aporien *einklammern*.

---

8   Summa, Phantasie, Interaktion und Perpektivenübernahme in Als-ob-Situationen, 190.
9   Katsch, Warum dieser Missbrauch katholisch schmeckt, 64.

Ein Merkmal allerdings – und dies scheint mir für die hier erörterte kirchliche Problematik besonders erhellend – ist den Modi des Verheimlichens und des Einklammerns gemeinsam. In beiden Fällen des *So-tuns-als-ob* liegt eine enge Verzahnung von realen und fiktiven Momenten vor. Michela Summa hält fest:

> „In beiden Fällen (sowohl beim Intransparenten als auch beim Transparenten *So-tun-als-ob*, alp) lässt sich eine gewisse Spannung zwischen Schein und Sein festlegen, wobei der Scheincharakter der Als-ob-Handlung entweder allen Teilnehmern bewusst ist, oder aber nur dem handelnden Subjekt. In beiden Fällen lässt sich aber auch eine gewisse 'Überlappung' von Schein und Sein feststellen, so dass die beiden Kategorien nicht mehr in einem strikten Gegensatz, sondern vielmehr in einer gewissen Verschränkung zueinander stehen."[10]

Das Konzept der „Kultur des Als-ob"[11] zeichnet sich ausgehend von dieser Analyse also nicht zuletzt dadurch aus, dass Sein und Schein, Wahrnehmungs- und Fantasiewelt, Reales und Fiktives ein komplexes Gewebe bilden. Wer die Machtverhältnisse in der katholischen Kirche untersuchen will, sieht sich daher an vielen Stellen einer Totalität gegenüber, an der sich *hard facts* und fiktive Anteile, gegebene und vorgestellte Aspekte allenfalls in der nachträglichen Analyse voneinander unterscheiden lassen.

2. „Als ob": Scharnier theologischen Denkens

Nun ist diese Verschränkung von Sein und Schein als solche zunächst einmal kein Spezifikum des katholischen Settings. Fast jedes Industrieunternehmen verfügt mittlerweile über ein narrativ und imaginativ aufgeladenes Selbstverständnis, das die Unternehmenskultur imprägniert und es bisweilen schwierig macht, Sein und Schein voneinander zu trennen. Was allerdings die katholische Kirche von anderen Organisationen unterscheidet, ist die Tatsache, dass die Verschränkung von gegebener Realität und erzählter Interpretation nicht nur in der beschriebenen Weise als implizite Begleiterscheinung kirchlichen Lebens mitläuft. Vielmehr bildet sie ja darüber hinaus ein explizites Strukturmerkmal theologischen Denkens überhaupt.

Mit Händen zu greifen, ist dies zum einen im Kontext der Dogmatik. Was wäre die Ekklesiologie ohne die Unterscheidung zwischen der Kirche als Sozialgestalt und der Kirche als Sakrament der Communio Gottes? Worin bestünde die Eschatologie, wenn man aus ihr die im eschatologischen Vorbehalt angedeutete Verschränkung zwischen der gegebenen Realität und dem in der Vorstellung antizipierten Reich Gottes entfernte? In all solchen Fällen gilt: Wer – mit Madeleine Delbrel – über dem irdischen Dasein Anmut und Behagen der Ewigkeit ausbreiten

---

10 Summa, Phantasie, Interaktion und Perspektivenübernahme in Als-ob-Situationen, 176.
11 Katsch, Warum dieser Missbrauch katholisch schmeckt, 64.

Als Ob

will, der muss bis auf Weiteres *so tun, als ob* die Gegenwart lediglich ein Fragment des Ganzen wäre.

Zum anderen aber ist die Verschränkung von gegebener Wirklichkeit und gesetzter Deutung auch auf der fundamentalen Ebene der theologischen Erkenntnislehre ein signifikantes Strukturmerkmal. Die sprachliche Bezugnahme auf Gott kommt um den Rückgriff auf metaphorische bzw. analoge Sprache nicht herum. In dem Moment aber, in dem sie Gott – mit wie vielen Analogievorbehalten auch immer – als ‚Vater' beschreibt, lässt sie sich darauf ein, die Realität Gottes mit der Vorstellungswelt des Menschen aufs Engste verschmelzen zu lassen. Blickt man auf die Evolution menschlicher Gottesbilder, so lässt sich in der Tat erkennen, dass diese enge Verwobenheit von Bild und Begriff ein Strukturmerkmal dieser Entwicklung ist.

Der Philosoph Hans Vaihinger greift diese Beobachtung in seiner 1922 veröffentlichten *Philosophie des Als Ob* im Begriff der „analogischen Fiktion"[12] auf. Im Hinblick auf Schleiermacher, den er als ein herausgehobenes Beispiel für die Transformation dogmatischer „Hypothesen" in handlungsleitende „Fiktionen" ansieht, bemerkt er:

> „So wird also z. B. das Verhältnis Gottes zur Welt, das für den *Philosophen* Schleiermacher vollständig unerkennbar ist, von dem *Theologen* Schleiermacher nach der Analogie des Vaters zu seinen Kindern aufgefasst usw. Es ist dies (...) eine feine erkenntnistheoretische Wendung, ein Kunstgriff, durch den Schleiermacher Tausende dem Christentum erhalten hat. ‚Gott' ist nicht ‚Vater' der Menschen, aber er ist so zu betrachten und zu behandeln, *als ob* er es wäre; diese Wendung hat dann wieder ungeheure Wichtigkeit für die religiöse Praxis und den Kult."[13]

Vaihingers Darstellung rekonstruiert den Rückgriff auf eine bildhafte Sprache in der Theologie als eine didaktische Maßnahme. In der philosophischen, d.h. der Vermittelbarkeit (und mithin der Zukunft) des religiösen Glaubens gegenüber indifferenten, Perspektive sei es unstrittig, dass der Gottesbegriff per Definition dem menschlichen Begreifen entzogen und in diesem Sinne „unerkennbar" sei. In der theologischen, d.h. an der Vermittelbarkeit des religiösen Glaubens existenziell interessierten Perspektive dagegen gelte es Mittel zu finden, den Gottesgedanken trotz seiner Unerkennbarkeit für den Menschen zu erschließen. Der Griff zur fiktionalen Veranschaulichung stellt also, so Vaihinger, zunächst eine Art theologischen Reflex dar, um die Sprachfähigkeit der Theologie auch im Angesicht der Sprachtranszendenz Gottes erhalten zu können. Zugleich bietet er einen pragmatischen Mehrwert,

---

12 Vaihinger, Hans, Die Philosophie des Als-ob. System der theoretischen, praktischen und religiösen Fiktionen der Menschheit auf Grund eines idealistischen Positivismus; mit einem Anhang über Kant und Nietzsche (Reprint der Volksausgabe von 1924), Hamburg 2020, 28.
13 Vaihinger, Philosophie des Als-ob, 27.

insofern er ein Scharnier zwischen der Unerkennbarkeit Gottes und der Praxis der Menschen bildet. In diesem Sinne ist das *So-tun-als-ob* ein konstitutives Moment jeder Bezugnahme auf die Wirklichkeit Gottes.

3. Zwei Spielarten aporetischer Unbestimmtheit

So-tun-als-ob ist eine ambivalente Geste. Die vorangegangenen Überlegungen haben gezeigt, welch unterschiedliche Formen diese Geste in den benachbarten Gebieten des kirchlichen Lebens und des theologischen Denkens annimmt. Einerseits dient sie als Instrument zur Verheimlichung von eigentlich Bekanntem. Andererseits erlaubt sie einen Umgang mit dem Geheimnis des prinzipiell Unbekannten.

Ohne diese Gegenläufigkeit in Abrede zu stellen, lässt sich allerdings auch eine Parallele zwischen beiden Erscheinungsformen des *So-tun-als-ob* feststellen. In beiden Fällen nämlich reagiert der Mensch mit der simulierenden Vorstellungskraft auf Momente der Aporie. Auf der Ebene der katholisch-kirchlichen Lebenswelt konkretisiert sich eine solche Aporie für zahlreiche Gläubige in der Verlegenheit, eine demokratische Geistes- und Werthaltung mit der hierarchischen Legitimationslogik der Ekklesiologie in Einklang bringen zu müssen. Auf der Ebene der theologischen Erkenntnislehre andererseits besteht sie in dem Dilemma, der Unerkennbarkeit Gottes und dem Erkenntniswillen des Menschen gleichermaßen Rechnung tragen zu müssen.

Aporien – denkerisch wie praktisch virulente „Ausweglosigkeiten"[14] – sind nun dadurch gekennzeichnet, dass für keine der widersprüchlichen Positionen eine stärkere Evidenz vorliegt als für ihre jeweilige Gegenseite. Sie sind mit einer eigentümlichen Schwebe verbunden, die sich aus prinzipiellen Ursachen nicht in Bestimmtheit überführen lässt. Das *So-tun-als-ob* lässt sich vor diesem Hintergrund als eine Art Verlegenheitsgeste verstehen, mit der eine Gemeinschaft einen Zustand irreduzibler Unbestimmtheit zu beantworten versucht.

Es ist nun unschwer zu erkennen, dass zwischen den beiden angesprochenen Ebenen aporetischer Situationen ein bedeutsamer Unterschied besteht. Die zuletzt genannte Verlegenheit, in der sich der Mensch mit seinem begrifflich strukturierten Wirklichkeitszugang im Angesicht eines alles Begreifen übersteigenden Gottes vorfindet, ist historisch invariant. Es zählt zu den definitorischen, d.h. *notwendigen* Implikationen des Gottesbegriffs, dass er sich der flächendeckenden begrifflichen Bestimmung entzieht. Die an erster Stelle genannte Aporie jedoch, die aus der mangelnden Anschlussfähigkeit zwischen gesellschaftlich-demokratischen und kirchlich-hierarchischen Standards für die Regelung von Machtverhältnissen erwächst, ist dagegen ein Resultat historischer Entwicklungen. Sie erinnert daran,

---

14 Vgl. hierzu: Waldenfels, Bernhard, Aporie, Aporetik, in: J. Ritter (Hg.): Historisches Wörterbuch der Philosophie, Basel 1971, DOI: 10.24894/HWPh.233

Als Ob

dass jedwede Organisationsform intersubjektiven Miteinanders von Setzungen und Konventionen, d.h. von *kontingenten* Faktoren abhängig ist.

Mit Blick auf den Gottesgedanken ist also zu fragen, wie dem Moment der Unbestimmtheit, welches im Transzendenzgedanken angelegt ist, in angemessener Weise begegnet werden kann. Mit Blick auf die Organisation kirchlichen Lebens dagegen ist zu fragen, unter welchen Bedingungen die Unbestimmtheit mit guten Gründen das letzte Wort haben darf – und unter welchen Bedingungen ihre Transformation in Bestimmtheit geboten ist.

4. Drobinski, Katsch und die normative Bewertung der Vereindeutigung

Nun ist die Transformation von Vagheit in Bestimmtheit in machttheoretischer Hinsicht alles andere als indifferent. In der sozialwissenschaftlichen Reflexion auf die Tiefenstruktur des Nationalsozialismus hat sich vielmehr eine normative Perspektive auf die Geste der Vereindeutigung etabliert, die in der Reduktion von Unbestimmtheit und Mehrdeutigkeit eine Manifestation totalitärer Machtförmigkeit ausmacht.

Wegweisend ausgearbeitet in Zygmunt Baumans Studie über die Beziehung zwischen *Moderne und Ambivalenz*[15], besagt diese Position, dass jede Form von Uneindeutigkeit Angst vor einem Kontrollverlust erzeugt. „Ambivalenz", so Bauman, „wirft die Berechnung von Ereignissen über den Haufen und bringt die Relevanz erinnerter Handlungsstrukturen durcheinander."[16] Sie werde angesichts dessen als ein „Unbehagen" und als eine „Drohung"[17] erlebt. Begriffliche Kategorisierung und Klassifizierung aller Phänomene seien Wege, um wieder die Oberhand über die Kontingenz des Daseins zu gewinnen. Der Fremde – der „Unentscheidbare", der sich der Klassifizierung entziehe – werde zugunsten dieses neuen Sicherheitsgefühls exkludiert. Um die gewaltsam vereindeutigende Tendenz modernen Denkens zu unterbrechen, gilt es laut Bauman, die radikale Deutungsoffenheit menschlicher Existenz stattdessen als Potenzial und Herausforderung anzuerkennen: „Die Ambiguität", so Bauman, „erscheint von neuem als die einzige Kraft, die imstande ist, das destruktive, genozidale Potential der Moderne einzuschränken und zu entschärfen."[18]

---

15 Bauman, Zygmunt, Moderne und Ambivalenz. Das Ende der Eindeutigkeit, Hamburg ³2016.
16 Bauman, Moderne und Ambivalenz, 12.
17 Ebd.
18 Ebd., 90. – In jüngerer Zeit hat die Verknüpfung von Vereindeutigung und Gewalt – ebenso wie der Appell zur Entwicklung von Ambiguitätstoleranz – in der von Thomas Bauer vorgelegten Studie zum Islam als einer Kultur der Ambiguität eine Aktualisierung erfahren.

Beziehen wir diese These auf die Analyse kirchlicher Machtstrukturen zurück, so legt sich auf den ersten Blick eine simple Korrelation nahe. Je höher die Toleranz gegenüber Deutungsoffenheiten im Bereich dogmatischer, moraltheologischer bzw. kirchenrechtlicher Entscheidungen ausgeprägt ist, desto geringer ist die Gefahr illegitimer Machtförmigkeit. Ein in diesem Sinne ambiguitätstolerantes Umfeld, so lautet dann die Schlussfolgerung, bietet die beste Voraussetzung, um gewaltförmige Beziehungen und den Missbrauch von Macht zu unterbinden.

Die eingangs zitierte Beobachtung von Matthias Katsch, der zufolge die katholische Kirche durch eine „Kultur des Als-ob" geprägt ist, legt allerdings nahe, diese Strategie einer näheren Prüfung zu unterziehen. Der mit ihr verbundene Anfangsverdacht gegen die Mehrdeutigkeit lässt sich anhand einiger Überlegungen konkretisieren, die Niklas Luhmann in der *Politik der Gesellschaft* entfaltet. Das Fundament seiner systemtheoretischen Perspektive auf die Ausübung von Macht bildet dabei die Überzeugung, dass Macht keine ontologisch eigenständige Größe darstellt. Gegen die Vorstellung, „dass es so etwas wie ‚Macht' erst einmal geben müsse, damit ein machtbasiertes System zustande gebracht werden könne"[19], macht er die Auffassung stark, dass Macht immer erst im Zuge konkreter Operationen entsteht: „Das autopoietische System der Machtkonstitution und -benutzung erzeugt sich selbst und konstruiert dafür Annahmen über die Umwelt, etwa über Personen und ihre Absichten oder ihre Ressourcen."[20]

In dieser prozessualen Perspektive auf den Begriff der Macht zeigen sich die Spannungsfelder zwischen Eindeutigkeit und Mehrdeutigkeit, Bestimmtheit und Unbestimmtheit nicht als statische Zustände, sondern als Resultate zeitlich ausgedehnter Konstruktionsvorgänge. Operativ etablierte Machtverhältnisse manifestieren sich Luhmann zufolge damit nicht zuletzt in der „Möglichkeit, Entscheidungen zu vertagen"[21]. Macht hat, wer die Geschwindigkeit steuert, in der Unbestimmtheit in Bestimmtheit überführt wird. Ungewissheit wird damit zur potenziellen „Machtquelle": „Wer über die Möglichkeit verfügt, die Unsicherheit anderer zu beheben oder auch auszunutzen, ‚verdient' sozusagen Macht."[22] Wer, mit anderen Worten, darüber entscheidet, wie lange eine mehrdeutige Situation in der Schwebe bleibt und unter welchen Bedingungen sie eindeutig bestimmt wird, ruft im Zuge eben dieser Entscheidung Macht ins Leben.

(vgl. Bauer, Thomas, Die Kultur der Ambiguität. Eine andere Geschichte des Islams, Berlin 2011.)
19 Luhmann, Niklas, Die Politik der Gesellschaft, hg. von André Kieserling, Frankfurt am Main 2008, 28.
20 Ebd.
21 Luhmann, Die Politik der Gesellschaft, 19.
22 Ebd.

Als Ob

Vor diesem Hintergrund bestätigt sich die in Katschs Beobachtung mitgegebene Einsicht, dass die dysfunktionalen Implikationen kirchlicher Machtverhältnisse nicht einfach dadurch korrigierbar sind, dass der einseitigen Tendenz zur Disambiguierung eine einseitige Maxime zur Ambiguitätstoleranz entgegengesetzt wird. Dass die Reduktion theologisch disparater Meinungslandschaften auf die eindeutige Alternative zwischen Orthodoxie und Häresie seit Beginn der Kirchengeschichte Effekte der gewaltsamen Exklusion hervorruft, dürfte außer Zweifel stehen. Die Ablösung dieses binären Paradigmas durch eine schlichte Verpflichtung auf die Enthaltung von jeder Form von Eindeutigkeit, Unbedingtheit oder Gewissheit ist indes, folgt man Luhmann, ebenfalls keine Garantie für epistemische und schließlich auch moralische Unschuld.

Illustrieren lässt sich dies am Tonartwechsel, der sich im Vergleich der Konzilstexte der beiden Vatikanischen Konzilien zeigt. Während die Beschlüsse des Vaticanum I noch als formelle Dogmen festgehalten werden, formuliert das Vaticanum II „pastoral orientierte, aber verbindliche Glaubensaussagen"[23]. Das Kernanliegen besteht demnach darin, in der Sensibilität für die Geschichtlichkeit dogmatischer Überlegungen den Inhalt des Glaubens kontextgerecht zu vermitteln. Paradoxerweise führt der bildreiche-schwärmerische Ton von Konzilskonstitutionen wie *Gaudium et Spes* dazu, dass sich die enthaltenen Glaubensaussagen im Diskurs einer klaren Problematisierung und Kritik entziehen. Prekär ist diese, im Genre der Konzilstexte angelegte, Deutungsoffenheit dabei nicht zuletzt deshalb, weil sie sich in den Formulierungen des Kirchenrechts fortsetzt.

Was dies im Ernstfall bedeutet, zeigt die Kirchenrechtlerin Judith Hahn am Beispiel des „vagen Begriffs"[24] vom *cooperari* der Laien. Wenn der *Codex Iuris Canonici* (CIC) den Laien die Aufgabe einräume, bei der Ausübung der klerikalen Weihe- und Leitungsgewalt „'nach Maßgabe des Rechtes mit[zu]wirken' (c. 129 §2 CIC/1983)"[25], so bleibe damit offen, ob sich diese Mitwirkung in „Zu- und Assistenzarbeiten zu klerikalem Handeln" erschöpfe, oder ob sie als „selbständige und eigenverantwortliche Mitarbeit an kirchlichen Zielen"[26] zu deuten sei. Indem der eigentliche Umfang der Laienmacht auf diese Weise unterbestimmt bleibe, beförderte die Aufrechterhaltung von Ambiguität die kontinuierliche Fortschreibung einmal etablierter Machtverhältnisse. Unter Rekurs auf die oben skizzierten machttheoretischen Motive Luhmanns hält Hahn fest:

---

23 Beinert, Wolfgang, Dogma/Dogmatische Aussage, in: Lexikon der katholischen Dogmatik, Freiburg im Breisgau 1997, 89.
24 Hahn, Judith, Mächtiges Recht – rechte Macht? Das Kirchenrecht zwischen Missbrauch und Kontrolle kirchlicher Macht, in: Sautermeister, Jochen / Odenthal, Andreas (Hg.), Ohnmacht. Macht. Missbrauch. Theologische Analysen eines systemischen Problems, Freiburg im Breisgau 2021, 116–134, 127.
25 Ebd.
26 Ebd.

> „(S)o nebulös, wie sich das Kirchenrecht in der Frage verhält, welche Kompetenzen Laiinnen und Laien haben, so sehr profitieren kirchliche Entscheider von dieser Ungewissheit, gibt sie ihnen und ihrer Machtausübung doch maximalen Spielraum. (…) Uneindeutiges Recht ermöglicht willkürliches Entscheiden."[27]

Willkür, so zeigen diese Überlegungen zur kanonistischen Sicht auf die Mitwirkung der Laien, kann ihre Wurzeln nicht nur im harten Boden der Eindeutigkeit haben, sondern ebenso gut auch im Sumpf der Uneindeutigkeit. Um der Verschränkung von Fiktion und Realität, die sich aus der theologischen Erkenntnislehre über die Ekklesiologie in den kirchen-realpolitischen Alltag fortschreibt, kritisch beizukommen, genügt es daher nicht, sich auf eine der beiden Strategien zu verlassen. Stattdessen bedarf es der Bereitschaft, sich auf die Dialektik zwischen Disambiguierung und semantischer Öffnung, zwischen dem Herstellen von Eindeutigkeit und dem Spiel mit der Deutungsoffenheit einzulassen.[28]

5. Ausblick

Ich habe versucht, Matthias Katschs Antwort auf die Frage, „warum dieser Missbrauch katholisch schmeckt", mit erkenntnis- und machttheoretischen Mitteln fortzuschreiben. Die katholische Kirche, dies wurde dabei deutlich, unterscheidet sich dadurch von anderen Handlungsumfeldern, dass sie in einer zentralen Frage – der Frage, wie sich der Mensch gedanklich auf Gott beziehen kann – *notwendig* auf die Figur des Als-Ob zurückgreifen muss. Wenn nun auch über die theologische Erkenntnislehre hinaus – etwa in der Ekklesiologie oder im Kirchenrecht – auf die Wendung des Als-Ob gesetzt wird, so mag dies dadurch begünstigt werden, dass sich die Logik dieser Disziplinen von der Logik der theologischen Erkenntnislehre nicht isolieren lässt. Ungeachtet dessen erweisen sich viele Als-ob-Momente in Kontexten wie der Ekklesiologie und dem Kirchenrecht bei näherem Hinsehen als *kontingent,* insofern sie nicht aus ihrem jeweiligen Gegenstand, sondern aus sachfremden Interessen resultieren.

Bis zu diesem Punkt ließe sich die Verantwortung für die Verwechslung kontingenter mit notwendigen Als-ob-Momenten einseitig auf das Konto der lehramtlichen Theologie und ihrer Multiplikatorinnen und Multiplikatoren in Lehre und Verkündigung verbuchen. Katsch macht allerdings darüber hinaus darauf aufmerksam, dass die kontingenten Als-ob-Setzungen der lehramtlichen

---

27 Hahn, Mächtiges Recht, 127.
28 Vgl. hierzu: Langner-Pitschmann, Annette, Ambiguität und Normativität. Ein vergleichender Blick in die Sprachzusammenhänge von Recht und Religion, in: Deibl, Marlene / Mairinger, Katharina, Eindeutig mehrdeutig. Ambiguitäten im Spannungsfeld von Gesellschaft, Wissenschaft und Religion. Religion and Transformation in Contemporary Society, Bd. 20, Göttingen 2022, 81–100.

Als Ob

Theologie tonlos blieben, fänden sie nicht in der Masse der Kirchenangehörigen einen starken Resonanzraum. Zwar mag die Federführung in der Entwicklung der fiktiven Anteile im kontingenten Als-Ob beim Lehramt (und seinen Ghostwriter*innen im Feld der akademischen Theologie) liegen. Mindestens als Ko-Autor*innen dieser Fiktionen tragen die Kirchenmitglieder konstitutiv zur Fortschreibung der Kultur des Als-ob bei. Sie kultivieren das innere Bild, dass sich der Glaube als intime Einstellung von den für sie befremdlichen Vorgaben und Praktiken in der Kirche isolieren lässt. Sie klammern dabei fortwährend diejenigen Implikationen des Katholischen ein, die sich nicht mit den übrigen Implikationen ihres Weltbildes vereinbaren lassen. Auf diese Weise schreiben sie mit an der kreativen, aber eben nicht realistischen Erzählung einer funktionalen katholischen Hierarchie.

Was aber hält sie davon ab, die Tatsache auf den Begriff zu bringen, dass die Machtzuschreibungen innerhalb des katholischen Gefüges auf kontingente Setzungen und Denkfiguren zurückgehen? Eine Spekulation zu dieser Frage sei im Sinne eines abschließenden Ausblicks erlaubt. Womöglich besteht deshalb eine Scheu, die Vermeidbarkeit der zahlreichen Als-Ob-Positionen im kirchlichen Alltag als solche zu benennen, weil in diesem Zuge eine weitere, durchaus fundamentale Kontingenz sichtbar würde – nämlich die Kontingenz der Kirchenzugehörigkeit als solcher. Anders als die Einbindung in ein staatliches Rechtssystem, ist ja die Beteiligung am kirchlichen Rechtsgefüge für sämtliche Beteiligten alles andere als alternativlos. Im Gegenteil: Im Horizont einer zunehmend säkular geprägten Demokratie, liegt die Entscheidung gegen eine Kirchenzughörigkeit statistisch gesehen ja durchaus näher als die Entscheidung dafür.

Vor diesem Hintergrund erscheint es umso rätselhafter, warum die Angehörigen der katholischen Kirche lieber an einer ebenso aufwändigen wie widersprüchlichen Geschichte eines kohärenten Machtgefüges mitschreiben, statt das Feld zu verlassen, auf dem eine solche Geschichte überhaupt erst erforderlich wird. Dies regt zum Nachdenken darüber an, inwieweit diese Situation nicht einige Züge dessen trägt, was der im 16. Jahrhundert wirkende Richter Etienne de La Boétie als das Phänomen der „freiwilligen Knechtschaft"[29] beschreibt. La Boétie geht in seinen Überlegungen der Frage nach, warum sich große Kollektive trotz klarer zahlenmäßiger Überlegenheit unter die Herrschaft eines Tyrannen begeben. Dabei hebt er die Einsicht hervor, dass nur sehr wenig vonnöten wäre, um dieses Herrschaftssystem zu konterkarieren und seiner Wirkmacht zu berauben:

„Das Land braucht sich gar nicht der Mühe zu unterziehen, für sich etwas zu tun, wenn es nur nichts gegen sich tut. Die Völker sind es selbst, die sich quälen lassen, oder

---

29 de La Boétie, Etienne, Von der freiwilligen Knechtschaft. Unter Mitwirkung von Neithard Bulst übers. und hg. von Horst Günther, Frankfurt am Main 1980.

vielmehr, die sich selber quälen, denn würden sie Schluss machen mit dem Dienen, so wären sie frei davon. Das Volk unterwirft sich selbst und schneidet sich die Kehle durch, und bei der Wahl, Sklave zu sein oder frei, gibt es seine Unabhängigkeit auf und beugt sich unter das Joch, es willigt in sein Elend ein oder jagt ihm vielmehr nach."[30]

Boéties Analysen lassen sich auf die Unterordnung der Gläubigen unter ihr Kirchenoberhaupt womöglich nur unter Vorbehalt übertragen, insofern es sich hier – anders als bei den von Boétie analysierten Verhältnissen – nicht um eine politische Selbstunterwerfung handelt. Der Aspekt, den er in der hier zitierten Passage beschreibt, scheint mir jedoch auch für den kirchlichen Kontext interessant. Die Einwilligung in die Herrschaft eines Einzelnen, die Unterordnung unter seinen Willen trotz der Option der Verweigerung – das sind keine passiven Momente der Hinnahme, sondern es sind aktive Setzungen. In der Perspektive der katholischen Kultur des Als-ob erschöpft sich die Rolle der Gemeinschaft der Gläubigen nicht darin, Leidtragende der dysfunktionalen Momente kirchlichen Lebens zu sein. Stattdessen erhalten sie aktiv ihre Einwilligung in ihre Passivität aufrecht – eine Handlungsform, die mehr bewusstes Zutun erfordert, als ihre Unterbrechung verlangen würde

Warum aber gibt sich immer noch eine für den Machterhalt hinreichende Menge der Gläubigen in diese Situation der freiwilligen Knechtschaft? Einen gewissen Anhaltspunkt hierfür finden wir möglicherweise noch einmal in einem Rückgriff auf Luhmann. Er prägt in diesem Zusammenhang den Begriff der „doppelten Kontingenz"[31]. Dieser besagt, dass Macht nur dort ihren Anfang nehmen kann, wo weder die Machthabenden noch Unterworfene *a priori* auf bestimmte Handlungsverläufe festgelegt sind. Macht, so Luhmann, ist „eine soziale Beziehung, in der auf beiden Seiten anders gehandelt werden könnte"[32]. Es ist, so ließe sich diese Einsicht in die Sprache Boéties übersetzen, paradoxerweise just die Freiwilligkeit der Knechtschaft, die den mit ihr verbundenen Machtverhältnissen ihr Gewicht verleiht:

> „(D)erjenige, der sich an Machtverhältnissen orientiert, (kann) nicht zugleich sehen, dass er ein Zurechnungsschema einseitig praktiziert. Es wird ihm, bei hoher Evidenz der ihm vorliegenden Sachverhalte, nicht einleuchten, wenn man ihm sagt: das müsse er gar nicht, er könne auch anders zurechnen oder sich mit flower power beschäftigen."[33]

Ob die Analysen Boéties und Luhmanns in sich plausibel sind und – wenn sie es denn sind – ohne weiteres auf unseren Kontext übertragen werden können, muss in diesem Ausblick dahingestellt bleiben. Wenn Luhmanns These stimmt – d.h. wenn

---

30 de La Boétie, Freiwillige Knechtschaft, 41.
31 Luhmann, Niklas, Gesellschaftliche Grundlagen der Macht, Steigerung und Verteilung, in: ders., Soziologische Aufklärung 4, Wiesbaden 32005, 117–130, 128.
32 Luhmann, Gesellschaftliche Grundlagen der Macht, 117.
33 Luhmann, Die Politik der Gesellschaft, 27.

Als Ob

die Beschäftigung mit *flower power* auch nach der Einsicht in die Kontingenz unserer Kirchenzugehörigkeit für uns keine lebendige Alternative darstellt – so bleibt schließlich die Aufgabe der immanenten Kritik der Kultur des Als-ob. Ihr Instrument ist eine sorgfältige Unterscheidung der Geister – oder genauer: Eine sorgfältige Analyse innerkirchlichen Kommunikation, welche die innerkirchlichen Momente des Als-ob immer wieder neu daraufhin befragt, inwieweit sie den Notwendigkeiten der Theologie entspringen und inwieweit den Kontingenzen der Macht.

7.

Unsichtbare Fälle, Biases und die Rolle von Primärquellen in der Forschung zu katholischen Machtdynamiken

Beobachtungen aus der Beschäftigung mit reproduktivem Missbrauch

Doris Reisinger

Mit der Analyse von inner- und außerkirchlichen Biases zeigt Doris Reisinger katholische Machtdynamiken zu Missbrauch auf und benennt Forschungsbedarfe in der Auseinandersetzung mit Primärquellen. Dabei legt sie die unterbewusste Perpetuierung zweier Biases dar, die innerhalb der katholischen Kirche verankert sind: Kirchliche Homophobie sowie Klerikale Misogynie. Anhand reproduktiven Missbrauchs zeigt sie exemplarisch Biases und Lücken und innerhalb der Missbrauchsforschung und die Notwendigkeit einer gesonderten Betrachtung auf.

1. Missbrauch: Ein neues theologisches Forschungsfeld und sein Risiko

Selten entstehen in der Theologie neue Forschungsfelder, die so virulent und breit sind, dass kaum ein theologisches Fach sich ihnen einfach entziehen kann. Das Forschungsfeld „Missbrauch" ist so ein seltener Fall: Seit das Thema durch das unermüdliche Sprechen von Missbrauchsbetroffenen 2002 international, dann 2010 im deutschen Sprachraum öffentlich wurde, vor allem aber seit 2018 die MHG Studie erschien, nimmt es einen immer größeren Platz in theologischen Veröffentlichungen und Forschungsprojekten ein. Gemeinsam mit Kolleg*innen aus anderen Wissenschaften, arbeiten Theolog*innen über Sprach- und Ländergrenzen hinweg daran, dieses Forschungsfeld abzustecken. Das erweist sich aus theologischer Perspektive als schwierig. Schon das Thema zu benennen ist eine Herausforderung, denn jede Benennung ist ja schon eine erste Abgrenzung und Beschreibung des Forschungsgegenstandes.[1]

---

1 An mancher Stelle wird zurückhaltend vom „Phänomen" gesprochen, beispielsweise: „Die Wucht der Ereignisse seit 2010 – das Sichtbarwerden des Phänomens", bei Hilpert, Konrad (Hg.), Sexueller Missbrauch von Kindern und Jugendlichen im Raum von Kirche: Analysen, Bilanzierungen, Perspektiven, Freiburg – Basel – Wien 2020. An anderer Stelle ist von

Aus wissenschaftlicher Sicht ist es entscheidend, den jeweiligen Forschungsgegenstand so genau und so zutreffend wie möglich zu beschreiben. Denn nur auf Grundlage einer akkuraten Beschreibung, die alle relevanten Aspekte des Gegenstandes gleichermaßen erhellt, lassen sich belastbare Analysen anstellen. Allerdings ist schon die Frage, was relevant ist und wessen Analysen sich durchsetzen können, in der Wissenschaft immer auch eine Machtfrage. Nicht von ungefähr wurden beispielsweise Perspektiven, Erfahrungen und Stimmen von Frauen, LGBTQI-Personen, Behinderten und Migrant*innen – um nur einige wenige zu nennen – in der Forschung lange Zeit systematisch übersehen und werden es teils immer noch. Wo marginalisierte Perspektiven Raum bekommen, gilt es oft, bestehende Analysen in Frage zu stellen und Sachverhalte neu zu bewerten. Gelegentlich führt die systematische Berücksichtigung bislang marginalisierter Stimmen auch zur Etablierung völlig neuer Forschungsfelder, wie beispielsweise der *Colonial Studies*, der Rassismusforschung oder der Feministischen Theologie. Auch das Forschungsfeld Missbrauch in der Theologie kann man auf eine solche Dynamik zurückführen, nämlich auf die Berücksichtigung der Erfahrungen von Missbrauchsbetroffenen in der theologischen Forschung.

1.1 Die Versuchung der Abstraktion

Um dem Forschungsgegenstand Missbrauch gerecht zu werden, suchen Theolog*innen weltweit mit einer großen Pluralität von Ansätzen nach geeigneten Begriffen, Methoden, Fragen, Definitionen und Beschreibungen. Dabei ist aus der Sicht theologischer Forschung beinahe einhellig klar, dass der sexuelle Missbrauch von Minderjährigen und vor allem dessen effiziente jahrzehntelange Vertuschung weder ein rein (kirchen-)strafrechtliches noch ein rein (kirchen-)historisches Phänomen sind, sondern ein systemisches, untrennbar verbunden mit der binnenkirchlichen Machtverteilung und ihrer theologischen Begründung. Das Thema berührt also zumindest mittelbar alle Bereiche theologischer Forschung. Es stellt grundlegende Anfragen unter anderem an kirchliches Verfassungsrecht, Gotteslehre, Ekklesiologie und Anthropologie, christliche Ethik (nicht nur Sexualethik) bis hin zu Bibel-, Liturgiewissenschaft, Pastoraltheologie und Spiritualität.

„Systemversagen", „Macht(missbrauch)", „Klerikalismus" oder (womöglich aus einer kirchlicher Autorität näher stehenden Perspektive ins Positive gewendet) von „Kulturwandel", „Strukturwandel", „Aufarbeitung" oder „Prävention" die Rede. Auch Begriffe, die jenseits der akademischen Forschung als Oberbegriff dominieren, so wie vor allem „Missbrauchskrise", „Missbrauchskomplex" und „sexualisierte Gewalt" wirken in den theologischen Diskurs hinein.

Unsichtbare Fälle

Angesichts der Vielgestaltigkeit und Bedrohlichkeit[2] des Forschungsfeldes könnte die theologische Forschung versucht sein, das Themenfeld vollständig in bestehende Diskurse, beispielsweise über die Theologie des Amtes, sexualethische Fragestellungen oder göttliche Attribute, einzupassen. Letztlich hätte es dann mit eben jenen Missbrauchserfahrungen, die den Anstoß zum Forschungsinteresse gaben, nichts mehr zu tun. Damit wäre dem Forschungsfeld die Sperrigkeit und nicht zuletzt die Gefährlichkeit in jede Richtung genommen. Aber zugleich wäre die Perspektive der Missbrauchsbetroffenen, die das Thema überhaupt erst sichtbar gemacht haben, effektiv aus dem Diskurs ausgeklammert. Falls man überhaupt noch von einem Forschungsfeld Missbrauch reden könnte. Nicht zuletzt beraubte die Theologie sich so auch selbst der Chance, zu einer sie angehenden und über die Kirche hinausreichenden gesellschaftlichen Debatte aktiv etwas beizutragen, was so nur sie beizutragen vermag.

1.2 Die Versuchung der Übernahme der institutionellen Perspektive

Während Theolog*innen noch um den besten Forschungszugriff ringen, liegen von Seiten anderer Fächer schon teils sehr detaillierte Daten vor, beispielsweise in der MHG-Studie[3] oder in den Studien des John Jay College of Criminal Justice[4]. Hier ergibt sich ein klarer Forschungszugriff teils schon aus den Methoden der Fächer, beispielsweise der Psychiatrie oder der Kriminologie, aus deren Perspektive das Forschungsfeld Missbrauch sich nicht als völlig neu und schon gar nicht als „bedrohlich" darstellt, wie es das für die Theologie und die Kirche fraglos ist. Außerdem resultiert die Klarheit aus Forschungsaufträgen, wie jenem, der aus der Ausschreibung des Verbands der Deutschen Diözesen vom August 2013 hervorgeht, in dem der kirchliche Auftraggeber das Themenfeld wie folgt umreißt: „Sexueller Missbrauch an Minderjährigen durch katholische Priester, Diakone und männliche Ordensangehörige im Bereich der Deutschen Bischofskonferenz". Hieraus folgen die For-

---

2 So formulieren Hilpert, Sautermeister, Leimgruber und Werner, im Blick auf die gängige „interdisziplinäre Ordnung" der theologischen Fächer: „Die Fragen, die im Zuge des Bekanntwerdens der Missbrauchsfälle in der Kirche und des früher üblichen Umgangs damit aufgeworfen wurden, passten sich dieser wissenschaftssystematischen Logik nicht an: Sie waren grundsätzlicher, disziplinübergreifender, aber auch rücksichtsloser; man könnte auch sagen: bedrohlicher", Hilpert u. a., Sexueller Missbrauch von Kindern, 12.
3 Dreßing, Harald / Salize, Hans Joachim / Dölling, Dieter / Hermann, Dieter / Kruse, Andreas / Schmitt, Eric / Bannenberg, Britta, Sexueller Missbrauch an Minderjährigen durch katholische Priester, Diakone und männliche Ordensangehörige im Bereich der Deutschen Bischofskonferenz, Mannheim – Heidelberg – Gießen 2018.
4 Das John Jay College of Criminal Justice führte im Auftrag der US-Amerikanischen Bischofskonferenz zwei Studien durch. 2004 erschien "The Nature and Scope of Sexual Abuse of Minors by Catholic Priests and Deacons in the United States 1950–2002"; 2011 erschien "The Causes and Context of Sexual Abuse of Minors by Catholic Priests in the United States, 1950–2010".

schungsziele: Zahlenmäßige Abschätzung der Häufigkeit sowie Beschreibung und Analyse von Merkmalen der Missbrauchstaten und Identifikation und Analyse von Strukturen, die das Geschehen begünstigen.[5]

Mit der Fokussierung auf Kleriker als Täter, Minderjährige als Opfer und Strukturen (und nicht etwa theologische Denkmuster) als Begünstigungsfaktoren folgen Forschungsaufträge wie dieser im Großen und Ganzen der kirchlichen Sicht auf die Thematik, und diese ist – wie sich bei einem näheren Blick zeigt – primär vom kirchlichen Strafrecht geprägt und entsprechend verzerrt (biased). Dieser Bias wird weiter verstärkt, wenn kirchlichem Aktenmaterial im Gang der Untersuchung eine maßgebliche Rolle zukommt. Denn kirchliche Behörden pflegten nicht nur eine mangelhafte Aktenführung, sondern fertigten naheliegenderweise auch von vornehrein nur Akten über eben solche Fälle an, die aus kirchlicher Sicht überhaupt relevant schienen.

Angesichts des klar umrissenen Forschungszugriffs anderer Fächer, könnte die theologische Forschung versucht sein, ihr Forschungsfeld im Wesentlichen innerhalb der Grenzen zu verorten, innerhalb derer die vorliegenden kriminologischen und psychiatrischen Studien verfasst sind, indem sie sich ausschließlich oder primär mit sexuellem Missbrauch von Klerikern an Minderjährigen befasst und mit den Strukturen, die diesen begünstigten. Das würde aber bedeuten, kirchliche Biases zu reproduzieren, und das wiederum hieße ein verzerrtes Bild des Forschungsgegenstandes zu verfestigen. Zudem würde es bedeuten, Stimmen von Missbrauchsbetroffenen durch den Filter kirchlich-institutioneller Wahrnehmung in der Forschung wahrzunehmen, was auch eine Art von Ausklammerung wäre. Auch auf diesem Weg würde dem Forschungsfeld seine Bedrohlichkeit genommen und der theologischen Forschung die Chance auf die Entfaltung ihres vollen Potenzials.

2. Institutionelle Biases und Bias-Reduktion durch die Auseinandersetzung mit Primärquellen

Die kirchliche Autorität hat nicht nur eine eigene Geschichte mit der Thematik Missbrauch, lange bevor sie öffentlich wurde, sondern vor allem eine spezifische Sicht auf das Phänomen, die sich in der kirchlichen Aktenführung niedergeschlagen hat. Diese Sicht zeigt sich vielleicht nirgends so deutlich wie in den einschlägigen Normen des kirchlichen Strafrechts. Auch wenn diese Perspektive aus säkularer Sicht, und selbst aus Sicht von kirchlich Gebundenen und katholischen Theolog*innen, kaum nachzuvollziehen ist, ist es für die Forschung entscheidend, sich vertieft mit dieser Perspektive zu befassen, denn die Perspektive der kirchlichen Autorität ist

---

5 Dreßing u. a., Sexueller Missbrauch an Minderjährigen, 21–22.

maßgeblich dafür, welche Fälle von kirchlichen Behörden überhaupt dokumentiert und diskutiert wurden und wie, und was dabei außen vor blieb und bleibt.

2.1 Die Logik des kirchlichen Strafrechts

Die Taten, die aus säkularer Sicht unter den Begriff des sexuellen Kindesmissbrauchs fallen, womit Verletzungen des sexuellen Selbstbestimmungsrechts Minderjähriger gemeint sind, werden aus Sicht der kirchlichen Autorität allgemein als Sünde gegen das sechste Gebot kategorisiert, genauer als Verbrechen gegen die Heiligkeit des Bußsakramentes oder als Zölibatsverstoß.[6] Als Täter kommen folglich in erster Linie Kleriker in Frage. Was eine Tat zum Verbrechen macht, ist nicht die Verletzung einer Person, sondern die Verletzung einer von der kirchlichen Autorität auferlegten Pflicht. Es gibt aus Sicht des kirchlichen Rechts keine Opfer, sondern allenfalls Zeug*innen oder Mitschuldige[7] dieser klerikalen Pflichtverstöße, die ohne nennenswerte Beteiligung von Dritten zwischen der kirchlichen Autorität und dem jeweiligen Beschuldigten ausgehandelt werden. Der kirchliche Umgang mit den Taten ist eine innerkirchliche, in aller Regel innerklerikale, Angelegenheit, die kirchlichen Geheimhaltungsgeboten unterliegt und in verschleiernde und verharmlosende Umschreibungen gekleidet wird, die „nicht ansatzweise erkennen lassen, was tatsächlich geschehen ist." Schwere Straftaten werden beispielsweise als „Ärgernis", „Unvorsichtigkeit", „Unklugheit" oder „Peinlichkeit" bezeichnet.[8] Auch die Gewichtung der Taten ist aus säkularer Perspektive schwer nachzuvollziehen: So fällt für den kirchlichen Gesetzgeber beispielsweise auch die Konzelebration mit einem nicht-katholischen Priester in die Kategorie eines schwerwiegenden Delikts.[9]

---

[6] Das ist in der Strafrechtsreform von 2021 bewusst beibehalten worden. Auf die Frage, wieso das kirchliche Recht nicht lieber den Begriff „Vergehen gegen das Recht auf sexuelle Selbstbestimmung" verwenden wollte, antwortete der Untersekretär des päpstlichen Rates für die Gesetzestexte in einem Interview, das sei „ein Begriff, der im staatlichen Recht verwendet werden kann, im Kirchenrecht aber keine Basis hat." Graulich, Markus, Kirchenrechtler Graulich: Neues Strafrecht braucht Mentalitätswandel, interviewt von Roland Juchem, in: katholisch.de, 7. Dezember 2021, https://www.katholisch.de/artikel/32271-kirchenrechtler-graulich-neues-strafrecht-braucht-mentalitaetswandel (6.5.2022).

[7] Im c. 977 CIC, der in bestimmten Missbrauchsfällen Anwendung findet, ist explizit von Mitschuldigen (*complicis*) „an einer Sünde gegen das sechste Gebot" die Rede.

[8] Westpfahl, Marion / Wastl, Ulrich / Pusch, Martin / Gladstein, Nada / Schenke, Philipp, Sexueller Missbrauch Minderjähriger und erwachsener Schutzbefohlener durch Kleriker sowie hauptamtliche Bedienstete im Bereich der Erzdiözese München und Freising von 1945 bis 2019, München 2022, 412.

[9] Vgl. Santa Sede, Norme sui delitti riservati della Congregazione per la Dottrina della Fede, Vaticano 7. Dezember 2021.

Zusätzlich zu diesem grundlegend anderen Blick der Kirche auf das Thema gibt es zwei Biases, die innerhalb der katholischen Hierarchie historisch stark verankert sind und den kirchlichen Blick auf das Thema Missbrauch entsprechend nachhaltig geprägt haben.

2.2 Kirchliche Homophobie

Der kirchlich-institutionelle Blick auf das Missbrauchsthema ist geprägt von einer weit von den Standards moderner Sexualwissenschaft entfernten Sexuallehre. Kirchliche Spitzenbeamte betrachteten klerikalen Kindesmissbrauch als eine „homosexuelle Sünde", die sich durch den Ausschluss schwuler Männer von der Priesterweihe verhindern ließe.[10] Dieses *Framing* wurde von bestimmten kirchlichen Kreisen und Medien aufgegriffen, die wissenschaftlicher Evidenz zum Trotz eine Verbindung zwischen klerikalem Kindesmissbrauch, Homosexualität und einer vermeintlich liberalen Haltung der Kirchenregierung in Fragen der Sexualmoral herstellen, die bis heute nicht aus dem Diskurs verschwindet und auch von ranghohen Personen innerhalb der Kirche immer wieder vorgebracht wird.[11]

2.3 Klerikale Misogynie

In vielen mittlerweile vorliegenden Gutachten finden sich Einblicke in eine misogyne Haltung führender Kleriker, die Frauen nicht ernstnahmen oder ihnen pauschal eine geringe Glaubwürdigkeit unterstellten.[12] In zahlreichen Fällen ist zudem

---

10   Fegert, Jörg M., Empathie statt Klerikalismus. Chancen und Grenzen externer Unterstützung bei der Auseinandersetzung mit sexuellem Missbrauch, in: Stimmen der Zeit 237 (2019), 189–204.

11   Diese Verbindung wird beispielsweise vom Priester und Soziologen Paul Sullins behauptet: Sullins, D. Paul, Is Sexual Abuse by Catholic Clergy Related to Homosexuality?, in: The National Catholic Bioethics Quarterly 18 (2018), 671–697. Aber auch von führenden Amtsträgern wie Kardinal Tarcisio Bertone oder von den Kardinälen Burke und Brandmüller sind solche Verknüpfungen in der Vergangenheit wiederholt behauptet worden. Catholic News Agency, Pedophilia is not linked to celibacy, but homosexuality, says Cardinal Bertone, in: catholicnewsagency.com, 13. April 2010, https://www.catholicnewsagency.com/news/19309/pedophilia-is-not-linked-to-celibacy-but-homosexuality-says-cardinal-bertone (6.5.2022); Brennan, Bridget, Controversial Catholic cardinals blame child abuse on the ‚plague of the homosexual agenda', in: abc.net, 20. Februar 2019, https://www.abc.net.au/news/2019-02-21/cardinals-link-clerical-child-sex-abuse-to-homosexual-agenda/10831922 (6.5.2022).

12   Um nur drei Beispiele aus Deutschland zu nennen: Im „Aktenvorgang 1" des Kölner Gutachtens wird ein Stadtdechant, der sich zu den Beschuldigungen einer Frau über einen Mitbruder äußert, mit den Worten zitiert „Die Frau, die ich noch sprechen muß, machte keinen unglaubwürdigen Eindruck; allerdings weiß man bei Frauen eben nie!" Gercke, Björn / Stirner, Kerstin / Reckmann, Corinna / Nosthoff-Horstmann, Max, Pflichtverlet-

Unsichtbare Fälle

eine Tendenz kirchlicher Verantwortungsträger nachweisbar, den Missbrauch insbesondere weiblicher Teenager als einvernehmliche Liebesverhältnisse zu betrachten und sie als Privatsache der betreffenden Kleriker zu behandeln, wenn nicht gar in einer regelrechten Täter-Opfer-Umkehr den Mädchen unterstellt wurde, sie hätten die Priester verführt.[13] Es ist anzunehmen, dass Anzeigen in solchen Fällen entsprechend selten aufgenommen wurden und noch seltener zu einer Verurteilung führten.

Wie genau sich solche Verzerrungen in der kirchlichen Aktenführung oder in der medialen Berichterstattung niedergeschlagen haben, ob und in welchem Ausmaß sie beispielsweise zu einer Unterrepräsentation weiblicher Opfer (und weiblicher Täterinnen) führten, ist bislang kaum erforscht. Dass sie keinerlei Auswirkungen darauf hatten, wie kirchliche Stellen bestimmte Fälle einschätzten, scheint indes unwahrscheinlich.

2.4 Bias-Reduktion durch das Studium von Primärquellen

Um die unterbewusste Perpetuierung von Biases und der daraus entstehenden toten Winkel zu vermeiden, scheint mir die vertiefte Auseinandersetzung mit möglichst vielfältigen Primärquellen unerlässlich. Dazu gehören Betroffenenberichte, Interviews mit Opfern, Täter*innen, Beschuldigten, Angehörigen, Verantwortungsträgern und *bystanders*. Dazu gehören Zeitungsberichte und (sofern zugänglich) Gerichtsakten. Dazu gehören schließlich auch kirchliche Akten, in denen, trotz ihrer Grenzen, die Drastik und Details einzelner Tatverläufe und Vertuschungsdynami-

---

zungen von Diözesanverantwortlichen des Erzbistums Köln im Umgang mit Fällen sexuellen Missbrauchs von Minderjährigen und Schutzbefohlenen durch Kleriker oder sonstige pastorale Mitarbeitende des Erzbistums Köln im Zeitraum von 1975 bis 2018, Köln 2021, 326. Im Münchner Gutachten findet sich ein Zitat aus einem Protokoll, wonach der Offizial des Erzbistums eine „rivalisierende Verliebtheit" als Hintergrund einer Beschuldigung vermutete: „Die Phantasie von Herrn Wolf, es könne eine rivalisierende Verliebtheit in [Anm.: den Priester] zwischen Mutter und Tochter vorliegen, erscheint uns angesichts des Verhaltens der Eltern sehr abwegig." Westpfahl u. a., Sexueller Missbrauch Minderjähriger und erwachsener Schutzbefohlener, 836. Im Teil C des Berliner Gutachtens wird ein Fall genannt, in dem im Juli 1958 die Anzeige der Mutter eines Betroffenen „mit einem Verweis auf einen ‚angesehenen Kanonisten und Richter', Conte a Coronata, begründet [wurde], der in seinen Schriften zum kanonischen Recht Ende der 1950er Jahre die Auffassung vertreten hatte, ‚dass eine Frau – selbst wenn sie einen guten Ruf genießt – leicht aus Hass eine falsche Anzeige erstatten kann.'" Brand, Peter-Andreas / Wildfeuer, Sabine, Sexueller Missbrauch an Minderjährigen durch katholische Priester, Diakone und männliche Ordensangehörige im Bereich des Erzbistums Berlin seit 1946, Berlin 2021, 150.

13 Siehe dazu den Abschnitt „4.2. Misogynistic Mechanisms in Dealing with Reproductive Abuse", in: Reisinger, Doris, Reproductive Abuse in the Context of Clergy Sexual Abuse in the Catholic Church, in: Religions 3/13 (2022), doi: 10.3390/rel13030198 (6.5.2022).

ken deutlicher zutage treten als in den notwendigerweise abstrakten Befunden der auf ihrer Grundlage entstandenen Studien.[14]

Der theologischen Forschung bietet sich in diesen Quellen ein für die akkurate Beschreibung des Forschungsgegenstandes unverzichtbarer Ausgangspunkt, den sie in den Ergebnissen psychiatrischer und kriminologischer Studien oder in der kirchlichen Aufarbeitungsliteratur nicht finden kann. In diesen Quellen lassen sich nicht nur vielfältige theologisch relevante Aspekte[15] wie beispielsweise Frames, Deutungen und Begründungsmuster erkennen, die in Tatverläufen und im kirchlichen Umgang mit Missbrauch eine Rolle spielen. Hier werden nicht zuletzt Opfer[16], Täter*innen[17] und Tatformen[18] sichtbar, die in den kirchlichen Aufarbeitungsversuchen und der einschlägigen Forschung bislang übersehen werden.

Indem Theolog*innen sich nicht nur mit bestehenden Studien und Gutachten, sondern darüber hinaus auch mit einer großen Bandbreite von Primärquellen auseinandersetzen und diese aus theologischer Sicht analysieren, vermeiden sie es einerseits, sich allzu leicht von der Schwerkraft altvertrauter abstrakter Diskurse anziehen zu lassen, die letztlich nicht mehr viel mit Missbrauch zu tun haben. Andererseits vermeiden sie es, sich auf die von der Logik des kirchlichen Strafrechts

---

14   Exemplarisch für einen solche Zugang steht die Arbeit von Marie Keenan. Sie betont zudem, wie wichtig es ist, die „political and social consequences of particular linguistic constructions in social life" vor Augen zu haben, zumal in diesem Kontext: „This perspective is important for the study of sexual abuse by Catholic clergy, as much public and professional commentary has a tendency to individualize the problem, ignoring the political and cultural context in which the abuse and its management takes place, and the professional and political discourses in which the subject is narrated." Keenan, Marie, Child Sexual Abuse and the Catholic Church. Gender, Power, and Organizational Culture, Oxford 2013, 95.

15   Beispielsweise Bibelzitate, Hinweise auf liturgische Inszenierungen von Taten oder auf das Amtsverständnis klerikaler Täter und Vertuscher, generell theologisch geprägte Selbstbeschreibungen und Hinweise auf Gottes-, Kirchen- und Menschenbilder von Opfern, Tätern oder Verantwortlichen.

16   Beispielsweise sind nicht nur generell Volljährige, sondern auch Schwarze, Angehörige ethnischer Minderheiten sowie Menschen aus sogenannten Missionsgebieten, Gehörlose, Behinderte und psychisch Kranke, die zu Missbrauchsopfern wurden, lange Zeit kaum im Fokus der Berichterstattung gewesen und bis heute kaum im Fokus der Forschung. Und dies obwohl es Hinweise darauf gibt, dass viele dieser Personengruppen aufgrund ihrer besonderen Vulnerabilität besonders häufigem und schwerem Missbrauch ausgesetzt waren oder noch sind.

17   Beispielsweise Ordensangehörige, generell Lai*innen, Mitglieder geistlicher Bewegungen und neuer geistlicher Gemeinschaften. Außerdem ist auch zur Vertuschung durch Bischöfe und höherrangige Kleriker bislang erstaunlich wenig theologisch geforscht und publiziert worden.

18   Beispielsweise spiritueller Missbrauch, reproduktiver Missbrauch, sacramental blackmail (eine Kategorie aus: D'Lima, Hazel / Zuzarte, Cletus / Xalxo, Pallavi, It's High Time. Women Religious Speak Up on Gender Justice in the Indian Church, Mumbai 2020.), emotionale oder finanzielle Ausbeutung.

vorgegebenen Pfade lenken zu lassen, in der nichtklerikale Täter*innen genauso wenig vorkommen wie bischöfliche oder gar päpstliche Vertuscher, erwachsene Opfer, spiritualisierte Gewalt oder gefährliche Theologien.

3. Exemplarisch für unsichtbare Fälle: Reproduktiver Missbrauch

Ein Beispiel für unsichtbare Fälle in der Missbrauchsforschung, die sich auch auf institutionell-kirchliche Biases zurückführen lassen und gerade damit einen besonders aufschlussreichen Einblick in katholische Machtdynamiken bieten, sind Schwangerschaften in der Folge klerikalen sexuellen Missbrauchs.

Als ich im März 2020 Mitglied der Forschungsgruppe „Gender, Sex, and Power" am Cushwa Center der Notre Dame University in Indiana wurde, hatte ich eine große Bandbreite US-Amerikanischer Primärquellen zur Verfügung.[19] Ich hatte zunächst nicht vor, zu Schwangerschaften in Folge von Missbrauch forschen, auch weil mir diese Thematik nicht bewusst war. Meine Forschungsidee bestand darin, mich mit Missbrauch von Mädchen und Frauen zu befassen und gezielt nach genderspezifischen theologischen Frames zu suchen, die in diesen Fällen in der Tatanbahnung eine Rolle spielten.[20] Es dauerte allerdings nicht lange bis ich auf mehrere Schwangerschaften und Abtreibungen im Zusammenhang mit Missbrauchsfällen stieß und meine Idee nachjustierte.[21]

19 Die Forschungsgruppe arbeitete mit BishopAccountability.org zusammen, dem weltweit größten unabhängigen Archiv zu sexuellem Missbrauch in der katholischen Kirche.
20 Fündig wurde ich unter anderem im Fall von Robert Meffan. Dieser Priester missbrauchte junge Mädchen, die er für Frauenorden rekrutierte. Er brachte sie dazu, in Orden einzutreten, besuchte sie in verschiedenen Noviziaten und redete ihnen ein, dass Stufen des geistlichen Lebens mit sexuellen Handlungen verknüpft seien, in die er sie einführen müsste, damit sie „vorankommen". Laut der Aussage von Betroffenen nutzte Meffan dazu die biblische Brautmetapher: „His message was based on the bride and bridegroom scripture image which he claimed was ‚not metaphorical, but meant to be literal and for some special reason he had the vision (about that)' ahead of others." Mulkerrin, Catherine E., Confidential Report RE: Interview with Ms. [redacted] RE: Fr. Robert Meffan, 19. Februar 1993, https://www.bishop-accountability.org/ma-boston/archives/PatternAndPractice/docs-13-Meffan.pdf (6.5.2022).
21 In der Zwischenzeit sind auch in Deutschland mehrere Missbrauchsfälle öffentlich geworden, in denen Priester ihre Opfer schwängerten und zur Abtreibung nötigten, u. a. die Geschichte von Karin Weißenfels (Pseudonym): Haslbeck, Barbara / Heyder, Regina / Leimgruber, Ute / Sandherr-Klemp, Dorothee (Hg.), Erzählen als Widerstand: Berichte über spirituellen und sexuellen Missbrauch an erwachsenen Frauen in der katholischen Kirche, Münster 2020, 173–83. Und die Taten von Pfarrer U., dessen Pflegetochter vor Gericht aussagte, in Folge des Missbrauchs zweimal von ihm schwanger gewesen zu sein. Er habe die erste Abtreibung für sie arrangiert als sie noch minderjährig war: Hirschbeck, Anita, Prozess in Köln fortgesetzt. Pfarrer U. soll Pflegetochter geschwängert haben, in: Kölner Rundschau, 10. Dezember 2021.

Doris Reisinger

3.1 Reproduktiver Missbrauch: Von Priestern erzwungene Schwangerschaften und Abtreibungen

Über einen Zeitraum von knapp zwei Jahren hinweg wertete ich unter anderem Korrespondenzen zwischen Beschuldigten und ihren Bischöfen, Aktennotizen von kirchlichen Behörden sowie Briefe von Betroffenen, Gerichtsakten und eine Fülle von Zeitungsberichten aus, in denen es um katholische Priester in den USA ging, die Minderjährige missbrauchten und schwängerten. Um das Phänomen möglichst angemessen zu beschreiben, entschloss ich mich, ausgehend von gut etablierten theoretischen Frameworks rund um die Begriffe Vulnerabilität[22] und reproduktive Ungerechtigkeit (reproductive injustice)[23] von reproduktivem Missbrauch und reproduktiv vulnerablen Personen zu sprechen: Menschen, die schwanger werden können, leben mit einer spezifischen Verletzlichkeit. Wenn sie gegen ihren Willen dem Risiko einer Schwangerschaft ausgesetzt, geschwängert, zur Abtreibung, zur Geburt oder zur Adoptionsfreigabe gezwungen werden, stellt das eine über sexuellen Missbrauch hinausgehende Form von Missbrauch dar, die insbesondere vor dem Hintergrund der kirchlichen Lehre zu Empfängnis, Mutterschaft und Schwangerschaftsabbrüchen eine ganz eigene Qualität und Brisanz besitzt.

Mit rund 20 Fällen befasste ich mich näher. In den meisten dieser Fälle nötigten Priester ihre Opfer zur Abtreibung. Teils fanden diese Abtreibungen in der Illegalität statt und brachten für einzelne Betroffene lebensgefährliche Komplikationen mit sich. In anderen Fällen nötigten Priester ihre schwangeren Opfer zwar nicht zur Abtreibung, aber zur Geheimhaltung, was unter anderem monatelanges Verstecken und geheime Geburten unter manchmal extrem belastenden und lebensgefährlichen Umständen bedeutete. In einem Fall soll ein Priester eigenhändig eine gewaltsame Abtreibung versucht haben.[24]

In kaum einem dieser Fälle erhielten die Opfer dieser Taten eine kirchliche Anerkennung oder Wiedergutmachung. Opfer, deren Kinder geboren wurden, wurden teils zur Adoptionsfreigabe genötigt, anderen wurde von Seiten kirchlicher Behörden der Unterhalt verweigert. In keinem Fall führte die Mitwirkung eines Priesters an einer Abtreibung zu seiner dauerhaften Entfernung aus dem Amt. In den wenigsten Fällen kam es überhaupt zu einem kirchlichen Verfahren, meist weil Anzeigen gar nicht erst gestellt oder aber von kirchlichen Verantwortungsträgern nicht ernstgenommen wurden. Wenn es zu Verfahren wegen erzwungener Abtreibungen kam, dann fanden diese unter Ausschluss der Betroffenen statt und dienten einzig der möglichst raschen Rehabilitation der Täter. Die Tatsache, dass ein Priester sein 15-jähriges Opfer geschwängert hatte und dann

---

22 Gilson, Erinn, The Ethics of Vulnerability, London 2013.
23 Ross, Loretta J., Reproductive Justice as Intersectional Feminist Activism, in: Souls 19 (2017), 286–314.
24 Vgl. Abschnitt „3. Types of Reproductive Abuse", in: Reisinger, Reproductive Abuse.

an der Abtreibung seines eigenen Kindes mitwirkte, wurde in einem Brief eines US-amerikanischen Diözesanbischofs an einen römischen Gerichtshof, geradezu als mildernder Umstand präsentiert: „The priest in question undoubtedly acted out of fear and panic. He had impregnated the girl he assisted in procuring the abortion."[25]

3.2 Der tote Winkel

Reproduktiver Missbrauch erweist sich als absolut unsichtbar in der kirchlichen Missbrauchsaufarbeitung und in der Forschung zu Missbrauch in der katholischen Kirche. Weder die MHG-Studie noch die Studien des John Jay College erwähnen Schwangerschaften und Abtreibungen als Folge klerikalen Kindesmissbrauchs. Die jeweiligen Forscher*innen hatten diese Thematik ganz offensichtlich nicht vor Augen oder haben sie nicht als Teil ihres Forschungsauftrags aufgefasst. Nur der Bericht der Australischen Royal Commission, der sich mit sexuellem Kindesmissbrauch in „religious institutions" verschiedener Konfessionen befasste, enthält Schilderungen einiger Fälle.[26]

Dabei sind vorsichtigen Schätzungen zufolge zwischen 1 und 10 Prozent aller minderjährigen Opfer betroffen. Unter erwachsenen Opfern ist die Häufigkeit aller Wahrscheinlichkeit nach um ein Vielfaches höher.[27] Reproduktiver Missbrauch ist also schon rein zahlenmäßig relevant. Zudem ist der Zusammenhang von sexuellem Missbrauch, Schwangerschaft und gewaltsamem Umgang mit Schwangeren in katholischen Institutionen schon lange öffentlich bekannt, beispielsweise im Zusammenhang mit sexuellem Missbrauch an Ordensfrauen[28] oder im Zusammenhang mit irischen Mother and Baby Homes.[29] Vor dem Hintergrund der enormen Bedeutung, die Fortpflanzung und „ungeborenem Leben" in Lehre und Politik der kirchlichen Autorität zukommt, sind solche Fälle kirchenpolitisch und theologisch

---

25 Timlin, James C., Letter from James C. Timlin, Bishop of Scranton, to Cardinal Luigi Dadaglio, 20. Januar 1989.
26 Royal Commission into Institutional Responses to Child Sexual Abuse, Final Report. Volume 16 Religious Institutions Book 1, 2017, https://www.childabuseroyalcommission.gov.au/sites/default/files/file-list/unredacted-volume-16-religious-institutions-book-1.pdf (6.5.2022).
27 Vgl. Abschnitt „2. Prevalence of Reproductive Abuse in the Context of CSA in the Catholic Church", in: Reisinger, Reproductive Abuse.
28 Reisinger, Doris, #NunsToo: Sexueller Missbrauch an Ordensfrauen. Fakten und Fragen, in: Stimmen der Zeit 236 (2018), 374–384.
29 Garrett, Michael Paul, Excavating the Past. Mother and Baby Homes in the Republic of Ireland: Table 1, in: British Journal of Social Work, 17. Dezember 2015, doi: 10.1093/bjsw/bcv116 (6.5.2022); Condon, Roderick, Narrativized Discursive Legitimation. Comment on the Mother and Baby Homes Report, in: Irish Journal of Sociology, Juni 2021, doi: 10.1177/07916035211026833 (6.5.2022).

zudem besonders relevant.[30] Es wäre also zu erwarten gewesen, dass solche Fälle besonders viel Aufmerksamkeit erhielten. In der Frage, warum dies nicht der Fall ist, sondern diese Fälle lange Zeit de facto unsichtbar waren, spielen zweifellos besonders wirksame Machtdynamiken eine Rolle. Ich möchte in den folgenden Abschnitten Faktoren, die innen- und außenkirchlich wirken, und solche, die spezifisch binnenkirchlich wirken, gesondert betrachten.

4. Inner- und außerkirchlich verbreitete Gender Biases

Möglicherweise lässt sich die Nichtberücksichtigung von reproduktivem Missbrauch in der Forschung zu klerikalem Missbrauch auf Gender Biases zurückführen. Es gibt Hinweise darauf, dass es solche Biases sowohl bei Forschenden wie bei leitenden Vertretern der katholischen Kirche gibt.

4.1 Tote Winkel

Reproduktiver Missbrauch wird nicht nur im Zusammenhang mit sexuellem Missbrauch innerhalb der katholischen Kirche übersehen, sondern beinahe überall, wo er vorkommt.[31] Dieser existiert auch in anderen Forschungskontexten, beispielsweise in der Forschung zu Sklaverei. Die US-amerikanische Forscherin Pamela D. Bridgewater lastet das einerseits den Forschenden und politischen Bewegungen an, die sich mit Sklaverei befassten – und dabei die spezifischen Erfahrungen versklavter Frauen „ausgeklammert haben" – und andererseits den Bewegungen für reproduktive Rechte, die ebenfalls nicht an den Erfahrungen von versklavten Frauen interessiert waren. Sie beschreibt zudem, wie sich dieser lange bestehende tote Winkel bis heute in der Quellenlage niederschlägt und damit nicht nur die Forschung zu reproduktivem Missbrauch an versklavten Frauen bis heute nachhaltig erschwert, sondern auch den politischen Einsatz für reproduktive Gerechtigkeit für schwarze Frauen in den USA.[32]

---

30 Aschmann, Birgit / Damberg, Wilhelm (Hg.), Liebe und tu, was du willst? Die „Pillenenzyklika". Humanae vitae von 1968 und ihre Folgen, Paderborn 2021; Beattie, Tina, Whose Rights, Which Rights? The United Nations, the Vatican, Gender and Sexual and Reproductive Rights, in: The Heythrop Journal 55 (2014), 1080–1090.

31 Er wird beispielsweise auch kaum strafrechtlich verfolgt: "Reproductive violence is prevalent in accounts of conflict scenarios from around the world and throughout history. Nevertheless, this type of gender-based violence has rarely come to the attention of international prosecutors and judges. In fact, though the related phenomenon of conflict-related sexualized violence is regularly condemned by the international community and increasingly addressed in international criminal trials, reproductive violence remains in the shadows." Altunjan, Tanja, Reproductive Violence and International Criminal Law, Den Haag 2021.

32 Bridgewater, Pamela D., Ain't I a Slave. Slavery Reproductive Abuse, and Reparations, in: UCLA Women's Law Journal 14 (2005), 89–161.

Unsichtbare Fälle

Ein ähnliches Phänomen lässt sich in der Holocaustforschung beobachten.[33] Die britische Journalistin Sarah Helms glaubt, einer der Gründe für diesen blinden Fleck sei das mangelnde Interesse der überwiegend männlichen Forschungsgemeinschaft: „Historiker sind immer noch in erster Linie Männer – und diese waren lange nicht an der spezifischen Geschichte eines Frauenlagers interessiert. Sie ließen eines der schlimmsten Nazi-Verbrechen völlig außer Acht: das an Frauen."[34]

Eine eingeschränkte Perspektive, aus der diese spezifisch Frauen betreffende Thematik schlicht übersehen wurde, könnte auch im Zusammenhang mit der Forschung zu sexuellem Missbrauch in der katholischen Kirche eine Rolle gespielt haben. Schließlich war das stereotype Bild des klerikalen, vermeintlich homosexuellen, Missbrauchstäters und seiner männlichen Opfer binnenkirchlich schon etabliert bevor zu dem Thema ernsthaft geforscht wurde. Zudem war das Thema innerhalb der katholischen Kirche lange Zeit ausschließlich männlichen Verantwortungsträgern überlassen.

4.1 Sexismus

Ein weiterer Grund für die Vernachlässigung der Thematik in der kirchlichen Aufarbeitung wie in der wissenschaftlichen Forschung könnte eine auf Sexismus beruhende grundsätzliche Geringschätzung der Erfahrungen und Perspektiven von Mädchen und Frauen sein. Wenn ihre Erfahrungen pauschal als weniger wichtig und verlässlich wahrgenommen werden als die Erfahrungen und Perspektiven von männlichen Personen, ist es naheliegend, dass Erstere in Aufarbeitung und Forschung weniger Berücksichtigung finden.

---

33 So wurden beispielsweise medizinische Versuche an Frauen, wie sie unter anderem der Gynäkologe Carl Clauberg in Auschwitz durchführen ließ, erst spät Gegenstand der Forschung und öffentlichen Aufmerksamkeit, vgl. Lang, Hans-Joachim, Die Frauen von Block 10: medizinische Versuche in Auschwitz, Hamburg 2011. Auch galten die Bedingungen im Frauenlager Ravensbrück, wo schwangere Häftlinge systematischen Zwangsabtreibungen unterworfen wurden, zu Unrecht lange als „weniger schlimm": „Je mehr Frauen ins Lager kamen, umso mehr Schwangere waren auch unter ihnen. An ihnen wurden Abtreibungen und Sterilisationen vorgenommen, sie wurden als Versuchskaninchen missbraucht. Als die SS es im letzten Jahr des Lagers nicht mehr schaffte, all die Geburten zu kontrollieren, erlaubten sie den Frauen ihre Kinder auf die Welt zu bringen und sie zu stillen. Doch die Mütter hatten keine Milch in ihren Brüsten. Sie wussten, die Kinder würden sterben. Ich als Frau kann mir kaum eine schlimmere Form der Folter vorstellen. Alle historischen Einschätzungen, Ravensbrück sei weniger schlimm als andere Konzentrationslager gewesen, halte ich für eine Fehleinschätzung." Helms, Sarah, Wie Hitler Frauen quälen ließ. Einblicke in das Frauen-KZ Ravensbrück, interviewt von Judith Hofmann, in: Deutsche Welle, 25. Januar 2016, https://www.dw.com/de/wie-hitler-frauen-quälen-ließ-einblicke-in-das-frauen-kz-ravensbrück/a-19001309 (6.5.2022).
34 Helms, Wie Hitler Frauen quälen ließ.

Sexismus ist ein in vielen modernen Gesellschaften weit verbreiteter Bias.[35] Wie viele andere Biases prägt er natürlich auch die Wissenschaft[36] (nicht zuletzt die katholische Theologie[37]). Dort führt er unter anderem zu einer Unterrepräsentation von Frauen in den höheren Hierarchieebenen von Universitäten und Hochschulen sowie in den renommiertesten Fachjournals, also in den sichtbarsten, einflussreichsten und oft diskursprägenden Ebenen akademischer Forschung. Vor allem aber – und darauf kommt es hier an – führt er dazu, dass Themen, die speziell Mädchen und Frauen betreffen, in der Forschung unterrepräsentiert sind. Natürlich gibt es Sexismus auch in der katholischen Kirche, und dort ist er sogar dogmatisch und rechtlich verankert.[38]

Anders als Personen, die Themen wie reproduktiven Missbrauch schlicht deswegen nicht thematisieren können, weil sie nicht von ihnen wissen, nehmen sexistisch eingestellte Personen diese Themen auch dann, wenn sie von ihnen wissen, nicht ernst oder halten sie für weniger oder gar nicht wichtig. Entweder weil sie nicht mit ihren stereotypen Geschlechterbildern übereinstimmen oder weil sie „nur" Frauen (oder Mädchen) betreffen.[39]

4.2 Misogynie

Personen, die misogyn[40] eingestellt sind, bleiben nicht dabei, Erfahrungen und Perspektiven von Mädchen und Frauen zu ignorieren, sondern sie sorgen aktiv dafür, dass Frauen Rechte und Privilegien verwehrt werden, die Männern ga-

---

35 Arndt, Susan, Sexismus. Geschichte einer Unterdrückung, München 2020.
36 Burghardt, Juliane, Sexuelle Belästigung, sexualisierte Vermeidung und Sexismus, in: dies., Arbeitsplatz Wissenschaft, Berlin – Heidelberg 2021, 117–140.
37 AGENDA Forum katholischer Theologinnen e.V., Frauen in theologischer Wissenschaft. Eine Untersuchung der Repräsentanz von Frauen in theologischen Zeitschriften und auf Tagungen theologischer Arbeitsgemeinschaften, 2021; Edmunds, Bernhard / Hagedorn, Jonas, Zur Lage des wissenschaftlichen Nachwuchses in der deutschsprachigen Katholischen Theologie, in: Jahrbuch für Christliche Sozialwissenschaften 58 (2017), 341–403.
38 Lüdecke, Norbert, Die Ehe im Plane Gottes und seiner Kirche. Geschlechterverhältnis, Ehe und Ekklesiologie in kanonistischer Sicht, in: Heiniger, Bernd (Hg.), Ehe als Ernstfall der Geschlechterdifferenz. Herausforderungen für Frau und Mann in kulturellen Symbolsystemen, Berlin 2010, 115–137; Anuth, Bernhard, Gottes Plan für Frau und Mann. Beobachtungen zur lehramtlichen Geschlechteranthropologie, in: Eckholt, Margit (Hg.), Gender studieren, Ostfildern 2017, 171–88.
39 Ein Beispiel dafür ist der Umgang der römischen Kirchenleitung mit dem Missbrauch von Ordensfrauen. Vgl. Reisinger, #NunsToo.
40 Ich folge Kate Mannes Misogyniebegriff, wonach sich Sexismus und Misogynie dadurch unterscheiden lassen, dass Sexismus im Wesentlichen in der Rationalisierung einer patriarchalen Gesellschaftsordnung besteht, Misogynie dagegen in der (notfalls gewaltvollen) Verteidigung und Umsetzung dieser Ordnung: „I propose taking sexism to be the branch of patriarchal ideology that justifies and rationalizes a patriarchal social order, and misogyny as the system that polices and enforces its governing norms and expectations. So sexism

rantiert sind. Dazu gehört zentral, Frauen ein sexuell und reproduktiv selbstbestimmtes Leben zu verweigern beziehungsweise das sexuelle und reproduktive Leben von Frauen in den Dienst männlicher Interessen zu stellen. Die Figur des „Ungeborenen" erfüllt in diesem Zusammenhang eine zentrale Funktion, denn sie ermöglicht es misogyn eingestellten Personen, sich als Kämpfer*innen für Gerechtigkeit zu inszenieren, wenn sie im Namen „des Ungeborenen", eines praktischerweise nicht sprachfähigen Dritten, massive Ansprüche gegenüber Mädchen und Frauen durchsetzen und ihre grundlegendsten und intimsten Selbstbestimmungsrechte angreifen.[41]

Wie weiter oben schon dargestellt spielen misogyne Logiken auch innerhalb des Lehr- und Rechtssystems der katholischen Kirche eine wichtige Rolle. Das zeigt sich auch hier besonders anschaulich in der Verweigerung reproduktiver Selbstbestimmung. Das kirchliche Lehramt verbietet nicht nur Abtreibung und Notfallverhütung, die als Abtreibungsmittel gilt, sondern generell Empfängnisverhütung, gleichgültig, welche Folgen das für Mädchen und Frauen hat. Dieses Verbot gilt auch für (potentielle) Vergewaltigungsopfer in Kriegsgebieten.[42] Die Kirche erwartet von Mädchen und Frauen, dass sie auch für Schwangerschaften als Folge von Kriegsvergewaltigungen offen sind und diese inmitten von bewaffneten Konflikten austragen. Frauen, die in der treuen Befolgung der kirchlichen Lehre zur Heiligkeit des ungeborenen Lebens sterben, werden Katholikinnen ausdrücklich als Vorbilder vor Augen gestellt.[43] Die Verbote von Empfängnisregelung und Abtreibung wurden ab der zweiten Hälfte des 20. Jahrhunderts immer zentraler für das kirchlich-institutionelle Selbstverständnis, sodass ihre Infragestellung, auch aus noch so berechtigt erscheinenden Gründen, nicht nur erfolglos blieb, sondern bis heute mit dem Risiko empfindlicher kirchlicher Strafen einhergeht.[44]

Aus der Perspektive von misogyn eingestellten Personen herrscht womöglich deswegen kein Interesse daran, reproduktiven Missbrauch zu thematisieren, weil sie die Verweigerung reproduktiver Selbstbestimmung für Frauen und Mädchen

---

is scientific; misogyny is moralistic." Manne, Kate, Down girl. The logic of misogyny, New York 2018, 20.

41 „The fetus hence serves as a powerful cultural symbol or surrogate for certain men's sense of being neglected or deprived by women. And their sense of vulnerability can be projected onto the fetus, thus allowing them to feel outrage on behalf of another supposed person— who, conveniently, has no plans of their own, and no voice to deny their interest in coming into existence as a sentient creature prior to actually being one. And it is often easier to take the moral high ground than admit to feeling rejected and wounded." Manne, Down girl, 100.

42 Anders als manchmal behauptet wird, gab es nie eine offizielle kirchliche Ausnahme in extremen Fällen. Vgl. dazu Lüdecke, Norbert, ‚Humanae vitae' – ein heikler Erinnerungsort, in: Aschmann / Damberg (Hg.), Liebe und tu, was du willst?, 31–67, insb. FN 6.

43 Ein Beispiel dafür ist die Heiligsprechung von Gianna Beretta Molla im Jahr 2004.

44 Lüdecke, ‚Humanae vitae' – ein heikler Erinnerungsort.

grundsätzlich für geboten halten und an deren Aufrechterhaltung interessiert sind. Die Thematisierung von reproduktivem Missbrauch würde diesem Interesse zuwiderlaufen.

5. Katholische Beschämungs- und Ausgrenzungsmechanismen

Zu den auf Genderbiases beruhenden Relativierungsmechanismen, die natürlich auch Machtdynamiken sind, kommen mindestens zwei weitere für die katholische Kirche sehr typische Machtdynamiken hinzu, die effektiv zur Unsichtbarkeit des Themas beitragen.

5.2 Idealisierung, Kriminalisierung und Beschämung

Die kirchliche Lehre – die in der Hand von Papst und Bischöfen liegt, also von Männern, die per definitionem nicht reproduktiv tätig sind – rückt Fortpflanzung, Empfängnis und Elternschaft in dogmatisch schwindelerregende Höhen, indem sie „in Gott das absolute Vorbild jeder ‚Zeugung' in der Welt der Menschen" sieht und eine Verbindung zwischen jeder menschlichen Mutterschaft und dem einzigartigen Heilshandeln Gottes in der Menschwerdung Jesu Christi herstellt: „Jedes Mal, wenn sich in der Geschichte des Menschen auf Erden die Mutterschaft der Frau wiederholt, steht sie nun immer in Beziehung zu dem Bund, den Gott durch die Mutterschaft der Gottesmutter mit dem Menschengeschlecht geschlossen hat."[45]

Vor diesem Hintergrund ist der unverrückbar hohe Stellenwert der kirchlichen Fortpflanzungslehre und die Unerbittlichkeit insbesondere des Abtreibungsverbotes zu sehen: Anders als vergleichbar schwere Straftaten wird Abtreibung mit der Exkommunikation als Tatstrafe bestraft.[46] Die Schärfe und Unverrückbarkeit des Abtreibungsverbotes wird von der Kirchenleitung immer wieder betont.[47] Dass

---

45 Johannes Paul II., Apostolisches Schreiben *Mulieris Dignitatem über die Würde und Berufung der Frau anlässlich des Marianischen Jahres*, 15. August 1988.
46 Warum sonst sollte Abtreibung einer härteren kirchlichen Strafe bedürfen als Mord? So formuliert Coriden schon 10 Jahre vor der Codexreform: „The ipso facto excommunication penalty for one who procures an abortion is not paralleled by similar punishments for similarly serious crimes, for example, murder." Coriden, James A., Church Law and Abortion, in: Jurist 33 (1973), 184–198. Allerdings hat sich an dieser Gesetzgebung bislang kaum etwas geändert, vgl. Demel, Sabine, Abtreibung zwischen Straffreiheit und Exkommunikation. Weltliches und kirchliches Strafrecht auf dem Prüfstand, Stuttgart 1995.
47 Ein anschauliches Beispiel dafür ist eine Note der Kongregation für die Glaubenslehre aus dem Jahr 2009, mit der sie in Bezug auf einen besonders drastischen Fall einer Abtreibung eines 9-jährigens Mädchens in Lateinamerika, mit Nachdruck am ausnahmslosen Verbot der Abtreibung festhält, ohne mit einem einzigen Wort einen der vielen mildernden Umstände zu erwähnen, die dazu dienen, gerade in solchen Fällen zumindest eine Bestrafung abzuwenden. Kongregation für die Glaubenslehre, Klarstellung zur vorsätzlichen Abtrei-

Unsichtbare Fälle

kirchliche Morallehre und kirchliches Strafrecht durchaus mildernde Umstände kennen, wissen dagegen oft nur Insider.[48] In der öffentlichen, kirchenpolitischen Kommunikation zum Schwangerschaftsabbruch fällt das ebenso leicht unter den Tisch wie in Seelsorge und Katechese. Genauso wie die Tatsache, dass natürlich auch Männer, sogar Priester, an Abtreibungen mitwirken. Abtreibung, so scheint es, ist ein „weibliches Verbrechen"[49], mehr noch: Ein Verbrechen von Müttern, das darin besteht, dass sie ihre eigene körperliche Unversehrtheit, ihr Überleben oder das Wohlergehen ihrer bereits geborenen Kinder über den Wert des „Ungeborenen" stellen, was in der lehramtlichen Kommunikation manchmal nahe an „Egoismus" herangerückt wird und in jedem Fall nicht als legitimer Grund für die Beendigung einer Schwangerschaft gilt.[50] Diese Lehre und die kirchliche Kommunikation über diese Lehre haben für Betroffene reproduktiven Missbrauchs zwei schwerwiegende Folgen.

Zum einen tragen sie zur Kriminalisierung von Abtreibungen im säkularen Strafrecht bei. Das führt für Opfer reproduktiven Missbrauchs zu besonders schweren Tatverläufen und gesundheitlichen Folgen. Denn ein gesetzliches Verbot von Schwangerschaftsabbrüchen, wie beispielsweise in den USA vor 1973, hält Priester nicht davon ab, ihre Opfer zu illegalen Abtreibungen zu nötigen. Für die Opfer bedeutet das, eine aufgrund ihrer mangelnden rechtlichen und medizinischen Sicherheit besonders traumatische, lebensgefährliche Prozedur über sich ergehen lassen zu müssen. Mehrere Betroffene, mit deren Fällen ich mich näher beschäftigte, berichteten von Komplikationen während illegaler Abtreibungen, die sie nur dank anschließender Notfallinterventionen in Krankenhäusern überlebten.[51]

---

bung, 11. Juli 2009, https://www.vatican.va/roman_curia/congregations/cfaith/documents/rc_con_cfaith_doc_20090711_aborto-procurato_ge.html (6.5.2022).

48 Demel, Abtreibung zwischen Straffreiheit und Exkommunikation, 279–287.
49 Vgl. Hahn, Judith, Sex Offenses – Offensive Sex. Some Observations on the Recent Reform of Ecclesiastical Penal Law, in: Religions 3/13 (2022), doi: 10.3390/rel13040332 (6.5.2022) und dies., Die Ordnung des Weiblichen. Zur normativen Struktur und rechtlichen Konkretisierung von Misogynie im Licht von Kate Mannes "Down Girl", in: Ethik und Gesellschaft 2 (2020), 1–26.
50 Ein Beispiel hierfür ist folgender Abschnitt aus Evangelium Vitae: „Gewiß nimmt der Entschluß zur Abtreibung für die Mutter sehr oft einen dramatischen und schmerzlichen Charakter an, wenn die Entscheidung, sich der Frucht der Empfängnis zu entledigen, nicht aus rein egoistischen und Bequemlichkeitsgründen gefaßt wurde, sondern weil manche wichtigen Güter, wie die eigene Gesundheit oder ein anständiges Lebensniveau für die anderen Mitglieder der Familie gewahrt werden sollten. Manchmal sind für das Ungeborene Existenzbedingungen zu befürchten, die den Gedanken aufkommen lassen, es wäre für dieses besser nicht geboren zu werden. Niemals jedoch können diese und ähnliche Gründe, mögen sie noch so ernst und dramatisch sein, die vorsätzliche Vernichtung eines unschuldigen Menschen rechtfertigen." Johannes Paul II., Evangelium Vitae. Über den Wert und die Unantastbarkeit des menschlichen Lebens, 25. März 1995.
51 Vgl. Reisinger, Reproductive Abuse.

Zum anderen trägt die kirchliche Lehre dazu bei, dass katholische Frauen sich nach einem Schwangerschaftsabbruch schämen und schuldig fühlen, auch dann, wenn sie minderjährig waren, zu diesem Schritt genötigt wurden und sie daher eigentlich keine Schuld trifft. Ein anschauliches Beispiel dafür ist der Fall einer US-Amerikanerin, die ab ihrem elften Lebensjahr von einem Priester missbraucht worden war und im Alter von 14 Jahren einen Schwangerschaftsabbruch hatte. Auch noch Jahrzehnte später plagten sie Schuldgefühle. In ihrer Aussage vor Gericht beschrieb sie, welche Rolle dabei die Firmkatechese ihrer Töchter spielte: „When my children were going through confirmation, they asked us parents to go watch a video that they were going to show the kids and it had to do with abortion. That was probably the hardest thing I've had to do, because it just brought back all the memories of when I was -- of what I had to go through." Auf die Frage der Richterin, ob sie sich seither selbst vergeben konnte, fügte sie hinzu: „I don't think so."[52]

5.3 Gnadenlose Vergebung

Das kirchliche Strafrecht sieht für Abtreibung die Exkommunikation als Tatstrafe vor. Für Kleriker kommt eine weitere Strafe hinzu: Die Irregularität.[53] Aber nur in verhältnismäßig wenigen Fällen gibt es in den Quellen einen Hinweis darauf, dass diese Strafen auch tatsächlich verhängt wurden. Wenn es solche Hinweise gibt, dann in der Regel im Zusammenhang mit der Bitte um Dispens. Diese kann vom Ordinarius, in der Regel dem zuständigen Diözesanbischof, beziehungsweise von einem römischen Gerichtshof gewährt werden. In aller Regel wird sie umstandslos erteilt. Eine wie auch immer geartete Einbeziehung oder auch nur die Information der Betroffenen, geschweige denn der Öffentlichkeit, über das Verfahren, ist dafür nicht notwendig. Mehr noch: Betroffene haben nicht einmal ein Recht, auf Anfrage über ein solches Verfahren informiert zu werden. Was ihnen durch die erzwungene Schwangerschaft und Abtreibung zugefügt wurde, spielt in den Augen des kirchlichen Gesetzgebers keine Rolle. Entsprechend ist auch ein Schuldeingeständnis des betreffenden Priesters oder eine Wiedergutmachung gegenüber der betroffenen Person keine Voraussetzung für die Dispens. Die einzige Bedingung für die Erteilung der Dispens ist die Reue des Schuldigen. Diese muss nicht dem Opfer und nicht einmal dem Vorgesetzten gegenüber unbedingt geäußert werden. Es genügt, wenn die kirchliche Instanz, die die Dispens erteilt, an die Reue des Schuldigen glaubt. Die Quellen lassen allerdings Zweifel an der Reue der Täter aufkommen, die ihre Opfer zu einer Abtreibung nötigten. In keinem der mir vorliegenden Fälle findet sich in den Quellen irgendein Hinweis auf Schuldgefühle, im Gegenteil: Die wenigen Tä-

52 Reporter's Record, Cause No. 20180D04291, State of Texas v. Miguel Luna, 10. Juli 2019, https://www.bishop-accountability.org/wp-content/uploads/2022/01/criminal-trials-BA-Texas-v-Luna-6-080-083-R.pdf (6.5.2022).
53 c.1041 n.4 CIC u. c.1044 §1 n.3.

ter, die mit ihren Taten konfrontiert wurden und Konsequenzen über sich ergehen lassen mussten, reagierten verständnislos.[54]

Damit wirft die kirchliche Handhabung dieser Fälle ein Licht auf das kirchlich-institutionelle Verständnis der Straftat, das auf den ersten Blick in einer gewissen Spannung zu den bereits zitierten lehramtlichen Dokumenten steht: Denn das Abtreibungsverbot wird kirchlicherseits mit der heilsgeschichtlichen Tiefendimension und einzigartigen Würde von Mutterschaft und ungeborenem Leben begründet. Diese Würde ist angeblich der Grund für die enormen Opfer, die Frauen und Mädchen von der Kirche abverlangt werden. Nimmt man diese Begründung allerdings ernst, dann wäre (aus einer naiven Logik heraus) zu erwarten, dass die von reproduktivem Missbrauch betroffenen Mädchen und Frauen und die Verletzung ihrer Würde, auch einen Platz in Straftatbeständen, Strafverfahren und in den Bedingungen für die Erteilung einer Dispens erhalten. Nicht nur die Mitwirkung an einer Abtreibung, sondern auch die Verletzung der Würde der gewaltsam geschwängerten und zur Abtreibung genötigten Person müssten strafbar sein. Die Erteilung einer Dispens wäre ohne glaubwürdige Reue, die gegenüber der Betroffenen geäußert wird, und ohne ihre Beteiligung am Verfahren nicht denkbar.

Aus einer weniger naiven Sicht ist es dagegen eine katholische Binsenwahrheit, dass speziell die rhetorisch viel beschworene Würde von Frauen sich in der Logik der kirchlichen Autorität gerade nicht in Rechten für Frauen niederschlägt. In der Auseinandersetzung mit einschlägigen lehramtlichen Texten kann man sogar den Eindruck gewinnen, dass die (aus Sicht des Lehramtes eng mit der Fähigkeit schwanger zu werden einhergehende) spezifische Würde der Frauen der *Grund* dafür ist, dass Frauen in der Kirche Rechte *verweigert* werden.[55] Da erscheint es nur folgerichtig, dass auch aus der Verletzung dieser Würde keine Rechtsansprüche für Frauen entstehen, auch im Fall einer gewaltsamen Schwängerung und

---

54 Ein Täter beispielsweise beharrte darauf, dass er die Tat ja gebeichtet habe. Der Bischof hielt seine Reaktion in einer Gesprächsnotiz fest: „He said I obviously have no mercy because I am ruining his life. He had gone to Confession. God had forgiven him but we had not." Seitz, Mark, Notes on Conversation with Miguel Luna taken by Bishop Mark Seitz, Trial Exhibit 22 in Cause No. 2018OD04291 State of Texas vs. Miguel Luna, 18. August 2017. BishopAccountability.Org. Ein anderer Bischof sah sich dazu veranlasst, einen Priester, der nach dem sexuellen Missbrauch eines Mädchens und der Mitwirkung an einer Abtreibung vorübergehend aus dem Dienst entfernt wurde, mit den Worten zu beschwichtigen: "This is a very difficult time in your life, and I realize how upset you are. I too share your grief. How I wish it were not necessary to take this step. With the help of God, who never abandons us and who is always near when we need Him, this too will pass away, and all will be able to pick up and go on living. Please be assured that I am most willing to do whatever I can to help". James C. Timlin, Letter to Father Thomas D. Skotek, 9. Oktober 1986.
55 Schreiben an die Bischöfe der katholischen Kirche über die Zusammenarbeit von Mann und Frau in der Kirche und in der Welt, 31. Mai 2004, https://www.vatican.va/roman_curia/congregations/cfaith/documents/rc_con_cfaith_doc_20040731_collaboration_ge.html (6.5.2022); Lüdecke, Die Ehe im Plane Gottes und seiner Kirche; Anuth, Gottes Plan.

Nötigung zur Abtreibung. Allerdings entlarvt ein System, das einerseits sogar den Tod von Frauen in Kauf nimmt, um ein Verbot aufrechtzuerhalten, andererseits aber Klerikern die Übertretung dieses Verbots ohne viel Aufhebens und über die Köpfe der betroffenen Frauen hinweg vergibt, eine Gnadenlosigkeit und einen Zynismus besonderer Dimension. Nicht nur erscheinen vor dem Hintergrund dieser Diskrepanz die lehramtlichen Konzepte der „Würde der Frau" und der „Heiligkeit des ungeborenen Lebens" vollends bedeutungslos, wenn nicht als bloße, gegen Frauen gerichtete kirchliche Machtinstrumente. Sondern im kirchenstrafrechtlichen Umgang mit reproduktivem Missbrauch, bei dem die Opfer noch nicht einmal als Zeuginnen befragt werden und damit noch marginalisierter sind als Betroffene in Verfahren wegen „Verstößen gegen das sechste Gebot", tritt ein institutioneller Zynismus zutage, der seinesgleichen sucht.

Reproduktiver Missbrauch und der kirchliche Umgang damit versprechen also für Forschende, die an spezifisch katholischen Machtdynamiken im Zusammenhang mit Missbrauchsfällen interessiert sind, ein besonders lohnenswerter Forschungsgegenstand zu sein.

8.

Beichten vor der Erstkommunion?

Kanonistische Anfrage in pastoraler Absicht[1]

Jessica Scheiper

In ihrem Beitrag rückt Jessica Scheiper missbrauchsbegünstigende Beichterlebnisse von Kindern vor der Erstkommunion in den Vordergrund und erläutert sowohl die rechtsgeschichtliche Entwicklung der Kinderbeichte als auch die geltende Rechtslage. Außerdem setzt sie sich mit dem Setting der Kinderbeichte auseinander und formuliert kritische Rückfragen in pastoraler Absicht, um eine Wiederaufnahme der Debatte anzuregen.

Vor einiger Zeit tauschten sich in meiner Hörweite Beichtväter über jüngst gehörte Kinderbeichten aus. Einer erzählte, im Rahmen der Erstbeichte, also der Kommunionkinderbeichte, habe ein Junge auf die Frage nach Sünden gegen das sechste Gebot bekannt, nicht regelmäßig seine Unterhosen gewechselt zu haben. Dass Kindern im Grundschulalter Fragen zum 6. Gebot gestellt werden, schien in der Runde selbstverständlich; auch über die eingestandene „Sünde" schmunzelte man. Ich fragte mich, wie wohl die Vorbereitung sowohl des Kindes als auch des Beichtvaters auf diese Beichte ausgesehen haben mochte.

Vor allem nach dem Zweiten Vatikanischen Konzil ist immer wieder diskutiert worden, ob es rechtlich zwingend und pastoral angemessen sei, Kinder überhaupt vor der Erstkommunion zur Beichte zu verpflichten. In den letzten Jahren ist durch die Aufdeckung und Untersuchung des sexuellen Missbrauchs von Kindern durch Priester eine neue Sensibilität für diese Diskussion entstanden. So heißt es zum Beispiel in der Berliner Missbrauchsstudie aus dem vergangenen Jahr:

> „(...) die aus einzelnen Akten ersichtliche Fixierung auf das 6. Gebot im Rahmen der Beichte begünstigt Täterstrategien. Dass (...) Kinder und Jugendliche von Erwachsenen im Rahmen der Beichtvorbereitung oder gar der Beichte selbst auf Fragen der ‚Keuschheit' und auf ihre eigene Sexualität angesprochen und befragt werden, stellt (...) einen nicht tolerierbaren Übergriff dar."[2]

---

[1] Dem Beitrag liegt ein Vortrag zugrunde. Er wurde für den Druck geringfügig überarbeitet. Der Vortragsstil ist beibehalten.
[2] Brand, Peter-Andreas / Wildfeuer, Sabine, Sexueller Missbrauch an Minderjährigen durch katholische Priester, Diakone und männliche Ordensangehörige im Bereich des Erzbistums

Jessica Scheiper

Die Feststellungen dieser wie anderer Missbrauchsstudien beziehen sich nicht allein auf Beichterlebnisse aus längst vergangenen Zeiten. Auch heute ist in Deutschland die Beichte von Kindern, die in die zweite oder dritte Klasse gehen, vor der Erstkommunion durchaus üblich.³ Noch immer können dort Kinder mit hochsensiblen und intimen Fragen konfrontiert werden – Anlass genug, um einen kurzen Blick auf die rechtsgeschichtliche Entwicklung, die geltende Rechtslage und das Setting der Kinderbeichte zu werfen. Kritische Rückfragen in pastoraler Absicht können schließlich zur Wiederaufnahme einer wichtigen Debatte anregen.

1. Rechtsgeschichtlicher Überblick

Osterbeichte und -kommunion wurden universalkirchlich erstmals vom IV. Laterankonzil (1215) für alle Gläubigen vorgeschrieben.⁴ In der Praxis ließ man diese Verpflichtung allerdings zu unterschiedlichen Zeitpunkten einsetzen, weil es keine eindeutige Altersgrenze gab, ab der diese Kommunion- und Beichtpflicht für die Gläubigen galt.⁵ Das Konzil von Trient erläuterte deshalb, Gläubige sollten die Kommunion empfangen, wenn sie das eucharistische Brot von normalem Brot unterscheiden könnten, und das Bußsakrament, sobald ihr Vernunftgebrauch hinreichte, um zwischen Gut und Böse zu unterscheiden. Für das Konzil war mit dem einen Alter auch das andere erreicht, d. h. es setzte das Unterscheidungsalter mit der Erlangung des Vernunftgebrauchs gleich, bezifferte es allerdings ebenfalls nicht. Damit blieb eine unterschiedliche Praxis programmiert, weil das nötige Alter nicht fix war.⁶

1910 erließ die Sakramentenkongregation das sogenannte Erstkommuniondekret *Quam singulari*.⁷ Darin verurteilte sie die geläufige Praxis, die Kommunion

---

Berlin seit 1946. Gutachten im Auftrag des Erzbischofs von Berlin, Januar 2021, Nr. 1947, https://www.erzbistumberlin.de/fileadmin/user_mount/PDF-Dateien/Erzbistum/ErzbischofKoch/20210910GutachtenSexuellerMissbrauch_TeilC_geschwaerzt.pdf (8.2.2022).

3   Entsprechend regte der Limburger Abschlussbericht, der im Anschluss an die MHG-Studie erarbeitet wurde, an, die verpflichtende Beichte vor der Erstkommunion zu hinterfragen. Bistum Limburg, Projektdokumentation „Betroffene hören – Missbrauch verhindern. Konsequenzen aus der MHG-Studie" v. 13.6.2020, 288, https://bistumlimburg.de/fileadmin/redaktion/Portal/Meldungen/2020/2020_06_13_Abschluss_MHG/Dateien_zum_Download/2020-06-17_Abschlussbericht_online.pdf (7.2.2022).

4   Vgl. Unterburger, Klaus, Selbsterkenntnis und Fremdkontrolle. Ursachen und Folgen des Umbaus der Beichte zum Bußsakrament im 13. Jahrhundert, in: Demel, Sabine / Pfleger, Michael (Hg.), Sakrament der Barmherzigkeit. Welche Chancen hat die Beichte?, Freiburg i. Br. 2017, 475–496, hier 481.

5   Vgl. ausführlich Baumgärtler, Johann, Die Erstkommunion der Kinder. Aus der Geschichte der katholischen Kommunionpraxis, München 1929, bes. 176–206.

6   Vgl. Provost, James H., The Reception of First Penance, in: Jurist 47 (1987), 294–340, hier 304–306.

7   Vgl. S. Congregatio de Sacramentis, Decretum *Quam Singulari* v. 8.8.1910, in: Acta Apostolicae Sedis 2 (1910), 577–583.

Beichten vor der Erstkommunion?

erst Jugendlichen zu spenden, aber schon Kinder ab dem frühen Schulalter zur Beichte zuzulassen. Die Kongregation stellte klar, zwischen Vernunftgebrauch und Unterscheidungsalter dürfe nicht unterschieden werden (Nr. 4). Es sei schädlich, Kindern unter dem Vorwand, die Würde des Sakraments wahren zu wollen, nicht die Eucharistie zu reichen (Nr. 5). Sie verurteilte es ebenso, Kindern das Bußsakrament bzw. nach der Beichte die Absolution zu verweigern. Denn dies könnte Kinder in Sündensituationen verharren lassen. Für die Kongregation reichte es aus, wenn Kinder „einigermaßen ihren Verstand gebrauchen" (Nr. 7). Denn damit sei als entscheidendes Kriterium zugleich die Fähigkeit zur schweren Sünde erfüllt. Um der künftigen Klarheit willen wiederholte und konkretisierte sie, das Unterscheidungsalter sowohl für die Beichte als auch für die Eucharistie sei dann erreicht, „wenn das Kind zu denken beginnt, das bedeutet, ungefähr ab dem siebten Lebensjahr, manchmal etwas später, jedoch auch früher. Von dieser Zeit an beginnt die Pflicht, dem Doppelgebot der Beichte und der Kommunion Genüge zu leisten." (Nr. I). Über die Zulassung zur Kommunion hatten Vater und Beichtvater zu bestimmen (Nr. IV).

Durch diese letzte anscheinend beiläufige Formulierung war auch die zuvor mitunter diskutierte Reihenfolge des Sakramentenempfangs geklärt: Wenn der Beichtvater über die Kommunionfähigkeit des Kindes entschied, musste das Kind zwangsläufig zuerst beichten. *Quam singulari* war also nicht nur ein Erst*kommunion*-, sondern auch ein Erst*beicht*dekret. Die Festlegung der Reihenfolge und die Bezifferung des Alters bedingten in vielen Diözesen eine Änderung der Sakramentenpraxis.[8]

Der *Codex Iuris Canonici* 1917 (CIC/1917) orientierte sich an dieser Neuregelung. In ihm wurde der Vernunftgebrauch im Regelfall mit dem vollendeten 7. Lebensjahr vorausgesetzt (c. 88 § 3). Eine ausdrückliche Beichtpflicht vor der Erstkommunion gab es nicht. Denn nach c. 901 bzw. c. 906 setzte die Pflicht zur (Jahres-)Beichte erst im Fall von Todsünden ein.[9] Über die Zulassung zur Erstkommunion entschied weiterhin auch der Beichtvater (c. 854 § 4). Im Rahmen beichtartiger Gespräche klopften Priester ab, ob Kinder schon über ausreichend Vernunft verfügten, um kommunion-, aber auch sündenfähig und damit ggf.

---

8   Vgl. dazu Sudbrack, Karl, Papst Pius X. über die frühe Kinderkommunion, in: Katechetische Blätter 73 (1948), 210 und weiterführend Hellbernd, Paul, Die Erstkommunion der Kinder in Geschichte und Gegenwart mit besonderer Berücksichtigung der Rechte und Pflichten der Eltern bei der Hinführung der Kinder zum Tische des Herrn, Vechta 1954, 32–37.

9   „Daß nur schwere Sünden notwendig dem Bußgericht der Kirche unterworfen sind und deshalb jede Beichtpflicht sich auf diese Sünden beschränkt, daß auch das Gebot der jährlichen Beichte und a fortiori der Erstbeichte also jeden, der sich nur sog. läßlicher Sünden bewußt ist, nicht verpflichtet, steht an sich fest, wenn es auch mitunter aus fragwürdigen pastoralen Gründen verschwiegen wird", Heimerl, Hans, Erstbeichtalter und Beichtfreiheit, in: Theologisch-praktische Quartalschrift 127 (1979), 49–53, hier 50.

Jessica Scheiper

beichtbedürftig zu sein.¹⁰ In der Praxis durfte die Erstbeichte nicht bis zum Vorliegen einer Todsünde aufgeschoben werden. Vielmehr galt:

> „[D]as Kind soll vorher angeleitet werden, sein Gewissen zu erforschen, seine nur läßlichen Sünden zu bereuen und zu beichten. Dies wird ihm mit den Belehrungen und Mahnungen des Beichtvaters ein Ansporn zur Tugend und kräftiges Mittel zur Meidung der Todsünde sein."¹¹

Dass bei Kindern schwere Sünden eher nicht vorkamen, war bewusst, aber die Beichte sollte pädagogisch genutzt werden. Kinder mussten zwar keine umfassende Kenntnis der christlichen Lehre haben, aber zumindest in die Gnaden- und Sündenlehre (Unterschied lässliche Sünden und Todsünden) und Jenseitsvorstellungen (Himmel, Hölle, Fegefeuer) eingeführt sein.¹² Sehr bildlich brachte man selbst den Kleinsten bei, „dass die Seele eines Menschen, der im Zustand der Todsünde stirbt, in alle Ewigkeiten in der Hölle schmoren muss."¹³

Beichte und Vorbereitung fungierten so als Erziehungsinstrument. Und nicht selten begann die Beichtvorbereitung schon im Vorschulalter.¹⁴ Seelsorger bemängelten oftmals die Beichten der Jüngsten, die zum weitaus größten Teil mechanisch eingelernte Scheinbeichten seien, mit oft unverstandenem und mehrfach doch

---

10 „Und wenn auch bei gut erzogenen Kindern im allgemeinen angenommen werden kann, daß sie ohne schwere Sünde sind, daß sie also ohne Beichte zur heiligen Kommunion gehen könnten, so bleibt doch die Tatsache bestehen, daß das kirchliche Gesetzbuch vom Beichtvater des Kindes spricht, der mit über die Fähigkeit zum Kommunionempfang entscheiden soll." Nisters, Bernhard, Die rechtzeitige Kinderkommunion, in: Katechetische Blätter 74 [1949] 301–307, hier 303. Es wurde vorausgesetzt und deshalb weniger eigens thematisiert, dass die Beichtväter kein im Rahmen der Beichte erlangtes Wissen gebrauchen durften, um die Kommunionfähigkeit der Kinder zu beurteilen: „Fällt der Beichtvater sein Urteil über die Disposition des Kindes im Zusammenhang mit dem Bußsakrament, so ist er selbstverständlich verpflichtet, das Beichtgeheimnis zu wahren, darf auch sein Wissen um die Zulassungsbedürftigkeit eines Kindes gem. c. 890 § 1 nicht gebrauchen, da das ein ‚gravamen poenitentis' bedeuten würde. Das Kind muß vielmehr in der Beichte selbst bewegt werden, alle für den Empfang der ersten hl. Kommunion notwendigen Schritte zu unternehmen oder die ausdrückliche Erlaubnis geben, daß der Beichtvater in diesem Punkte vom Beichtgeheimnis entbunden ist. Besser ist es, wenn der Beichtvater in solchen Fällen im nicht-sakramentalen Forum, unabhängig von der Spendung des Bußsakramentes handelt. Es kann also sein Urteil über die hinreichende Disposition eines Kindes jederzeit abgeben, ohne dessen Beichte gehört zu haben." Hellbernd, Erstkommunion, 62.
11 Springer, Emil, Zur Frage, wann für die Kinder die Kommunion- und die Beichtpflicht beginne, in: Pastor bonus 34 (1921/22), 162–163, hier 163 und vgl. Provost, Reception, 311.
12 Vgl. Reus, Juliane, Kinderbeichte im 20. Jahrhundert. Pastoralgeschichtliche Untersuchung zum Wandel der Erstbeichtvorbereitung in Deutschland, Würzburg 2009, 99.
13 Cornwell, John, Die Beichte. Eine dunkle Geschichte, Berlin 2014, 120.
14 Vgl. McAleese, Mary, Childrens' Rights and Obligations in Canon Law. The Christening Contract, Leiden – Boston 2019, 177.

Beichten vor der Erstkommunion?

missverstandenem Inhalt.[15] Mancher Seelsorger hätte „neidisch" auf Amtsbrüder geblickt, die älteren Kindern Beichten abnahmen.[16]

Die spätere Kritik, dass „entwicklungspsychologische und religionspädagogische Erkenntnisse zur Differenzierung der Frage des Unterscheidungsalters" nicht angemessen berücksichtigt worden seien, zeichnete sich also schon früher ab.[17] Die ständige Betonung von Todsünden und Gottes furchtbaren Strafen hat das Gewissen katholischer Kinder schon „in einem unangemessenen Stadium ihrer emotionalen und geistigen Entwicklung" belastet.[18]

Seit den 1950er Jahren wurde über eine veränderte Vorbereitung auf den Sakramentenempfang diskutiert[19], und vornehmlich Religionspädagogen und Pastoraltheologen plädierten dafür, die Erstbeichte zeitlich nach hinten zu verschieben, damit Kinder umfassender und vor allem altersgemäßer vorbereitet und so auch besser disponiert wären. Gestützt auf psychologische Erkenntnisse stellte man die Fähigkeit der Kinder zu schwerer Schuld in Frage. Nach dem Zweiten Vatikanischen Konzil setzten bspw. in Holland, im Erzbistum München-Freising und auch in vielen Teilen der USA diverse Experimente ein, die Reihenfolge der Sakramente zu verändern. Dem erteilte der Apostolische Stuhl seit Ende der 1970er Jahre aber eine Absage.[20] Mehrere Kongregationen entschieden sich „eindeutig für die überkommene bewährte Praxis der vorausgehenden Erstbeichte (…) und [betonten] (…) das *Recht* des zum Vernunftgebrauch gelangten Kindes auf das Bußsakrament"[21]. Die Sorge, dass viele Kinder nie beichten würden oder später nicht die Notwendigkeit der Buße vor dem Eucharistieempfang erkennen würden, sei für die Absage entscheidend gewesen.[22] Die Sorge war nicht gänzlich unbegründet: Denn schon in den in den 1960ern schwächelte die Beichtpraxis, bevor sie seit *Humanae vitae* 1968 massenhaft bis hin zum Beichtverzicht einbrach.[23] Einem weiteren Beichtniedergang wollte der Apostolische Stuhl mit der Einschärfung des Gebots der Erstbeichte vor der Erstkommunion gegensteuern.

---

15   Göttler, Joseph, Erstbeicht- und Erstkommunionalter. Erwägungen zum neuen Erstkommuniondekret, in: Katechetische Blätter 36 (1910), 310–317, hier 313.
16   Vgl. ebd.
17   Heimerl, Erstbeichtalter, 50.
18   Ebd. und vgl. Sauer, Ralph, Die Hinführung zu Buße und Beichte im Wandel der Zeit, in: Katechetische Blätter 112 (1987), 388–392, bes. 389.
19   Vgl. Provost, Reception, 311.
20   Vgl. u. a. S. Congregatio de Disciplina Sacramentorum / S. Congregatio pro Clericis, Declaratio Sanctus Pontifex v. 24.5.1973, in: Acta Apostolicae Sedis 65 (1973), 410 und S. Congregatio pro Sacramentis et Culto Divino / S. Congregatio pro Clericis, Responsum ad propositum dubium v. 20.5.1977, in: Acta Apostolicae Sedis 69 (1977), 427.
21   Aymans, Winfried / Mörsdorf, Klaus, Kanonisches Recht. Lehrbuch aufgrund des Codex Iuris Canonici, Bd. 3, Paderborn 2006, 292 (Herv. i. O.) und vgl. McAleese, Rights, 180.
22   Vgl. Weß, Paul, Erstbeichte vor Erstkommunion, in: Diakonia 8 (1977), 141–142, hier 141.
23   Vgl. Ziemann, Benjamin, Katholische Kirche und Sozialwissenschaften 1945–1975, Göttingen 2007, 274–290.

2. Die Erstbeichte im geltenden Recht

Im geltenden Codex sucht man einen eigenen Canon zur Erstbeichte oder Beichtvorbereitung vergebens.[24] Die Erstbeichte wird nur im Kontext der Erstkommunion kurz angesprochen, wenn es in c. 914 heißt, Kinder seien möglichst bald nach Erlangung des Vernunftgebrauchs zur Eucharistie zuzulassen. Neben der gehörigen Kommunionvorbereitung wird die vorherige sakramentale Beichte vorausgesetzt („praemissa sacramentali confessione"). Dieser Einschub wurde erst in der Schlussredaktion des CIC durch Papst Johannes Paul II. eingefügt. Der Grund dafür ist nicht bekannt. Bisweilen sieht man die wiederholten kurialen Absagen an eine spätere Erstbeichte bestätigt. Der Wortlaut ist allerdings keineswegs eindeutig. Es bleibt unklar, ob er eine ausnahmslose Beichtpflicht vor der Erstkommunion meint.[25] Denn der Ablativ des Einschubs kann sowohl einen begleitenden Umstand ausdrücken als auch eine verpflichtende Bedingung.[26] Letztere Deutung prägt zwar die seit Beginn des 20. Jahrhunderts übliche und wiederholt eingeschärfte Praxis, führt aber dazu, von Erstkommunionkindern mehr zu verlangen, als von anderen Gläubigen. Wer sich einer schweren Sünde bewusst ist, muss sie für den Kommunionempfang zuvor beichten bzw. ab dem Unterscheidungsalter mindestens einmal im Jahr (cc. 916; 988 § 1; 989).[27] Die Beichte leichter Sünden ist lediglich empfohlen (c. 988 § 2). Dieses Normenset führt dazu, dass eine erwachsene Person nur dann beichten muss, wenn sie sich einer schweren Sünde bewusst ist, ein Kommunionkind aber unabhängig von seinem Todsündenbewusstsein schon vor der Erstkommunion verpflichtet wird.[28] Alle anderen Gläubigen können sich verantwortlich für die Beichte entscheiden, nur Kommunionkindern wird zwar die Sündenfähigkeit unterstellt, nicht aber die entsprechende Entscheidung eröffnet.[29] Wer Kindern nicht pauschal Todsünden unterstellen will, muss einen anderen Normzweck annehmen als die Sicherstellung des Gnadenstandes.

Auf die kanonistische Diskussion[30] meldete sich die Sakramentenkongregation zu Wort und stellte klar: Es gehe bei der Erstbeichte vor der Erstkommunion

---

24   Vgl. Hallermann, Heribert, Die Kirche als Werkzeug der Vergebung?, in: Archiv für katholisches Kirchenrecht 185 (2016), 88–119, hier 118.
25   Vgl. Provost, Reception, 295.
26   Vgl. ebd., 325.
27   Vgl. Huels, John M., The Most Holy Eucharist [cc. 897–958], in: Beal, John P. / Coriden, James A. / Green, Thomas J. (Hg.), New Commentary on the Code of Canon Law, New York 2000, 1095–1137, hier 1110.
28   Vgl. Provost, James H., First Eucharist and First Penance, in: Jurist 43 (1983), 450–453, hier 452.
29   Vgl. dazu ähnlich Mertes, Klaus, Macht- und Ohnmachtsstrukturen im Bußsakrament, in: Demel, Sabine / Pfleger, Michael (Hg.), Sakrament der Barmherzigkeit. Welche Chancen hat die Beichte?, Freiburg i. Br. 2017, 497–507, hier 498.
30   Vgl. Provost, Eucharist, 452.

Beichten vor der Erstkommunion?

„nicht so sehr" um „de[n] möglichen Schuldzustand" der Kinder. Vielmehr diene die Vorschrift

> „darüber hinaus dem pastoralen Ziel, die Getauften vom zarten Kindesalter an zum christlichen Verständnis der Buße zu erziehen, so dass sie in der Selbsterkenntnis und Selbstbeherrschung Fortschritte machen und zu einem rechten Sündenbewusstsein gelangen, das auch die lässliche Sünde ernst nimmt."[31]

Damit besteht der Normzweck eingestandenermaßen weiterhin darin, Sündenbewusstsein und Sündenverständnis zu vermitteln. Die Erstbeichte bleibt ein Erziehungstool. Der Religionspädagoge Markus Arnold sprach von „Trainingsbeichte[n]" und wies auf den Widerspruch hin, dass ausgerechnet Kinder, „die kaum zur schweren Sünde fähig sind, (...) quasi zu stellvertretenden Büßern in unseren Pfarreien [wurden]."[32]

2004 sah sich die Sakramentenkongregation erneut veranlasst, daran zu erinnern: „Der ersten Kommunion von Kindern sollen immer die sakramentale Beichte und die Absolution vorangestellt werden." [*Primae Communioni semper puerorum praemittatur sacramentalis confessio et absolutio*].[33] Mit der Betonung der Absolution reagierte sie möglicherweise darauf, dass mit Kindern Beichtgespräche geführt wurden, ohne dass sie Schuld bekennen mussten und keine Absolution erhielten. In der Kanonistik wurde gefragt, ob Kindern, die keine Sünden zu bekennen hätten und keine Absolution erhielten, im Umkehrschluss die Erstkommunion zu verwehren sei.[34]

Im Ergebnis bleibt die Frage, ob die pädagogische Verzweckung der Erstbeichte der Würde eines Sakraments angemessen und überhaupt zielführend ist.

3. Beichtsetting

Die Frage verschärft sich enorm vor dem Hintergrund des klerikalen Kindesmissbrauchs. Denn die kritischen Hinweise der früheren, amtlich zurückgewiesenen Diskussion erscheinen heute in einem neuen Licht und können zu einer erhöhten Sensibilität aufrufen.

Das Beichtsetting war und ist bis heute entscheidend geprägt vom amtlichen Bild des Priesters im Allgemeinen und seiner Funktion als Beichtvater im Be-

---

31 Congregatio pro Sacramentis, Zirkularschreiben v. 20.12.1986 (Prot. N. 1400/86), in: Monitor ecclesiasticus 112 (1987), 423–429.
32 Arnold, Markus, Kinderbeichte. Ein Diskussionsbeitrag, in: Gottesdienst 50 (2016), 64–65, hier 64.
33 Congregatio de Cultu Divino et Disciplina Sacramentorum, Instructio *Redemptionis Sacramentum* v. 25.3.2004, in: Acta Apostolicae Sedis 96 (2004), 549–601, hier 575.
34 Vgl. dazu Weiss, Christoph, Das Bußsakrament im Kontext der sakramentalen Initiation von Kindern. Eine historisch-theologische Studie, Regensburg 2018.

sonderen. Der CIC/1917 fokussierte in den Normen zur Buße auf die Rolle des Beichtvaters:

> „Die von ihm erteilte Lossprechung war als ‚richterliche' qualifiziert (c. 870 CIC/1917); beim Beichthören sollte er nach c. 888 § 1 CIC/1917 gleichermaßen die Stelle eines Richters wie die eines Arztes einnehmen. (…) [I]n der Kanonistik wurde zudem dargelegt, es gehe nicht um ein richterliches Handeln im fachlichen Sinne, sondern um einen kirchlichen Hoheitsakt im Sinne eines Gnadenerweises. Gleichwohl hatte der Beichtvater ‚als Hoheitsträger der Kirche' zu entscheiden, ‚ob das Beichtkind würdig ist, die Gnade des Sakramentes zu empfangen'."[35]

Auch nach dem CIC/1983 soll der Beichtvater die Stelle eines Richters und eines Arztes einnehmen (c. 978 § 1). In seinem Nachapostolischen Schreiben *Reconciliatio et Paenitentia* erläuterte der inzwischen heilige Papst Johannes Paul II. 1984, das Bekenntnis der eigenen Sünden sei vor allem deshalb erforderlich, weil der Beichtvater als Richter den Sünder kennen sowie die Schwere der Sünden und die Ernsthaftigkeit der Reue beurteilen müsse, so wie er in seiner Funktion als Arzt den Zustand des Kranken kennen müsse, um ihn behandeln und heilen zu können.[36]

Doch wie werden künftige Beichtväter auf diesen besonderen Dienst vorbereitet?

3.1 Beichtvaterkompetenz

Die Vorbereitung auf die Tätigkeit als Beichtvater fiel früher im Rahmen einer weltabgewandten Seminarerziehung lange Zeit unzureichend aus. Das weiß man heute. Im Seminar standen Unterordnung und Gehorsam gegenüber Vorgesetzten an erster Stelle und die Seminaristen den Vorgesetzten als Erziehungsobjekte gegenüber.[37] Eines Tages, so wurde ihnen erklärt, würden sie die Seiten wechseln und die Gläubigen wären dann ihnen zur Erziehung anvertraut.[38]

---

35 Bier, Georg, Richterliche Lossprechung für in rechter Weise disponierte Gläubige. Das Bußsakrament in der neuesten kirchlichen Rechtsgeschichte, in: Demel, Sabine / Pfleger, Michael (Hg.), Sakrament der Barmherzigkeit. Welche Chancen hat die Beichte?, Freiburg i. Br. 2017, 38–63, hier 43.
36 Vgl. Papst Johannes Paul II., Nachapostolisches Schreiben *Reconciliatio et Paenitentia* im Anschluß an die Bischofssynode über Versöhnung und Buße in der Sendung der Kirche heute v. 2.12.1984, hg. v. Sekretariat der Deutschen Bischofskonferenz, Bonn 1984, 65.
37 Auch jüngere Seminaristen berichten von ähnlichen Erfahrungen. Vgl. Blaschko, Paul, Inside the Seminary. Is There Reason to Be Worried about Formation?, https://www.commonwealmagazine.org/inside-seminary (20.1.2022).
38 Vgl. Brunner, Markus, Statuta Seminariorum Clericorum. Die Organisationsformen der bayerischen Priesterseminare in ihrer rechtsgeschichtlichen Entwicklung, St. Ottilien 2005, 326.

Beichten vor der Erstkommunion?

In moral- und pastoraltheologischen Kursen wurden ihnen frontal die Beichtmaterien vermittelt, um „über Seelen zu urteilen und sie zu heiligen" und um „als Richter und Vorbilder in Sachen Sünde und Tugend [zu] dienen"[39.] Die Kandidaten mussten sich aus kasuistischen Lehrbüchern weiteres Wissen aneignen, in denen teilweise Anregungen für Fragen im Beichtstuhl angeboten wurden. Veranstaltungen der Pädagogik oder der (Kinder)Psychologie waren nicht vorgesehen, trotz des geringen Alters der beichtenden Kinder.[40] Berichtet wird, manche Seminaristen hätten kaum eine Ahnung gehabt, „dass Kinder verschiedene Entwicklungsstadien durchmachen."[41] „Praktisch" wurden die Seminaristen meist nur im Rahmen von mündlichen Prüfungen auf ihre Tätigkeit als Beichtväter vorbereitet, wenn erfahrene Priester die Rolle der Pönitent*innen einnahmen, sich Szenarien und Sünden ausdachten und so die Fragetechniken des künftigen Beichtvaters bewerteten."[42]

Was die Aus- und Fortbildung von Seminaristen und Priestern nach und seit dem Zweiten Vatikanischen Konzil betrifft, lassen sich nur wenige empirische Aussagen treffen. Weiterhin werden die hauptsächlichen theoretischen Kenntnisse in Vorlesungen der Moral- und Pastoraltheologie, standortabhängig noch in der Pastoralpsychologie vermittelt. Inwiefern das noch in den einzelnen Ausbildungshäusern oder Pastoralseminaren vertieft wird und/oder praktisch geübt wird, muss an dieser Stelle offenbleiben. In der Rahmenordnung für die Priesterbildung von 2003 wird bei der Vorbereitung auf die Diakonenweihe nur allgemein die „Einweisung in die Aufgaben des Beichtvaters"[43] aufgeführt, wie auch die *Ratio fundamentalis* der Kleruskongregation von 2016 nur von einem „spezifischen Einführungskurs in den Beichtdienst" für Seminaristen spricht.[44] Es lässt sich kaum ermitteln, wie das konkret und flächendeckend abläuft und ob Unterschiede bei der Vorbereitung bestehen, ob es sich im wahrsten Sinne des Wortes um ein Beichtkind oder eine*n erwachsene*n Pönitent*in handelt. In persönlichen Gesprächen berichteten Priester auch jüngerer Weihejahrgänge mir allerdings, ihre Vorbereitung habe noch immer genau so ausgesehen, dass ein Beichtvater, meist ein Pfarrer, ins Seminar gekommen sei und von seinen Erfahrungen berichtet habe.

Allein auf freiwilliger Basis können Priester ihre Kenntnisse noch vertiefen. So bietet die Apostolische Pönitentiarie seit 1990 jährlich einen Kurs für Beichtväter

---

39 Cornwell, Beichte, 169.
40 Vgl. ebd, 174.
41 Cornwell, Beichte, 127 und vgl. ebd., 24.
42 Vgl. O'Toole, James, In the Court of Conscience: American Catholics and Confession, 1900–1975, in: ders. (Hg.), Habits of Devotion. Catholic Religious Practice in Twentieth-Century America, Ithaca 2004, 131–185, hier 159–160.
43 Die deutschen Bischöfe, Rahmenordnung für die Priesterbildung v. 12.3.2003, Bonn 2003, 86, Nr. 154.
44 Vgl. Congregatio pro Clericis, Das Geschenk der Berufung zum Priestertum. *Ratio Fundamentalis Institutionis Sacerdotalis* v. 8.12.2016, hg. v. Sekretariat der Deutschen Bischofskonferenz, Bonn 2017, 130, Nr. 178.

zum Forum Internum an, der sich besonders an Neupriester richtet.[45] Auf diözesaner und überdiözesaner Ebene werden ebenfalls Fortbildungen angeboten. Aber: stets auf freiwilliger Basis.[46]

3.2 Beichtkinder

Während Kinder früher von Sexuellem ferngehalten werden sollten und oftmals keine umfassende sexuelle Aufklärung erhielten,[47] galt das nicht für den Beichtstuhl. Sexuelle Verfehlungen jedweder Art waren Verstöße gegen das sechste Gebot und gehörten als *materia gravis* in den Bereich der zu beichtenden schweren Sünden.[48] Für die Beichte wurden die kleinen Pönitent*innen damit vertraut gemacht, was alles ein Verstoß gegen das sechste Gebot ausmachte – unreine Taten, Worte oder Gedanken.[49] Schon das Wissen, etwa aufgrund eines „unreinen" Gedankens gerade eine Todsünde begangen zu haben, konnte aber bei Kindern zu dauerhaften und sie belastenden Schuldgefühlen führen. Diese Schuldgefühle wurden noch verstärkt durch jene Beichtväter, die ein exzessives und abnormes Interesse an Verfehlungen gegen das sechste Gebot zeigten.

In vielen Fällen blieb es aber nicht nur bei verbalen Übergriffen, wie Berichte von Betroffenen und entsprechende Studien belegen. Durch die Kinderbeichte war auch Beichtvätern mit schlechten Absichten ein intimer Raum mit dem Beicht-

---

45 2021 nahmen 870 Kleriker an diesem (allerdings ausnahmsweise nur online veranstalteten) Kurs teil. Vgl. Papst Franziskus, Ansprache v. 12.3.2021, https://www.vatican.va/content/francesco/de/speeches/2021/march/documents/papa-francesco_20210312_corso-forointerno.html (8.2.2022).

46 Exemplarisch sei hier auf die Fortbildung im Bistum Augsburg vom Januar 2020 verwiesen, wo unter anderem Kardinal Gerhard Ludwig Müller (Rom) und P. Karl Wallner OCist (Heiligenkreuz) referierten, https://fortbildung.kalender-bistum-augsburg.de/(location)/865351-Pastorale-Fortbildung-fuer-Beichtvaeter (8.2.2022).

47 Vgl. Langer, Michael, Art. Sexualkundeunterricht, in: LThK, 9, Freiburg i. Br. ³2000, 526.

48 Vgl. Reiter, Johannes, Sexualität in einer sich wandelnden Zeit: Die Positionen von Josef Maria Reuß zu Geschlechtlichkeit und Familienplanung, in: Reifenberg, Peter / Wiesheu, Annette (Hg.), Weihbischof Josef Maria Reuß (1906–1985) zum 100. Geburtstag, Mainz 2007, 141–158, hier 146 und Kleber, Karl-Heinz, De Parvitate Materiae in Sexto. Ein Beitrag zur Geschichte der katholischen Moraltheologie, Regensburg 1971.

49 Für Kinder gab es Merksätze zum Auswendiglernen, die wiederum – wenn man sie als Frage formulierte – der Gewissenserforschung dienen sollten: „Ich soll schamhaft und keusch sein. Ich soll nicht unkeusch denken. Ich soll nicht unkeusch schauen. Ich soll nicht unkeusch hören. Ich soll nicht unkeusch reden. Ich soll nichts Unkeusches allein tun. Ich soll nichts Unkeusches mit anderen tun. Ich soll nichts Unkeusches an mir tun lassen." Barth, Alfred, Meine Erstbeichte und Erstkommunion. Gedanken und Merksätze für die Hand der Kinder und Eltern, Freiburg i. Br. ²1951, 6. Vor allem der letzte Merksatz und das ihm zugrundeliegende Verständnis sind kennzeichnend.

kind gegeben, dem es sich nicht entziehen konnte.⁵⁰ Geprägt und getragen vom Bild des heiligmäßigen Priesters waren Eltern arglos, die ihr Kind sonst nie einem „fremden" Mann überlassen hätten. Es konnte direkt zu Übergriffen kommen oder sie konnten sich zumindest im Rahmen der Beichte anbahnen. Denn der Priester hatte die Möglichkeit, die einzelnen Kinder allein näher kennenzulernen, konnte vermeintlich legitim intime Fragen stellen und abklopfen, ob und welches Kind sich als Opfer eignen würde.⁵¹

„Es war ein Raum, der besetzt wurde von Kindern und Minderjährigen, die sich als Sünder zu begreifen hatten, und solchen, die die loslösende Macht über die Sünde hatten. Dass dieser Raum missbrauchbar war und es auf der Seite potenzieller Opfer nur eine entsprechende psychische Disposition und ein argloses Umfeld brauchte, das oftmals deshalb wiederum arglos war, weil es kirchlich-religiös imprägniert nicht für möglich hielt, was doch gleichwohl geschah, liegt nicht nur auf der Hand, sondern wird inzwischen auch durch empirisches Datenmaterial bestätigt"⁵²,

so der Freiburger Fundamentaltheologe Magnus Striet. Zum empirischen Datenmaterial zählt unter anderem die MHG-Studie. Sie belegt, dass es sich bei Übergriffen in Beichtstühlen nicht nur um eine zeitlich begrenzte Episode handelte, sondern bis mindestens 2014 mehrere Jahrzehnte abdeckte. Das Gutachten über die Verhältnisse im Erzbistum München hat diesen Befund jüngst noch einmal bestätigt.⁵³

---

50 Vgl. Striet, Magnus, Sexueller Missbrauch im Raum der Katholischen Kirche. Versuch einer Ursachenforschung, in: ders. / Werden, Rita (Hg.), Unheilige Theologie! Analysen angesichts sexueller Gewalt gegen Minderjährige durch Priester, Freiburg i. Br. 2019, 15–40, hier 37 und Deeley, Robert P., Das Bußsakrament als Kontaktaufnahme für den sexuellen Missbrauch: Reflexionen über das Delikt der Sollicitatio, in: Müller, Wunibald / Wijlens, Myriam (Hg.), Ans Licht gebracht. Weiterführende Fakten und Konsequenzen des sexuellen Missbrauchs für Kirche und Gesellschaft, Münsterschwarzach 2012, 59–79, hier 59.
51 Vgl. auch Projektbericht Forschungsprojekt „Sexueller Missbrauch an Minderjährigen durch katholische Priester, Diakone und männliche Ordensangehörige im Bereich der Deutschen Bischofskonferenz" v. 24.9.2018, Mannheim – Heidelberg – Gießen 2018, 17, https://dbk.de/fileadmin/redaktion/diverse_downloads/dossiers_2018/MHG-Studie-gesamt.pdf (8.2.2022).
52 Striet, Missbrauch, 37.
53 Westphal, Marion u. a., Sexueller Missbrauch Minderjähriger und erwachsener Schutzbefohlener durch Kleriker sowie hauptamtliche Bedienstete im Bereich der Erzdiözese München und Freising von 1945 bis 2019. Verantwortlichkeiten, systemische Ursachen, Konsequenzen und Empfehlungen, 448 und 458, https://westpfahl-spilker.de/wp-content/uploads/2022/01/WSW-Gutachten-Erzdioezese-Muenchen-und-Freising-vom-20.-Januar-2022.pdf (31.1.2022).

Jessica Scheiper

4. Anregungen zur Wiederaufnahme einer Diskussion

Mit Blick auf diese leidvollen Erfahrungen ist das heutige Setting der Kinderbeichte künftig mehr in den Blick zu nehmen, wobei die folgenden Anfragen zu bedenken sind:

Wird es dem Bußsakrament gerecht, wenn Kinder es allein oder zumindest primär zu pädagogischen Zwecken empfangen *müssen*? Gibt es einen Zusammenhang zwischen Beichtpflicht und spirituellem Missbrauch?[54]

Inwieweit werden Erkenntnisse der Psychologie berücksichtigt, dass ein zu niedriges Erstbeichtalter gefährlich sein kann, weil Kinder durch eine unsensible und empathielose Beichte unnötig belastet werden können?[55]

Wie wird, wenn man an der Kinderbeichte festhält, die kindgerechte Beichtvorbereitung sichergestellt?

Wie werden Priester auf die Beichte, speziell die Beichte von Kindern, vorbereitet? Wann wird im Rahmen der Priesterausbildung, mit welcher Intensität und mit welchen Mitteln die altersgemäße Kinderbeichte vorbereitet?

Und schließlich:

Wie kann Missbrauchsprävention im Beichtkontext aussehen, sowohl was den spirituellen als auch den sexuellen Missbrauch betrifft? Denn selbst eine entsprechende Vorbereitung des Priesters auf die Beichte von Kommunionkindern ist noch keine Garantie für verunsicherte Eltern, dass ihrem Kind nicht psychisch oder physisch Schaden zugefügt wird.[56]

Vor diesem Hintergrund erscheint die Wiederaufnahme einer unterbundenen Debatte unter neuen Vorzeichen und mit erhöhter Sensibilität angebracht. Denn eine Prävention, die ihren Namen verdient, darf nicht blind sein, sondern muss wissen, auf welche Risikofaktoren sie zielt. Eine ehrliche Debatte über die Kinderbeichte könnte ein Beitrag dazu sein, einer neuen Glaubwürdigkeit der Kirche zu dienen und neues Vertrauen aufzubauen.

---

54 Zum Begriff des spirituellen Missbrauchs vgl. Haslbeck, Barbara / Heyder, Regina / Leimgruber, Ute, Erzählen ist Widerstand. Zur Einführung, in: Haslbeck, Barbara / Heyder, Regina / Leimgruber, Ute / Sandherr-Klemp, Dorothee (Hg.), Erzählen als Widerstand. Berichte über spirituellen und sexuellen Missbrauch an erwachsenen Frauen in der katholischen Kirche, Münster 2020, 13–24.

55 Vgl. Beste, Jennifer, The Status of Children within the Roman Catholic Church, in: Browning, Don S. / Miller-McLemore, Bonnie J. (Hg.), Children and Childhood in American Religions, New Brunswick, NJ 2009, 56–70, hier 66.

56 Vgl. Arnold, Markus, Buße vor Beichte. Religionspädagogische Problemanzeige und Lösungsvorschläge auf moraltheologischer Basis, in: Demel, Sabine / Pfleger, Michael (Hg.), Sakrament der Barmherzigkeit. Welche Chancen hat die Beichte?, Freiburg i. Br. 2017, 561–587, hier 585.

9.
Möglichkeiten und Grenzen der Auswertung von Archivgut bei der Aufarbeitung sexualisierter Gewalt gegen Kinder

Das Beispiel Berliner Schüler/innen an der Odenwaldschule (1945–2015)

Johannes Kistenich-Zerfaß

Am Beispiel der Berliner Schüler*innen der Odenwaldschule (1945–2015) zeigt Johannes Kistenich-Zerfaß auf, welches Potenzial in der Auswertung von Archivgut bei der Aufarbeitung sexualisierter Gewalt gegen Kinder liegt. In seinem Beitrag konzentriert er sich auf die spezifische Methode der Quellenkritik und kontextualisiert bzw. kontrastiert mit einem quantifizierenden Ansatz archivische Quellengruppen mit unterschiedlichen Formen der Primärquellen, indem er sowohl bereits vorhandenen Studien aufarbeitet als auch eine Netzwerkanalyse der beteiligten Akteur*innen tätigt und vertiefend aussagekräftige Schüler*innenakten analysiert.

1. Primärquellen in der Missbrauchsforschung

Über die Bedeutung des in der Geschichtswissenschaft etwas aus der Mode gekommenen Begriffs „Primärquellen", den die Online-Tagung am 10. Dezember 2021 im Titel führte, scheint im Kontext von Missbrauchsforschung weitgehend Konsens zu bestehen. Orientiert man sich etwa an der 2020 erschienenen Veröffentlichung der Unabhängigen Kommission zur Aufarbeitung sexuellen Kindesmissbrauchs über Rechte und Pflichten bei Aufarbeitungsprozessen in Institutionen, so zählen zu den Primärquellen (1.) Zeugnisse Betroffener (z. B. Berichte, Interviews, vertrauliche Anhörungen, öffentliche Hearings), also Quellen aus individuell-biografischer Perspektive, (2.) die „Akten", also v. a. Schriftquellen, wie sie sich insbesondere (noch) in Registraturen von Einrichtungen bzw. (bereits) in (zuständigen) Archiven befinden, die Einblicke v. a. in organisationsanalytische Zusammenhänge bieten, sowie (3.) die Medienberichterstattung, die wiederum schwerpunktmäßig eine (historisch-)diskursbezogene Sicht eröffnet.[1] Wenn sich dieser Beitrag im Folgenden auf die Überlieferung eines Archivbestands konzentriert, so geschieht dies also in dem Bewusstsein,

---

1 Unabhängige Kommission zur Aufarbeitung sexuellen Kindesmissbrauchs, Rechte und Pflichten: Aufarbeitungsprozesse in Institutionen. Empfehlungen zur Aufarbeitung sexuellen Missbrauchs, Berlin 2020, v. a. 18–19, 28–32, https://www.aufarbeitungskommission.

sich auf einen einzigen Typus von Primärquellen zu fokussieren, an den spezifische Methoden der Quellenkritik anzulegen sind. Gerade aber die Kontextualisierung und Kontrastierung der „Aktenlage" mit den anderen Formen der Primärquellen, allem voran den Berichten Betroffener, birgt ganz neues Potential für aussagekräftige Ergebnisse der Missbrauchsforschung auf der Suche – um es mit einem geflügelten Wort Leopolds von Ranke zu sagen – „wie es eigentlich gewesen" ist.[2]

2. Der Bestand N 25 (Odenwaldschule) im Hessischen Staatsarchiv Darmstadt

Ende 2015 sicherte das Hessische Staatsarchiv Darmstadt aufgrund der Beschlusslage des Gläubigerausschusses und eines zwischen der Insolvenzverwaltung und dem Hessischen Landesarchiv geschlossenen Schenkungsvertrags rund 450 lfd. m Archiv- und Registraturgut der Odenwaldschule (OSO).[3]

Um (auch) für die Missbrauchsforschung bestmögliche Voraussetzungen zu schaffen, wurden rund 70% dieser Unterlagen – eine gemessen an Standards archivischer Überlieferungsbildung exzeptionell hohe Quote! – zu Archivgut gewidmet und binnen Jahresfrist in der Datenbank des Archivinformationssystems erschlossen.[4] Bei der Festlegung der Verzeichnungstiefe, also der in die Datenbank aufge-

---

de/wp-content/uploads/Empfehlungen-Aufarbeitung-sexuellen-Kindesmissbauchs_Aufarbeitungskommission-2020.pdf (3.2.2022).

[2] Gerade die öffentlichen Diskussionen der vergangenen Jahre, z. B. um die Zugänglichkeit zu einschlägigen Akten der kirchlichen Verwaltungen in Aufarbeitungskontexten oder um „verschwundene Akten" wie im „Fall Lügde", zeigen schlaglichtartig, welcher Stellenwert für die Aufarbeitung sexuellen Kindesmissbrauchs korrekter Aktenführung bzw. Schriftgutverwaltung in Behörden, wie auch den Rechtsgrundlagen und der Praxis der Archivierung und Bereitstellung zukommt bzw. beigemessen wird. Über das Verhältnis von Schriftquelle und biografischem Zeugnis aus der Sicht eines Betroffenen vgl. den eindrucksvollen Beitrag von Mehrick, Max, Meine Schülerakte und ich, in: Andresen, Sabine / Kistenich-Zerfaß, Johannes (Hg.), Archive und Aufarbeitung sexuellen Kindesmissbrauchs. Dokumentation einer Tagung der Unabhängigen Kommission zur Aufarbeitung sexuellen Kindesmissbrauchs und des Hessischen Landesarchivs, Darmstadt 2020, 15–23.

[3] Ausführlicher und mit weiterführenden Literaturhinweisen Kistenich-Zerfaß, Johannes, Exzeptionell und exemplarisch zugleich: Zur archivfachlichen Aufarbeitung der Überlieferung der Odenwaldschule, in: Stumpf, Marcus / Tiemann, Katharina (Hg.), Erziehung und Bildung als kommunalarchivische Überlieferungsfelder. Beiträge des 27. Fortbildungsseminars der Bundeskonferenz der Kommunalarchive (BKK) in Bamberg vom 28.–30. November 2018, Münster 2019, 87–108; Kistenich-Zerfaß, Johannes, Quellen (auch) für die Aufarbeitung. Der Bestand Odenwaldschule im Hessischen Staatsarchiv Darmstadt, in: Andresen / Kistenich-Zerfaß, Archive und Aufarbeitung, 71–90.

[4] Soweit unter datenschutzrechtlichen Gesichtspunkten möglich, sind die Erschließungsinformationen online recherchierbar unter: https://arcinsys.hessen.de/arcinsys/detailAction.action?detailid=b8034 (3.2.2022). Der Bestand „N 25" (Odenwaldschule) umfasst insgesamt ca. 15.000 Verzeichnungseinheiten = „Akten", ca. 45.000 Fotografien, darüber hinaus Pläne, AV-Medien und auch digitale Unterlagen.

Möglichkeiten und Grenzen der Auswertung von Archivgut

nommenen (Detail-)Informationen, wurden wiederum Fragen der Missbrauchsforschung berücksichtigt bzw. – soweit erkennbar – antizipiert. So erfasste man etwa bei den rund 5.500 Schüler/innenakten systematisch Vorprovenienzen, also v. a. Hinweise auf Schulen und Einrichtungen, welche die Kinder und Jugendlichen vor der Odenwaldschule besucht hatten, und Hinweise auf weitere beteiligte Stellen, wie z. B. die Zusammenarbeit mit Jugendämtern und Ärzt/innen. Somit ist es unter Wahrung der archivrechtlichen Bestimmungen zum Schutz Betroffener und Dritter grundsätzlich möglich, für Forschungsvorhaben beispielsweise gezielt auf das Quellenkorpus für die Frage der „Fürsorgezöglinge" und „pädophiler Netzwerke" zuzugreifen.

Die übrigen 30% aus archivischer Sicht nicht dauerhaft bewahrenswerten Unterlagen wurden separiert, grob inhaltlich erfasst, zu „Zwischenarchivgut" deklariert und ein „Kassationsmoratorium" verfügt. Über den weiteren Umgang mit diesen Unterlagen wird zu gegebener Zeit in einem transparenten Verfahren zu entscheiden sein.

Die Frage einer Sicherung von Unterlagen für Aufarbeitungsprozesse und persönliche Belange Betroffener sexualisierter Gewalt wird aktuell unter verschiedenen Gesichtspunkten diskutiert, auch und gerade, weil sich damit (datenschutz-) rechtliche Fragen verbinden. Dabei erweist es sich für die Aufarbeitungsforschung als vorteilhaft, wenn die Unterlagen nicht bei den „Schriftgutproduzenten", etwa Einrichtungen und Behörden, eingesehen werden müssen[5], sondern in einem öffentlichen Archiv auf archivgesetzlicher Grundlage. Im archivfachlichen Diskurs schlägt Clemens Rehm für einschlägige Quellen(gruppen) ebenfalls ein Kassationsmoratorium in Verbindung mit der Einführung eines neuen Begriffs „Fristarchivgut" vor, das ein Quellenkorpus für einen bestimmten Zeitraum (z. B. 100 Jahre nach Entstehen) in Gänze sichert und nach archivgesetzlichen Bestimmungen zugänglich macht, bis zu dem Zeitpunkt, zu dem sicher alle persönlichen Belange Betroffener erloschen sind.[6] Einen alternativen Weg benennt Thomas Henne, indem er analog zur Widmung von vormaligen Verwaltungsunterlagen zu Archivgut eine spätere – wenn der Archivierungszweck für die Sicherung der Rechte Betroffener erloschen ist – Entwidmung als Voraussetzung für eine Nachkassation vorschlägt.[7] Als vorbildhaft für die archivische Sicherung einschlägiger Unterlagen

---

5 Vgl. zu den Herausforderungen einer datenschutzkonformen Nutzung von einschlägigen behördlichen Unterlagen die Berichte von Schröder, Julia / Oppermann, Carolin, Akten im Kontext der Aufarbeitung, in: Andresen / Kistenich-Zerfaß, Archive und Aufarbeitung, 91–102, v. a. 94–96 und https://hildok.bsz-bw.de/frontdoor/index/index/docId/1092 (26.4.2020), 55–56. Besondere rechtliche Herausforderungen in nicht archivgesetzlichen Bestimmungen unterliegenden (Forschungs-)Stellen bestehen zudem infolge des Besitzverbotes strafrechtlich relevanter Inhalte.
6 Rehm, Clemens, „Fristarchivgut" und Kassationsmoratorien. Erinnerung für Betroffene im Archiv, in: Andresen / Kistenich-Zerfaß, Archive und Aufarbeitung, 39–54.
7 Henne, Thomas, Der magische Moment: Wann und wie werden Verwaltungsunterlagen zu Archivgut? Und was folgt juristisch daraus?, in: Bardelle, Thomas / Helbich, Christian, RECHTsicher – Archive und ihr rechtlicher Rahmen, Fulda 2020, 101–110, hier v. a. 107.

und die Einsichtsrechte wird die Regelung in den Artikeln 11 und 12 des Schweizerischen „Bundesgesetzes über die Aufarbeitung der fürsorgerischen Zwangsmassnahmen und Fremdplatzierungen vor 1981" gesehen.[8] Der aktuelle Koalitionsvertrag von SPD, BÜNDNIS90/DIE GRÜNEN und FDP für die Legislaturperiode 2021–2025 benennt im Kontext Aufarbeitung von Kindesmissbrauch ausdrücklich auch die Option neuer gesetzlicher Regelungen.[9]

3. Primärquellen in der Missbrauchsforschung zur Odenwaldschule: Zwei Studien – zwei Forschungsansätze

In den 2010er Jahren ist die Odenwaldschule Ober-Hambach (OSO) – neben dem Fanal Canisius-Kolleg in Berlin – im öffentlichen Diskurs geradewegs zum Paradigma, Referenzmodell und Synonym für „Missbrauch in Schulen und Internaten" geworden. Die OSO bot sich dafür umso mehr an, als dass hier gerade nicht eine kirchlich getragene Einrichtung (wie z. B. beim Aloysius-Kolleg in Bonn-Bad-Godesberg oder Kloster Ettal) in den Fokus geriet und sich der „Sturz" gemessen an der Fallhöhe einer sich selbst jahrzehntelang als Vorzeigeanstalt der Reformpädagogik inszenierenden Schule umso drastischer kontrastieren ließ. Kaum mehr überblickbar ist die mediale Berichterstattung zum „Tatort Odenwaldschule".[10] Daneben stehen verschiedene, u. a. literarische Formate, in denen Betroffene und Zeitzeug/innen ihre Erfahrungen veröffentlicht und Stellung bezogen haben.[11] Der „Abschlussbericht" der Juristinnen Claudia Burgsmüller und Brigitte Tilmann[12], entstanden im unmittelbaren zeitlichen Nachgang zur – nach 1999 erneuten! – Offen-

8 https://www.fedlex.admin.ch/eli/cc/2017/145/de (26.4.2022).
9 Vgl. https://www.spd.de/fileadmin/Dokumente/Koalitionsvertrag/Koalitionsvertrag_2021-2025.pdf (26.4.2022), 86.
10 Brachmann, Jens / Langfeld, Andreas / Schwennigcke, Bastian / Marseille, Steffen, Tatort Odenwaldschule. Das Tätersystem und die diskursive Praxis der Aufarbeitung von Vorkommnissen sexualisierter Gewalt, Bad Heilbrunn 2019, listen auf 25 engbedruckten Seiten des Quellenverzeichnisses (460–484) alleine aus deutschen Leitmedien ermittelte Beiträge mit Bezug zum „Fall Odenwaldschule" v. a aus den Jahren 2010 bis 2016 auf. Hinzu kommen Fernsehfilme bzw. -dokumentationen wie z. B. „Die Auserwählten" (Regie: Christoph Röhl, Erstausstrahlung am 1. Oktober 2014 in der ARD); „Dunkelfeld – Kindesmissbrauch in Deutschland" (Film von Carsten Binsack, Erstausstrahlung 13. Februar 2020 im ZDF), https://www.zdf.de/dokumentation/zdfinfo-doku/dunkelfeld-kindesmissbrauch-in-deutschland-102.html (3.2.2022).
11 Exemplarisch genannt seien: Dehmers, Jürgen, Wie laut soll ich denn noch schreien? Die Odenwaldschule und der sexuelle Missbrauch, Reinbek bei Hamburg 2011; Jens, Tilman, Freiwild. Die Odenwaldschule – Ein Lehrstück von Tätern und Opfern, Gütersloh 2011; Mehrick, Max, Der lange Weg zurück. Das verlorene Leben, Kröning 2018.
12 Burgsmüller, Claudia / Tilmann, Brigitte, Abschlussbericht über die bisherigen Mitteilungen über sexuelle Ausbeutung von Schülerinnen an der Odenwaldschule im Zeitraum 1960 bis 2010, Wiesbaden – Darmstadt 2010, https://www.anstageslicht.de/fileadmin/user_upload/Geschichten/Missbrauch_-_eine_unendliche_Geschichte_auch_in_Deutschland/OSO_Abschlussbericht2010.pdf (3.2.2022).

legung des Missbrauchs durch Betroffene 2010, konnte nur ein Ausgangspunkt der Missbrauchsforschung zur OSO sein. Noch initiiert vom Trägerverein der Schule, nach der Insolvenz vom Hessischen Ministerium für Soziales und Integration bis zur Publikation weiter gefördert, entstanden zwischen 2014 und 2019 zwei umfangreiche Studien, die schwerpunktmäßig von unterschiedlichen Gattungen an Primärquellen mit ihrer je eigenen Methodik ausgingen: Während eine Gruppe des Münchner Instituts für Praxisforschung und Projektberatung (IPP) qualitative Interviews mit ehemaligen Schüler/innen, Mitarbeiter/innen und Expert/innen führte und auswertete,[13] widmete sich die am Lehrstuhl für Allgemeine Pädagogik und Historische Wissenschaftsforschung der Universität Rostock erstellte Studie fußend auf gedruckten Quellen, Medienveröffentlichungen und punktueller Archivrecherche v. a. den personalen Netzwerken eines postulierten bzw. durch die Studie offengelegten „Tätersystems" sowie der Diskursanalyse der „Aufarbeitung".[14]

4. Ein Zwischenfazit der Missbrauchsforschung zum „Komplex Odenwaldschule"

Zugegebenermaßen sehr stark verkürzt lässt sich auf der Grundlage dieser beiden Studien der Forschungsstand zu den „Ermöglichungsstrukturen" des Missbrauchs an der Odenwaldschule etwa wie folgt umreißen: Die Stichworte „Liberalisierung der Sexualmoral" und „Bildungsreform" steckten den engeren Diskursrahmen der Entwicklung ab. Die Überwindung älterer, rigider Sexualvorstellungen in den 1960er Jahren sei in Teilen sich als reformerisch und fortschrittlich verstehenden Kreisen mit einer Entkriminalisierung der Pädosexualität einhergegangen, ohne dass es in diesem Zusammenhang einen nennenswerten Diskurs über das Thema „sexualisierte Gewalt" gegeben habe. In toxischer Verbindung mit Strömungen der Bildungsreform, die bewusst an Konzepte der Lebensreformbewegung der Jahrhundertwende anknüpfte und dabei die Individualisierung und Partizipation der Kinder und Jugendlichen im Bildungs- und Erziehungsprozess in den Mittelpunkt gestellt habe, sei die historisierende Vorstellung eines „pädagogischen Eros" salonfähig geworden. Diese Vorstellung habe als Stereotyp der Rechtfertigung für eine völlige Entgrenzung des „Lehrer*innen-Schüler*innen-Verhältnisses" gedient und jede professionelle „Nähe-Distanz-Regulation" im Verhältnis von Pädagog*innen und Kindern bzw. Jugendlichen vermissen lassen.

Der Schule habe es über Jahrzehnte an einem verbindlichen pädagogischen und auch therapeutischen Konzept sowie dessen Umsetzung im Schul- und Internatsalltag gemangelt. Eine entsprechende Professionalität und Qualifikation wäre freilich dringend nötig gewesen angesichts beispielsweise der starken Stellung der

13 Keupp, Heiner / Mosser, Peter / Busch, Bettina / Hackenschmied, Gerhard / Straus, Florian, Die Odenwaldschule als Leuchtturm der Reformpädagogik und als Ort sexualisierter Gewalt. Eine sozialpsychologische Perspektive, Wiesbaden 2019.
14 Brachmann u. a., Tatort Odenwaldschule.

"Internatsfamilien" und der (nicht nur bei "Fürsorgezöglingen") feststellbaren Lösung bzw. Entfremdung vom Elternhaus und dem heimischen sozialen Umfeld der Kinder und Jugendlichen.

Ein sich als "Kulturelite" verstehendes, in bemerkenswertem Ausmaß auf gemeinsame Erfahrungen in bündischen Kreisen und/ oder Studienkontexten basierendes Netzwerk habe zudem einen "Schutzschirm" geschaffen, der den Täter*innen in der OSO Vertrauensvorschuss bzw. blindes Vertrauen gewährte. Dieses Unterstützungsnetzwerk – wie auch die für die Aufsicht verantwortlichen Stellen – hätte sich entweder von der Reformrhetorik, der Inszenierung als ausgezeichnete Alternativschule und der Bagatellisierung durchaus vereinzelt ruchbar werdender Missstände blenden lassen oder – soweit es Kenntnis davon erlangte – den Missbrauch und die Missstände gedeckt.

5. Archivüberlieferung und Missbrauchsforschung zur Odenwaldschule

Abgesehen von Ansätzen im Rahmen der Rostocker Studie ist eine systematische wissenschaftliche Erforschung zum "Missbrauchskomplex Odenwaldschule" ausgehend von der umfangreichen schriftlichen Überlieferung bislang ein Desiderat. Was nun aber kann die Archivüberlieferung für die Missbrauchsforschung leisten? Zu welchen Punkten der "Ermöglichungsstrukturen" des Missbrauchs erscheint es erfolgversprechend, die Überlieferung in Archiven (bzw. Registraturen) als Primärquellen zu nutzen? Hierzu bedarf es eines kurzen Hinweises, der vielen Archivnutzer/innen weder geläufig noch unmittelbar eingängig ist: Öffentliche Archive organisieren das bei ihnen bewahrte Kulturgut typischerweise nicht nach Sachbetreffen (Pertinenzprinzip), sondern nach der Herkunft von einem bestimmten Schriftgutproduzenten (Provenienzprinzip), einer Stelle oder Person. So werden also z. B. alle Unterlagen, die bei einem bestimmten Schulamt entstanden und archivwürdig sind, in einem "Bestand", die einer Staatsanwaltschaft in einem anderen zusammengefasst. Ungeachtet der Tatsache, dass Suchfunktionen der Archivdatenbanken heute in aller Regel die Recherche über Bestände hinweg ermöglichen, empfiehlt sich stets auch die Suchstrategie ausgehend von der Frage: Welche Stellen, Behörden, Gerichte usw. standen denn im Kontakt mit der zu untersuchenden Einrichtung?

So kommen für die Frage der Aufarbeitung des Missbrauchs an der OSO neben dem Bestand N 25 (Odenwaldschule) eine Reihe weiterer Quellenkorpora in Betracht. Das Staatsarchiv Darmstadt hat – soweit erforderlich im Verbund und in Abstimmung mit anderen zuständigen Archiven – eine aktive Akquise entsprechender Unterlagen weiterer Stellen angestrebt, teils noch bevor diese Akten überhaupt "anbietungspflichtig" bzw. "archivreif" wurden (also vor Ablauf der Aufbewahrungsfristen), um die Quellengrundlage für die Aufarbeitung frühzeitig breit zu sichern. Bei Schulverwaltung, ehemaliger Schulaufsicht beim Regierungspräsidium Darmstadt und dem Hessischen Kultusministerium, bei den zuständigen Polizeibehörden, der Staatsanwaltschaft Darmstadt und einschlägigen Gerichten (z. B. dem Arbeitsgericht Darmstadt), Jugendämtern, dem Amt für Versorgung und Soziales Darmstadt sowie Finanzbehörden und weiteren Stellen wurde „proaktiv" nach dem dort noch vorhandenen Schriftgut zur OSO gefragt und dieses ggf. übernommen und erschlossen.

Darüber hinaus gilt es, die komplementäre Überlieferung in anderen Archiven, wie etwa dem Archiv der deutschen Jugendbewegung auf Burg Ludwigstein oder dem Archiv der Bibliothek für Bildungshistorische Forschung (hier liegt u. a. der Nachlass Gerold Beckers) zu konsultieren. Die nachstehende Aufstellung zeigt exemplarisch, wie konkreten Themenfeldern archivische Quellengruppen zugeordnet werden können:

Thema	Archivquellen (Beispiele)
reformpädagogische Wurzeln	HLA HStAD O 37 (Nachlass Geheeb): > 2.000 Verzeichniseinheiten, ca. 40.000 Briefe
„Internatsfamilien" (◄-► Herkunftsfamilien), fehlende professionelle Nähe-Distanz-Regulation, Abhängigkeitsstrukturen	HLA HStAD N 25 (Odenwaldschule): > 2.000 Schülerakten allein für 1960 bis 1990, u. a. Korrespondenz mit Eltern, Familienberichte, Fotografien
Qualifikation der Mitarbeitenden/ mangelnde pädagogische bzw. therapeutische Korrespondenz, bündische Hintergründe, Abhängigkeitsstrukturen	HLA HStAD N 25 (Odenwaldschule): ca. 300 Personalakten und Sammelakten zu Mitarbeitenden allein für 1960 bis 1990, Vor- und Nachlässe
pädagogisches Konzept, Reformrhetorik, Inszenierung als elitäre Alternativschule, Erosion verbindlicher Regeln	HLA HStAD N 25 (Odenwaldschule): Akten zur pädagogischen Grundkonzeption, Öffentlichkeitsarbeit, Unterrichtsplanung, -protokolle, Heim- und Hausordnungen
Unterstützungsnetzwerke, Vertrauensvorschuss	HLA HStAD N 25 (Odenwaldschule): Gästebücher, Besucherkorrespondenz, Korrespondenz mit der Vereinigung der Landerziehungsheime, der Fédération Internationale des Communautés Education, Schülerakten
mangelnde Kontrolle / Aufsicht	(auch) in HLA HStAD N 25: Konferenzprotokolle, Akten vom Trägerverein oder von Trägervereinen, Betriebsrat, Schulparlament, Vertrauensrat, Elternbeirat, Altschülerverein, Korrespondenzen mit dem Kultusministerium, dem Regierungspräsidium Darmstadt, Jugend- und Schulämtern (auch in Schülerakten) usw., ebenso die Gegenüberlieferung dieser Stellen

Diese Auswahlliste kann nur ansatzweise verdeutlichen, welches Potential für die Missbrauchsforschung zur Odenwaldschule noch in der archivischen Überlieferung steckt, wenn man sich dieser quellenkritisch unter Beachtung von Entstehungskontext, Intention, Adressat*innen, Wirkungsgeschichte usw. nähert. Dies soll im Folgenden am Beispiel der Berliner Schüler*innen an der OSO im Zeitraum 1945 bis 2015 und zwar anhand einer quantitativen Methode vorgestellt werden.

6. Strukturanalyse am Beispiel Berliner Schüler/innen an der Odenwaldschule 1945 bis 2015

Warum Berlin? Im Februar 2021 veröffentlichten Iris Hax und Sven Reiß ihre „Vorstudie" zu „Programmatik und Wirken pädosexueller Netzwerke in Berlin". Diese im Auftrag der Unabhängigen Kommission zur Aufarbeitung sexuellen Kindesmissbrauchs entstandene Publikation[15] ergänzt methodisch und in der thematischen Breite die Forschungen, welche die Berliner Senatsverwaltung seit 2016 mit dem Schwerpunkt zum Themenkomplex „Kentler Experiment" in (West-)Berlin in Auftrag gegeben hat.[16] Der Stadtstaat Berlin darf mithin als ein zentraler Untersuchungsraum aktueller Missbrauchsforschung gelten. Die genannten Studien haben – nachvollziehbarerweise – im ersten Zugriff die Überlieferung in Berliner Archiven und Behördenregistraturen zugrunde gelegt. Der vorliegende Beitrag richtet gleichsam einen komplementären Blick vom „Tatort Odenwaldschule" auf Berlin. Aus der Perspektive der „Vorzeigeschule der Reformpädagogik" in Ober-Hambach war (West-)Berlin eine räumlich – und im Untersuchungszeitraum bis 1989/1990 durch die innerdeutsche Grenze noch umso mehr entfernte – Großstadt.

---

15 Hax, Iris / Reiß, Sven, Vorstudie. Programmatik und Wirken pädosexueller Netzwerke in Berlin – eine Recherche, hg. von der Unabhängigen Kommission zur Aufarbeitung sexuellen Kindesmissbrauchs, Berlin 2021, https://www.aufarbeitungskommission.de/wp-content/uploads/Vorstudie_Programmatik-und-Wirken-paedosexueller-Netzwerke_Auarbeitungskommission.pdf (3.2.2022).

16 Eine erste von der Berliner Senatsverwaltung beauftragte Studie entstand 2016 bis 2018 am Institut für Demokratieforschung der Georg-August-Universität Göttingen vgl. http://www.demokratie-goettingen.de/forschung/projekte/helmut-kentler (3.2.2022); vgl. hierzu auch: Nentwig, Teresa / Feesche, Hanna / Isele, Sören, Die Unterstützung pädosexueller bzw. päderastischer Interessen durch die Berliner Senatsverwaltung. Am Beispiel eines „Experiments" von Helmut Kentler und der „Adressenliste zur schwulen, lesbischen & pädophilen Emanzipation". Studie im Auftrag der Berliner Senatsverwaltung für Bildung, Jugend und Wissenschaft, Göttingen 2016. Mit einem Folgeprojekt seit 2019 wurden sodann die Institute für Sozial- und Organisationspädagogik sowie für Allgemeine Erziehungswissenschaft an der Universität Hildesheim beauftragt; vgl. Baader, Meike S. / Oppermann, Carolin / Schröder, Julia / Schröer, Wolfgang, Ergebnisbericht. „Helmut Kentlers Wirken in der Berliner Kinder- und Jugendhilfe", Hildesheim 2020, https://docplayer.org/188400729-Meike-s-baader-carolin-oppermann-julia-schroeder-wolfgang-schroeer-ergebnisbericht-helmut-kentlers-wirken-in-der-berliner-kinder-und-jugendhilfe.html (3.2.2022).

Gleichwohl besuchten in den 70 Jahren zwischen dem Ende des Zweiten Weltkriegs bis zur Schließung der Odenwaldschule 2015 insgesamt mindestens 156 Schüler/innen, deren (erziehungsberechtigte) Eltern(teile) ihren Hauptwohnsitz in Berlin hatten, die Internatsschule in Ober-Hambach.[17] Legt man – vorwegnehmend – eine durchschnittliche Verweildauer „der Berliner*innen" von rund drei Schuljahren an der Odenwaldschule zugrunde, so waren also im Schnitt sechs bis sieben „Berliner*innen" gleichzeitig im dortigen Internat, entsprechend rund 3 % der Schüler/innen.

Die Leitfragen unter dem Blickwinkel des Tagungsthemas liegen auf der Hand: Welche Rolle spielten Berliner Behörden, v. a. Bezirks- bzw. Jugendämter, Schulen und Einrichtungen oder auch einzelne Mitarbeitende bei der Vermittlung von Kindern und Jugendlichen an die Odenwaldschule? Ergeben sich Hinweise auf personale Netzwerkstrukturen zwischen Akteuren in Berlin und Ober-Hambach? Aus welchen privaten Verhältnissen und sozialen Strukturen stammten die Schüler/innen? Inwieweit waren im Sinne eines Gefährdungspotenzials die Berliner Heranwachsenden in „Internatsfamilien" untergebracht, deren „Familienoberhäupter" inzwischen als „Haupttäter" identifiziert sind?

Wenn sich der folgende Abschnitt im Wesentlichen quantifizierend diesen Leitfragen zuwendet, so ist es dem Verfasser umso wichtiger, an dieser Stelle zu betonen, dass es hier selbstverständlich nicht darum geht, individuelle Erlebnisse und auch Missbrauchserfahrungen Betroffener „auf Zahlen zu reduzieren", in das Korsett einer „Kollektivbiografie" zu zwängen, zu entpersonalisieren oder in irgendeiner Weise zu relativieren.

Ausgangspunkt der Untersuchung sind die überlieferten Karteien über die Schüler/innen, wobei hier drei Serien mit zeitlichen Überschneidungen vorliegen.[18] Zu der Mehrzahl der Schüler/innen befinden sich im Bestand auch Schüler/innenakten, die für diese Studie im Einzelfall zur Klärung von Detailfragen herangezogen wurden.

---

17 Zentrale Quelle für die Ermittlung der Berliner Schüler/innen an der Odenwaldschule bildeten die Schülerkarteien HStAD N 25 Nr. 10610 (älteste Schicht im Untersuchungszeitraum, wohl mit den ersten Zugängen nach 1945 begonnen; auf diesen Karteien wurden die „Internatsfamilien" „überschrieben", sodass die Karte einigermaßen zuverlässig nur die letzte Zugehörigkeit zu einer Internatsfamilie abdeckt); HStAD N 25 Nr. 10611 (offenbar während der 1970er Jahre begonnen und bis zu den Eintritten der 1980er Jahre fortgeführt); HStAD N 25 Nr. 12701–12705 (Eintritte ca. 1960–2010). Erfasst wurden Personen, für die auf den Karteien als Wohnsitz der Eltern bzw. eines Elternteils eine Berliner Adresse angegeben wurde. In wenigen Aufnahmefällen änderte sich die Anschrift während des Schulbesuchs zu einem neuen Wohnort außerhalb Berlins. Ergänzend zu den Karteien sind auch die Schülerakten hinzuziehen, wobei insbesondere die Erschließungsinformationen über die zuvor besuchten Schulen einen gezielten Zugriff erlauben (erwartungsgemäß zuverlässiger jedenfalls als der Geburtsort).
18 Vgl. Anm. 17.

Es bot sich an, den Untersuchungszeitraum in drei Abschnitte zu gliedern, in dessen Mittelpunkt die beiden Jahrzehnte 1965 bis 1985 stehen, von den ersten bekannten Missbrauchsfällen aus der Zeit der Schulleitung Walter Schäfers (1962–1972) bis zum Ausscheiden des „Haupttäters" Gerold Becker (Schulleiter 1972–1985).

Folgende Befunde sind festzuhalten: Die Odenwaldschule war, wertet man die überlieferten Schüler/innenakten über die gesamte Zeit ihres Bestehens aus, eine (auch betreffend die Zusammensetzung der Schüler/innenschaft) männlich dominierte Einrichtung (das Verhältnis von Schülern zu Schülerinnen betrug etwa 2 : 1).[19] Ähnlich ist das Bild auch für die Berliner Internatsschüler/innen: Zwar gab es in den beiden Jahrzehnten nach Ende des Zweiten Weltkriegs, also v. a. unter der Leitung von Minna Specht und Kurt Zier einen leichten „Frauenüberschuss", das Blatt wendete sich nach 1965 allerdings grundlegend. Im Zeitraum 1965 bis 1985 waren 70 % der Berliner Schulbesucher/innen Jungen/ junge Männer, nach 1986 bis zur Schließung immerhin noch 58 %.

Eintritts-jahr	Personen insgesamt	davon männlich	in % (m)	davon weiblich	in % (w)
1945–1964	41	19	46	22	54
1965–1985	56	39	**70**	17	**30**
1986–2010	59	34	58	25	42
Summe	156	92	59	64	41

Das durchschnittliche Eintrittsalter der Berliner Schüler/innen verschob sich in den sechs Jahrzehnten tendenziell nach oben. In bemerkenswerter Zahl kamen von 1945 bis 1985 schon Kinder im Alter von unter 12 Jahren (1945 bis 1964: 13; 1965 bis 1985: 11) „aus dem fernen Berlin" an die Odenwaldschule. Geht man von einer besonders hohen Gefährdung für sexualisierte Gewalt gegen Kinder in den Alterskohorten der bis 15-Jährigen aus, so entfallen darauf im Zeitraum 1965 bis 1985 insgesamt 40, im Intervall 1986 bis 2010 32 Personen; bei den als 16- und 17-Jährigen in die OSO gekommenen Schüler/innen sind es 1965 bis 1985 weitere 13, 1986 bis 2010 20 Personen.

---

19 Im Rahmen einer Lehrveranstaltung an der Technischen Universität Darmstadt im Sommersemester 2018 unter dem Titel: Rettung und Hölle: Odenwaldschule – „Reformpädagogische Vorzeigeeinrichtung" und „Tatort systematischen Kindesmissbrauchs" werteten Studierende rund 3.500 Datensätze zu Schülerakten der Erschließungsdatenbank nach ausgewählten Kriterien aus. Ihnen dankt der Verfasser für diese Gesamtzahl.

Möglichkeiten und Grenzen der Auswertung von Archivgut

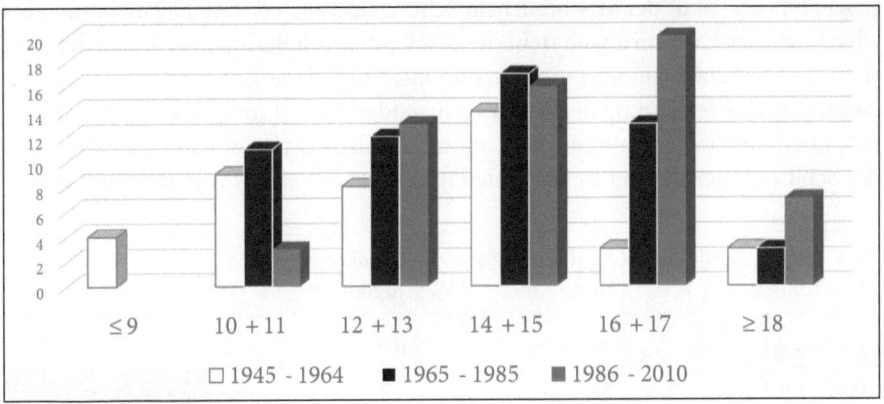

Abb. 1: *Alter der Schüler/innen aus Berlin beim Eintritt in die Odenwaldschule (x-Achse: Alterskohorte; y-Achse: Anzahl Schüler/innen).*

Aufschlussreich ist die Verknüpfung von Eintrittsalter und Verweildauer; zwar nimmt erwartungsgemäß mit höherem Eintrittsalter die Verweildauer ab, aber es sticht schon hervor, dass gerade im Zeitraum 1965 bis 1985 die Kinder, die im Alter zwischen zehn und 13 Jahren an die OSO kamen, signifikant länger an der Internatsschule blieben, als ihre Altersgenossen in den Jahrzehnten davor und danach: die Zehn- und Elfjährigen knapp sieben Jahre, die Zwölf- und 13-Jährigen knapp 4,5 Jahre. Zwischen 1945 und 1964 waren es bei beiden Alterskohorten gut drei Jahre, 1986 bis 2010 weniger als drei Jahre.

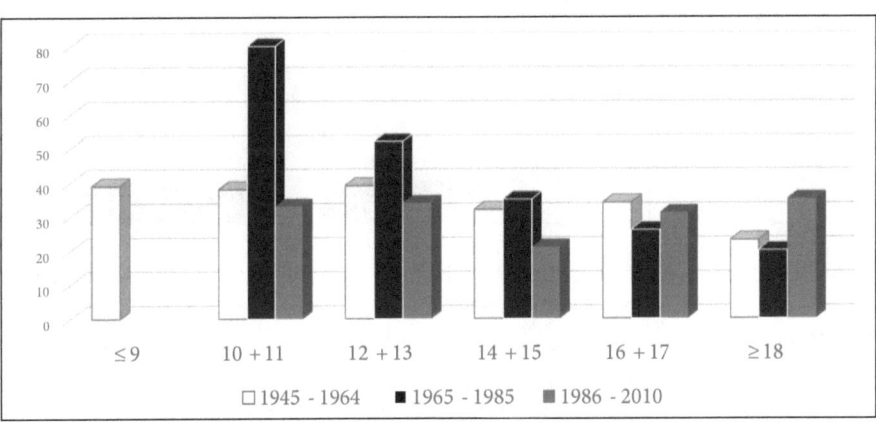

Abb. 2: *Verweildauer der Schüler/innen aus Berlin an der Odenwaldschule (x-Achse: Alterskohorte; y-Achse: Monate).*

Johannes Kistenich-Zerfaß

Besonders im Fokus der Missbrauchsforschung und auch der Aufklärung individueller Missbrauchserfahrungen steht die Beteiligung von Berliner Stellen an der Vermittlung von Schüler/innen (auch) an die Odenwaldschule. Zunächst einmal fällt ins Auge, dass die Beteiligung der Bezirks-/ Jugendämter erst im Zeitabschnitt 1965 bis 1985 überhaupt in Erscheinung tritt,[20] dann freilich direkt bei einem knappen Drittel der Schüler/innen aus Berlin; der Anteil im Zeitraum 1986 bis 2010 steigt auf 53 %.

Beteiligung Berliner Jugendämter	Schüler*innen insgesamt	davon mit Jugendamt	in %
1945–1964	41	0	0
1965–1985	56	17	30
1986–2010	59	31	53

An dieser Stelle ist eine detailliertere Betrachtung lohnenswert: Demnach setzte die Zusammenarbeit mit Berliner Bezirks-/ Jugendämtern unter der Schulleitung von Walter Schäfer – zeitlich parallel zu den ersten aktenkundigen Missbrauchsfällen an der OSO – ein, wurde dann während der Leitung Gerold Beckers signifikant ausgebaut und – abgesehen von einem „Einbruch" in den Jahren unmittelbar nach dem Mauerfall – noch über die „Ära" Wolfgang Harder (Schulleiter 1985–1999) bis in die Zeit der Leitung Whitney Sterlings (1999–2007) hinein fortgesetzt.

Beteiligung Berliner Jugendamt (JA)	1965-1969	1970-1974	1975-1979	1980-1984	1985-1989	1990-1994	1995-1999	2000-2004	2005-2009
Neuschüler	9	14	6	22	16	13	19	9	7
davon mit JA	1	2	2	10	10	4	12	7	0
in %	11	14	33	46	63	31			0

Dahinter stand auch ein erhebliches wirtschaftliches Interesse der OSO, bot ihr die Finanzierung seitens der öffentlichen Stellen, wie in unserem Beispiel der Berliner Senatsverwaltung, verlässliche Einkünfte und schuf eine gewisse Unabhängigkeit von den schwankenden Schulgeldzahlungen der Eltern.

Differenziert man weiter und betrachtet nur die Alterskohorte der Zehn- bis 15-Jährigen so erweisen sich die Zeiträume 1980 bis 1989 sowie 1995 bis 1999 als

---

20 HStAD N 25 Nr. 12701–12705, 4405, 4122, 4148, 4153, 4630, 4631, 4650, 5203, 5292, 5323, 5405, 5427, 5519, 5580, 5585, 8148.

Möglichkeiten und Grenzen der Auswertung von Archivgut

Hochphasen; sämtliche neun Schüler/innen, die 1985 bis 1989 aus Berlin an die Odenwaldschule kamen, waren durch Bezirks-/ Jugendämter vermittelt, neun von zehn im Jahrfünft 1995 bis 1999.

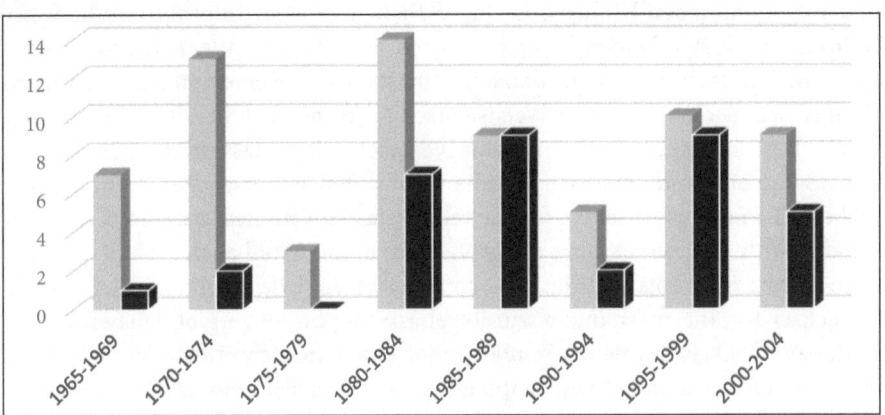

Abb. 3: Beteiligung von Berliner Bezirks-/ Jugendämtern (JA) beim Wechsel von Schüler/innen im Alter von 10 bis 15 Jahren aus Berlin an die Odenwaldschule.

Es fällt auf, dass einzelne Bezirks-/ Jugendämter, teilweise auch einzelne Mitarbeitende in den Stellen, besonders häufig als „Vermittler" in Erscheinung traten; es waren (in alphabetischer Folge) hauptsächlich die Ämter in Charlottenburg, Friedrichshain, Kreuzberg, Steglitz, Tempelhof und Wilmersdorf. Mit geringeren Fallzahlen, die teilweise darauf zurückzuführen sind, dass die Ostberliner Bezirke erst nach der Wende in Betracht kamen, folgen die Bezirke Mitte, Neukölln, Pankow, Schöneberg, Spandau, Tiergarten und Zehlendorf.

Das Archivmaterial erlaubt ferner einen Einblick in die familiären Verhältnisse der Kinder und Jugendlichen. Im Zeitraum 1965 bis 1985 stammten mindestens knapp zwei Dritteln (63 %), im Zeitraum 1986 bis 2010 immerhin noch mindestens 44 % der Schüler/innen aus Familien, deren Eltern getrennt lebten, geschieden waren, ein Elternteil alleinerziehend war bzw. allein das Sorgerecht hatte. Schaut man auf die Berufe der Eltern, so stellen während der Einschulungsjahre 1965 bis 1985 künstlerische Berufe und Tätigkeiten im Kulturbereich die Hauptgruppe, gefolgt von Lehrer/innen, Pädagog/innen, Sozialarbeiter/innen und Erzieher/innen, dann Professor/innen und Hochschuldozent/innen sowie Ärzt/innen, einschließlich Psycholog/innen und Therapeut/innen. Die letztgenannte Gruppe machte im Zeitraum 1986 bis 2010 den Hauptanteil aus, gefolgt von den pädagogischen Berufen, dann den kulturell-künstlerischen. Die Elternhäuser waren also einerseits stark akademisch, andererseits stark kreativ-künstlerisch geprägt, wobei sich gerade die zweite Gruppe – auch in den Akten ablesbar – durch häufigen Wechsel des Arbeits- und Wohnorts auszeichnete.

Neben die „natürliche" Familie trat mit dem Wechsel zur Odenwaldschule die Internatsfamilie als neue Gemeinschaft hinzu. Diese „Familienstrukturen" an der OSO wandelten sich im Untersuchungszeitraum deutlich. Die Zuordnung eines neu aufgenommenen Kindes oder Jugendlichen zu einer Internatsfamilie weist während der ersten beiden Jahrzehnte nach dem Zweiten Weltkrieg eine signifikant höhere Stabilität auf als danach. Für eine ganze Reihe von Schüler/innen, die das Grundschulalter beim Wechsel nach Oberhambach bereits überschritten hatten, lässt sich im Zeitfenster 1945 bis 1965 nachweisen, dass sie ihre Schulzeit an der OSO in ein- und derselben Familie verbrachten, äußerst selten mehr als einmal die „Familie" wechselten. Solche relativ „festen Familienstrukturen" wurden seit der Mitte der 1960er Jahre die große Ausnahme. Wohl auch als Teil des „pädagogischen Konzepts" wurde der – nicht selten mit jedem Schuljahr erfolgende – Wechsel der „Internatsfamilie" zur Regel. Für 1965 bis 1985 ergibt sich bei den aus Berlin zur OSO gekommenen Schüler/innen eine durchschnittliche Verweildauer in einer „Internatsfamilie" von knapp 17 Monaten, bei den zwischen 1986 und 2010 eingetretenen Kindern und Jugendlichen von etwas mehr als 15 Monaten. Von den zwischen 1965 und 1985 nach Ober-Hambach Gewechselten sahen sich acht von 56 Personen (14,3 %) sogar mehr als fünfmal in ihrer dortigen Schullaufbahn mit einem Wechsel der „Internatsfamilie" konfrontiert, zwischen 1986 und 2010 waren es nur noch zwei von 59 (3,3 %).

Betroffene sexualisierter Gewalt an der Odenwaldschule berichten, wie Zugehörigkeit und Ausgrenzung zur „Internatsfamilie" Teil des „Missbrauchssystems" waren. Insofern wurde abschließend auch geprüft, inwieweit aus Berlin an die OSO gewechselte Schüler/ihnen in „Internatsfamilien" der als „Haupttäter" identifizierten Personen lebten.[21] Aus dem Zeitraum 1965 bis 1985 ist dies für 15 der 56 Personen (27 %) belegt, davon zwölf Schüler und drei Schülerinnen;[22] in einem Fall ist die Unterbringung in „Internatsfamilien" gleich zweier „Haupttäter" nachzuweisen. Schaut man auf das Alter der Kinder zu dem Zeitpunkt, in dem sie in diese „Tatort-Familien" kamen, so waren elf Kinder im Alter zwischen elf und fünfzehn Jahren, ein Schüler 16 Jahre und drei Personen 17 Jahre alt.

7. Hinweise zur Netzwerkanalyse

Der Abgleich der Akten zu Schüler/innen, für die eine Beteiligung der Berliner Bezirks-/ Jugendämter bzw. einzelner Mitarbeitenden nachzuweisen sind, im Bestand Odenwaldschule des Hessischen Staatsarchivs Darmstadt mit den Akten der Berli-

---

21 Brachmann u. a., Tatort Odenwaldschule, Kap. 3.2–3.6. Im Aufarbeitungsprozess zur Odenwaldschule ist ein weitaus größerer Personenkreis an (Mit-)Täter*innen und Mitwisser*innen den Fokus genommen worden.
22 HStAD N 25 Nr. 4099, 4122, 4153, 4236, 4265, 4332, 4450, 4544, 4551, 4604, 4759, 5518, 5585, 7793, 7937, 8165, 10610, 12206.

Möglichkeiten und Grenzen der Auswertung von Archivgut

ner Senatsverwaltung (v. a. Landesjugendamt, Bezirksjugendämter sowie Heimakten wie z. B. zum Haus Tegeler See) erscheint ein lohnenswerter Forschungsansatz zu sein, der ausgehend vom Projekt „Aufarbeitung – Jugendhilfe Berlin – Kentler" aktuell von Forscher/innen des Instituts für Sozial- und Organisationspädagogik an der Universität Hildesheim vertiefend verfolgt wird.[23] Mit einer auffälligen Häufung von Nennungen fällt ferner eine weitere Einrichtung in Berlin auf, von der aus Kinder an die Odenwaldschule wechselten: die Königin-Luise-Stiftung in Berlin-Dahlem mit ihren Schulen und einem Internat.[24] Das Archiv der Königin-Luise-Stiftung wird seit 2006 als Auftragsarbeit durch einen Dienstleister bearbeitet.[25]

Weiterhin ist augenfällig, wie seit der zweiten Hälfte der 1960er Jahre bis in die zweite Hälfte der 1980er Jahre hinweg führende, in Berlin lebende und/ oder arbeitende, exponierte Erziehungswissenschaftler/innen und Pädagog/innen eigene Kinder an die Odenwaldschule schickten oder aktiv in ihrem (Berliner) Bekanntenkreis dafür warben, Kinder der dortigen Internatsschule anzuvertrauen. Beides trifft beispielsweise auf Prof. Hellmut Becker (1913–1993, 1963 Mitbegründer des Max-Planck-Instituts für Bildungsforschung in Berlin) zu;[26] Namen weiterer Erziehungswissenschaftler/innen unterliegen noch archivrechtlichen Schutzfristen.[27]

Im Zuge der (Wieder-)Aufdeckung des Missbrauchs an der Odenwaldschule 2010 geriet auch Martin Bonhoeffer (1935–1989) in den Fokus.[28] Das Quellenmaterial im Bestand „Odenwaldschule" im Staatsarchiv Darmstadt erlaubt tiefgreifende Einblicke zu dessen Tätigkeit innerhalb der Berliner Senatsverwaltung bei der Vermittlung und „Betreuung" Berliner Kinder an der OSO.[29]

23 Vgl. https://www.uni-hildesheim.de/fb1/institute/institut-fuer-sozial-und-organisations paedagogik/forschung/ laufende-projekte/jugendhilfeberlin/ (26.4.2022).
24 HStAD N 25 Nr. 666, 4079, 4236, 4335, 8305. Zur Königin-Luise-Stiftung und der 1811 gegründeten Schule, vgl. https://de.wikipedia.org/wiki/K%C3%B6nigin-Luise-Stiftung (26.4.2022). Die Schule war seit 1956 keine reine Mädchenschule mehr, ist heute eine UNESCO-Projektschule. Zur Stiftung vgl. https://www.koenigin-luise-stiftung.de/ (26.4.2022).
25 Vgl. https://stiftungsarchive.de/archive/156 (26.4.2022); https://www.zeit-reisen.de/histo ry-marketing-referenzen/ (26.4.2022). 2020 erhielt der Verfasser die Auskunft, dass die Schülerakten – soweit aus den betreffenden Jahrzehnten noch vorhanden – bis dahin nicht in das Archivprojekt einbezogen waren. Ob es einen Bezug zwischen den Schulen der Königin-Luise-Stiftung und dem in Berlin-Dahlem wohnenden Prof. Hellmut Becker gab, ist noch nicht erforscht. Den Nachlass Hellmut Becker bewahrt das Geheime Staatsarchiv Preußischer Kulturbesitz in Berlin-Dahlem (GStA PK, VI. HA, Nl Becker, Hellmut) auf.
26 https://de.wikipedia.org/wiki/Hellmut_Becker (26.4.2022). HStAD N 25 Nr. 12216. Ein Beispiel, wie die Eheleute Becker in ihrem Bekanntenkreis für die Odenwaldschule warben, ist besonders eindrucksvoll in der Akte des Sohnes einer Berliner Künstlerfamilie nachvollziehbar vgl. HStAD N 25 Nr. 4220.
27 Vgl. z. B. HStAD N 25 Nr. 5200, 8256.
28 Vgl. https://de.wikipedia.org/wiki/Martin_Bonhoeffer (26.4.2022).
29 HStAD N 25 Nr. 3986, 4122, 4153, 4450. Zur Rolle Martin Bonhoeffers und den Beziehungen zum Berliner Senat vgl. auch Brachmann u. a., Tatort Odenwaldschule, 155, 220–244.

8. Ergebnisse

Die ungewöhnlich (umfang)reiche Archivüberlieferung zur Odenwaldschule eröffnet die Chance, mit diesem Korpus an „Primärquellen" verschiedene Methoden zu erproben und sich unterschiedlichen Fragestellungen der Aufarbeitungsforschung zu nähern. Der vorliegende Beitrag basiert im Wesentlichen auf einem quantifizierenden Ansatz, ausgehend von den vorhandenen, aussagekräftigen Karteien der Schüler/innen in Verbindung mit exemplarischer, vertiefender Auswertung von Schülerakten. Mit Fokus auf die besonders – wenngleich nicht ausschließlich! – nachgewiesenermaßen hohe Zahl an Missbrauchsfällen im Zeitraum 1965 bis 1985 wurden hier die nach Ende des Zweiten Weltkriegs bis zur Schließung der OSO mindestens 156 Schüler/innen aus Berlin untersucht, zumal diese Auswahl zugleich einen Baustein zu der aktuellen Forschung zum Thema Kindesmissbrauch in Berlin liefern kann.

In das Bild einer spätestens seit den 1960er Jahren männlich dominierten Schüler/innenschaft an der Odenwaldschule fügte sich im Zeitfenster 1965 bis 1985 die Anwesenheit von durchschnittlich etwa sechs bis sieben Berliner Internatsschüler/innen (70 % Jungen, 30 % Mädchen). Beim Eintritt in die OSO waren knapp drei Viertel der Schüler/innen 15 Jahre und jünger. Auffallend viele der mit zehn bis dreizehn Jahren 1965 bis 1985 an die OSO gekommenen Schüler/innen verbrachten die verbleibende Schulzeit (nahezu) komplett am Ober-Hambacher Internat und waren damit dem Missbrauchsrisiko teilweise über viele Jahre ausgesetzt. Dies mag in besonderer Weise für diejenigen gegolten haben, die ohne starke Bindung zum und Rückhalt im Elternhaus und dem sozialen Umfeld, in dem sie aufgewachsen waren, im Internat lebten: für die hohe Zahl an Schüler/innen, die auf Vermittlung der Bezirks-/ Jugendämter und einzelner Berliner Schulen/ Internate in die Odenwaldschule vermittelt wurden, ebenso für die ebenfalls hohe Zahl an Kindern, die aus – in der Sprache der damaligen Zeitgenossen – „prekären", „zerrütteten" Familienverhältnissen kamen, bei denen zuweilen das erziehungsberechtigte Elternteil berufsbedingt häufig selbst am Hauptwohnort Berlin abwesend war. Im Ober-Hambacher Internat waren die Kinder gerade zwischen 1965 und 1985 fast jährlichen Wechseln ihrer „Internatsfamilien" unterworfen, nicht selten mehr als fünfmal in ihrer dortigen Schulzeit. Mehr als ein Viertel der Berliner Schüler/innen, die zwischen 1965 und 1985 in die OSO aufgenommen wurden, lebte zumindest vorübergehend in einer „Internatsfamilie" eines heute als „Haupttäter" identifizierten „Familienoberhaupts"; zöge man die weiteren zwischenzeitlich genannten Mitwisser/innen und (Mit-)Täter/innen hinzu, ergäbe sich ein noch weit dramatischeres Bild.

Angesichts dessen verstört es heute, in welchem Ausmaß gerade in diesem „Haupttatzeitraum", auch renommierte Wissenschaftler/innen aus den Bereichen Bildung, Erziehung, Pädagogik nicht nur eigene Kinder der Odenwaldschule anvertrauten, sondern auch aktiv weitere Kinder aus ihrem gesellschaftlichen Bekann-

Möglichkeiten und Grenzen der Auswertung von Archivgut

tenkreis dorthin vermittelten. So mag abschließend die auszugsweise Schilderung aus einer Schüler/innenakte Anstoß geben, das dort Genannte im Licht der heute bekannten Fakten zum „Missbrauchskomplex Odenwaldschule" einzuordnen:[30] Um die Jahreswende 1967/68 bemühte sich ein renommierter, in zweiter Ehe mit einer Malerin verheirateter, pensionierter Musiker um die Aufnahme seines zehnjährigen Sohnes in die Odenwaldschule, da ein Umzug der Eheleute nach Südfrankreich anstand. Die Eltern schildern im Schreiben an die OSO ihren Sohn folgendermaßen: N.N. habe aufgrund massiver gesundheitlicher Probleme einen Teil der frühen Kindheit in Kliniken verbracht, was zu einer Traumatisierung geführt habe. Er wuchs teilweise bei der Mutter eines Studenten des Vaters auf, weil die Eltern sich aufgrund beruflicher Belastungen nicht entsprechend um das Kind kümmern konnten. Im Schulunterricht bekam er Schläge; hinzu kam ein vierteljähriger Aufenthalt in einem Kinderheim, wohin er sich schließlich Weihnachten 1965 weigerte zurückzukehren. Seitdem lebte er zeitweise beim Vater in Süddeutschland, zeitweise bei der Mutter in Berlin. In der Berliner Grundschule litt der Sohn

> „unter gang-artigen Gruppen. Erwachsene beschäftigen ihn viel mehr als Gleichaltrige. Er liebt den Umgang mit männlichen Twens. Sie werden zu Vorbildern und sind ‚so lustig'. [... N.N.] sollte in einer Schulfamilie leben, die eine ´junge´ männliche Persönlichkeit leitet, denken wir. Vielleicht braucht er aber auch immer die Wärme einer Frau. [...] Wie ein vierwöchentlicher, glücklicher Aufenthalt bei den Freunden Hellmut [...] Becker erwies, kann sich N.N. mühelos in eine Gemeinschaft einfügen. [...] Unser Kind kann sich sehr verschliessen, aber es hat ein ausgeprägtes Zärtlichkeitsbedürfnis. [...]. Bei Beckers in Dahlem war er glücklich, weil er ‚nie allein' war. [...] Unser Eindruck vom Geist der Odenwaldschule und der Rat Professor Beckers und seiner Frau bestimmen uns, um Aufnahme in diese einzigartige Pädagogische Provinz zu bitten."

Bei einem Besuch der Odenwaldschule hatte der Vater ein Konzert gegeben und war dabei mit dem Musiklehrer Wolfgang Held (1924–2006), einem der „Haupttäter" sexualisierter Gewalt gegen Kinder an der OSO,[31] in Austausch gekommen, mit dessen Lebenspartner und Adoptivvater Wolfgang Fortner wiederum den pensionierten Musiker schon eine lange Bekanntschaft verband. Am 17. Januar 1968 setzte sich Hellmut Becker in einem Schreiben an den Schulleiter Dr. Walter Schäfer nochmals persönlich für eine schnelle Aufnahme von N.N. in die OSO ein. Prompt eröffnete sich bereits im Februar die Möglichkeit. N.N. kam zunächst – wie für Kinder im „Grundschulalter" üblich – ins Pestalozzihaus. Anfang Oktober 1968 sah sich Schäfer gezwungen, wie auch andere Eltern die des N.N. über das „sittenwidrige Verhalten"

---

30 Die folgende Schilderung (samt der zitierten Passagen, soweit nicht anders angegeben) beruht auf HStAD N 25 Nr. 4220.
31 Brachmann u. a., Tatort Odenwaldschule, 60–96. Zur Beziehung Fortner – Held vgl. https://de.wikipedia.org/wiki/Wolfgang_Fortner (27.4.2022).

eines Erziehers zu informieren (gemeint ist der „Haupttäter" Gerhardt Trapp,³² in dessen zeitlichem Kontext auch erste Vorwürfe gegen den Musiklehrer Wolfgang Held erhoben wurden), der die Kinder zu „missdeutbare[n], aber auch eindeutige[n] körperliche[n] Berührungen provoziert" hatte.³³ Die Reaktion der Eltern von N.N. sind bezeichnend ähnlich wie die anderer Eltern betroffener Schüler/innen:

> „Sehr geehrter Herr Dr. Schäfer, empfangen Sie unseren herzlichen Dank für die offenherzige, klare Information über den von Ihnen beim Namen genannten Vorfall, der bedauerlich auch deshalb ist, weil er zum Verlust eines an sich wertvollen Menschen und Lehrers geführt hat. Wir sind der Meinung, es hätte eine solche Angelegenheit nicht loyaler, humaner und vom Standpunkt etwa Betroffener aus gesehen, fürsorglicher behandelt werden können. Mit besonderer Hochachtung grüssen Sie […]."

Im Oktober 1969 berichtete Gerold Becker, seinerzeit noch nicht Schulleiter, an den Vater von N.N.:

> „Wir möchten nicht versäumen Sie von folgendem, an sich wohl bedeutungslosem Ereignis in Kenntnis zu setzen. Ihr Sohn hat zusammen mit einigen Klassenkameraden auf der Wanderschaft in der Eisenbahn einen jungen Mann kennengelernt, der anscheinend etwas phantastische Geschichten erzählt, die Adressen der Kinder erbeten und versprochen hat, ihnen größere Mengen Micky-Maus-Hefte zuzuschicken. Es sind nun Briefe von diesem Mann an Ihren Sohn und seine Kameraden eingetroffen, die die Kinder uns gezeigt haben. Diese Briefe machen vor allem einen etwas wirren, aber besonders im Ton und Stil doch auch etwas unangenehmen, bzw. zweideutigen Eindruck. Wir haben daraufhin diesem jungen Mann einen Brief geschrieben, in dem wir uns jeden Versuch seinerseits, irgendeinen Kontakt zu irgendeinem unserer Schüler aufrechtzuerhalten oder herzustellen, strengstens verboten haben. Mit Ihrem Sohn und seinen Kameraden haben wir diese Vorsichtsmaßnahme besprochen und sind dabei, glaube ich, auf Verständnis gestoßen. Wir wollen einem Unbekannten kein Unrecht tun, aber ich denke, Sie sind mit uns der Meinung, es ist gerade in diesen Dingen besser, etwas mehr Vorsicht als etwas zu wenig walten zu lassen."

1970 korrespondieren Becker und der Vater des N.N. „über die betrüblichen Haschisch-Vorfälle, die ja nun noch um einen Heroin-Vorfall vermehrt worden sein sollen", im Januar 1973 informiert Becker die Mutter, die Versetzung von N.N. im Sommer sei gefährdet, im April 1976 wird in einer Schulkonferenz protokolliert, N.N. habe unrechtmäßig ein Auto genutzt und sei damit nach Heppenheim gefahren, wobei im Wiederholungsfall der Schulausschluss drohe. N.N. blieb schließlich an der OSO und legte dort seine Abiturprüfung ab.

---

32 Brachmann u. a., Tatort Odenwaldschule, 38–59. Der Name des Lehrers bereits genannt bei Burgsmüller / Tilmann, Abschlussbericht, 6 und https://taz.de/Abschlussbericht-zu-Missbrauchsfaellen/!5130212/ (27.4.2022).
33 Das Schreiben u. a. überliefert in HStAD N 25 Nr. 4123; in Auszügen abgedruckt bei Brachmann u. a., Tatort Odenwaldschule, 39–40.

10.

Dokumente und Deutungen

Interpretationsprobleme anhand eines Fallbeispiels von sexuellem Kindesmissbrauch in Kärnten 1939

Christine Hartig,

Anhand der archivalischen Überlieferung zum Kleriker Franz Steinbach analysieren Christine Hartig und Nicole Priesching die methodischen Herausforderungen historischer Forschung zu sexueller Gewalt von Geistlichen. Dabei machen sie auf Interpretationsprobleme, Vorannahmen und Erwartungen aufmerksam, mit denen solch eine Forschung konfrontiert ist und zeigen dabei auf, wie solche Faktoren die Aussagekraft von Überlieferungen beeinflussen können. Großes Potenzial sehen sie in der Untersuchung solcher Einzelfälle für die Rekonstruktion von historischen Handlungsräumen.

1. Einleitung

Sexuelle Gewalt war bis in die 1970er Jahre hinein ein Forschungsdesiderat in der Geschichtswissenschaft, dem sich zunächst überwiegend feministische Historikerinnen zuwandten.[1] Dabei wurde nicht selten der männliche Sexualtrieb als ursächlich dargestellt und sexuelle Gewalt als anthropologische Konstante gedeutet.[2] Neue Impulse erhielt die Forschung ab Mitte der 1980er Jahre, als sich in der Geschichtsschreibung des Nationalsozialismus und des Holocaust das Verständnis von Täterschaft veränderte. Die Erkenntnis, so die Historikerin Veronika Springmann, „dass die Täter*innen aus der Mitte der Gesellschaft kamen, und keineswegs als pathologische Mörder oder Monster kategorisiert werden konnten, führte letztlich auch zu einer genaueren Analyse von Gewaltpraktiken."[3] Durch diese Neujustierung

---

1 Siehe zu einem Forschungsüberblick: Kerchner, Brigitte, „Unbescholtene Bürger" und „gefährliche Mädchen" um 1900. Was der Fall Sternberg für die aktuelle Debatte über den sexuellen Missbrauch an Kindern bedeutet, in: Historische Anthropologie. Kultur. Gesellschaft. Alltag 6 (1998), 1–32, 4.
2 Vgl. Hommen, Tanja, Körperdefinition und Körpererfahrung, ,Notzucht' und ,unzüchtige Handlungen an Kindern' im Kaierreich, in: Geschichte und Gesellschaft 26 (2000), 577–601, 577, Anm. 1.
3 Buggeln, Marc / Gudehus, Christian / Mailänder, Elissa / Springmann, Veronika, Debatte (Geschichtswissenschaften und Gewaltforschung): Weit mehr als die Gewalt selbst. Von

gewannen die situativen Bedingungen von Gewalt an Bedeutung und physische Gewalt wurde als „Form sozialen Handelns von Individuen"[4] betrachtet. So rückten zugleich die Wahrnehmung und Deutungen von Gewalt in den Fokus.

Dabei konnte gezeigt werden, dass „Gewalttat und Gewalterfahrung (...) klassenübergreifend Alltäglichkeit"[5] prägten. Vorstellungen von legitimer und illegitimer Gewalt in der Familie, in öffentlichen Räumen und in Institutionen beeinflussten die Ausübung, Akzeptanz, Hinnahme, Abwehr und Sanktionierung von Gewalt.[6] Daraus entwickelte sich Kritik an der Annahme, dass sexuelle Gewalt gegen Minderjährige über Jahrhunderte grundsätzlich toleriert und beschwiegen worden sei.[7] Eine historische Forschung zu sexueller Gewalt im Allgemeinen und gegenüber Kindern im Besonderen verspricht also Antworten darauf, „welche Formen von Gewalt eine Gesellschaft charakterisieren, welche Relevanz ihnen zugeordnet wird und wie sich diese Relevanzsetzungen verändern."[8] Arbeiten zu sexueller Gewalt dienten daher wiederholt als Sonden, um übergeordnete Fragestellungen, so zur öffentlichen Erziehung[9], zu Diskursen in Recht, Medizin und Theologie[10] sowie zu Geschlechterbeziehungen[11] zu erforschen.

In jüngster Zeit entstehen darüber hinaus historische Studien, die sexuelle Gewalt von Klerikern gegenüber Minderjährigen in den Blick nehmen.[12] Der Schwer-

---

der Notwendigkeit komplexer Definitionen, in: WerkstattGeschichte 83 (2021), 85–102, 87.
4 Loetz, Francisca, Sexualisierte Gewalt 1500–1850. Plädoyer für eine historische Gewaltforschung, Frankfurt am Main 2012, 9.
5 Lindenberger, Thomas / Lüdtke, Alf, Einleitung. Physische Gewalt – eine Kontinuität in der Moderne, in: dies. (Hg.), Physische Gewalt. Studien zur Geschichte der Neuzeit, Frankfurt am Main 1995, 7–38, 22.
6 Vgl. Kerchner, Brigitte, Körperpolitik. Die Konstruktion des ‚Kinderschänders' in der Zwischenkriegszeit, in: Hardtwig, Wolfgang (Hg.), Politische Kulturgeschichte der Zwischenkriegszeit 1918–1939, Göttingen 2005, 241–278.
7 Vgl. Hommen, Tanja, Sittlichkeitsverbrechen. Sexuelle Gewalt im Kaiserreich, Frankfurt am Main 1999, 170.
8 Loetz, Gewalt, 11. Siehe auch Oberländer, Alexandra, Unerhörte Subjekte. Die Wahrnehmung sexueller Gewalt in Russland 1880–1910, Frankfurt am Main, 2013, 10.
9 Vgl. Dudek, Peter, ‚Liebevolle Züchtigung'. Ein Mißbrauch der Autorität im Namen der Reformpädagogik, Bad Heilbrunn 2011. Nach 2010 sind eine Reihe von Forschungsarbeiten zu reformpädagogischen Einrichtungen entstanden: Heinemann, Rebecca, Im Zweifel für das Kind? Sexuelle Gewalt gegen Kinder und Jugendliche im Kaiserreich und in der Weimarer Republik, in: Gründer, Stefan / Raasch, Markus (Hg.), Zucht und Ordnung, Berlin 2019, 373–402, 374–375.
10 Vgl. Loetz, Gewalt / Heinemann, Zweifel / Lieske, Dagmar, Zwischen der Bagatellisierung sexueller Gewalt und drakonischen Strafen. Zum Umgang mit sexuellem Kindesmissbrauch im Nationalsozialismus, in: Aschmann, Birgit (Hg.), Katholische Dunkelräume. Die Kirche und der sexuelle Missbrauch, Paderborn 2022, 155–169; Kerchner, Kinderlügen.
11 Vgl. Hommen, Körperdefinition.
12 Siehe hierzu die Beiträge von Dominik Burkard, Wilhelm Damberg, Bernhard Frings, Thomas Großbölting, Klaus Große Kracht und Christine Hartig in: Aschmann (Hg.), Dunkelräume sowie Burkard, Dominik, Kirchlicher Umgang mit sexuellem Missbrauch durch Kleriker. Fragen, Probleme und Überlegungen aus kirchenhistorischer Sicht, in: Brodkorb,

Dokumente und Deutungen

punkt liegt auf der katholischen Kirche. Seit einer Vereinbarung der Deutschen Bischofskonferenz mit dem Unabhängigen Beauftragten für Fragen des sexuellen Kindesmissbrauchs[13] sind diese Forschungen überwiegend von der Kirche finanziert, werden aber von unabhängigen Wissenschaftler*innen durchgeführt. Die evangelische Nordkirche initiierte 2013 ein Aufarbeitungsprojekt, inzwischen hat sich die Forschung intensiviert.[14]

Für solche Forschungsaufträge hat sich innerhalb der Geschichtswissenschaft der Begriff der *Kommissionsforschung* etabliert oder, etwas salopper: Der ‚Aufarbeitungsforschung'. Aufarbeitung wurde von Adorno als Umgang der Zeitgenoss*innen mit einem vorangegangenen Unrechtsregime verstanden.[15] Es ging also um die Beschäftigung mit Menschenrechtsverletzungen nach einem politischen Umsturz. Heute wird diesbezüglich von *Transitional Justice* gespro-

Clemens / Burkard, Dominik (Hg.), Neue Aspekte einer Geschichte des kirchlichen Lebens. Zum 10. Todestag von Erwin Gatz (1933–2011), Regensburg 2021, 284–331; Frings, Bernhard / Großbölting, Thomas / Große Kracht, Klaus / Powroznik, Natalie / Rüschenschmidt, David, Macht und sexueller Missbrauch in der katholischen Kirche. Betroffene, Beschuldigte und Vertuscher im Bistum Münster seit 1945, Freiburg im Breisgau 2022; Großbölting, Thomas, Die schuldigen Hirten. Geschichte des sexuellen Missbrauchs in der katholischen Kirche, Freiburg im Breisgau 2022; Hartig, Christine, Jaegers Umgangsweisen mit Missbrauchstätern: Seelsorge, Tätersorge oder Institutionenschutz?, in: Priesching, Nicole / Pahlke, Georg (Hg.), Lorenz Jaeger als Seelsorger, Paderborn 2022 (im Erscheinen).

13 Vgl. Gemeinsame Erklärung über verbindliche Kriterien und Standards für eine unabhängige Aufarbeitung von sexuellem Missbrauch in der katholischen Kirche in Deutschland des Unabhängigen Beauftragten für Fragen des sexuellen Kindesmissbrauchs und der Deutschen Bischofskonferenz. Online verfügbar unter https://dbk.de/fileadmin/redaktion/diverse_downloads/presse_2020/2020-074a-Gemeinsame-Erklaerung-UBSKM-Dt.-Bischofskonferenz.pdf (20.11.2020).

14 Vgl. Bange, Dirk / Enders, Ursula / Ladenburger, Petra / Lörsch, Martina, Schlussbericht der unabhängigen Kommission zur Aufarbeitung von Missbrauchsfällen im Gebiet der ehemaligen Nordelbischen Evangelisch-Lutherischen Kirche, heute Evangelisch-Lutherische Kirche in Norddeutschland. Hamburg, Köln, Bonn, https://kirchegegensexualisiertegewalt.nordkirche.de/fileadmin/user_upload/baukaesten/Baukasten_Kirche_gegen_sexualisierte_Gewalt/Dokumente/Untersuchungsbericht.pdf (22.4.2022); Fehrs, Kirsten, Bericht zur Verantwortung und Aufarbeitung bei sexualisierter Gewalt in der evangelischen Kirche (2018), https://www.ekd.de/bericht-kirsten-fehrs-sexualisierte-gewalt-40324.htm (Datum fehlt); Teilprojekt A: Evangelische Spezifika: Kirche und Spezifika (Leitung Prof. Dr. Thomas Großbölting) des Forschungsverbunds „ForuM – Forschung zur Aufarbeitung von sexualisierter Gewalt und anderen Missbrauchsformen in der Evangelischen Kirche und Diakonie in Deutschland, https://f5.hs-hannover.de/forschung/forschungsverbund-forum/ (4.4.2022). Siehe ebenso: Kowalski, Marlene, Fallanalyse zum sexuellen Kindesmissbrauch in der evangelischen und katholischen Kirche, Berlin 2018, in: Unabhängige Kommission zur Aufarbeitung sexuellen Kindesmissbrauchs (Hg.), Geschichten, die zählen, Bd. 1: Fallstudien zu sexuellem Kindesmissbrauch in der evangelischen und katholischen Kirche und in der DDR, Wiesbaden, 9–168.

15 Vgl. Adorno, Theodor W., Was bedeutet: Aufarbeitung der Vergangenheit, in: Gesammelte Schriften, Bd. 10.2.: Kulturkritik und Gesellschaft 2: Eingriffe. Stichworte, Anhang, Frankfurt am Main 1977, 555–572.

chen. Beide Prozesse wurden und werden häufig von historischer Forschung begleitet. Der jeweilige Untersuchungsgegenstand ist in Debatten zu übergeordneten Themenbereichen wie Gerechtigkeit, Verantwortung und Anerkennung von Unrecht und Leid eingebettet. Ein wiederkehrendes Problem solcher Projekte ist die Spannung zwischen dem Wunsch nach individueller Gerechtigkeit und einem gesellschaftlichen Konsens, der einen Neuanfang ermöglicht.[16] Inzwischen existieren auch zahlreiche ‚Aufarbeitungsprojekte', die nicht Gesamtgesellschaften untersuchen, sondern staatliches Handeln gegenüber vulnerablen Gruppen sowie Gewalt in öffentlichen oder kirchlichen Einrichtungen.[17] So hat auch die Erforschung sexueller Gewalt in der katholischen Kirche wesentliche Impulse aus der Aufarbeitung von Gewalt gegen Kinder im Rahmen von Fremdunterbringung erhalten.[18] Bei diesen Forschungsaufträgen haben sich oft Fragestellungen etabliert, die eher der juristischen Disziplin entstammen: Taten, Beschuldigte, Betroffene und Sanktionen sollen, so auch die Erwartung der Öffentlichkeit, durch die Analyse von Einzelfällen möglichst präzise bestimmt und bemessen werden. Betroffene wollen wiederum *ihre Geschichte* verstehen und fragen, warum der*die Täter*in nicht zur Verantwortung gezogen wurde.[19] Die Expertise von Historiker*innen wird darin gesehen, hierfür ‚Faktenwissen' aus den Akten zu entnehmen.[20] Einer solchen Erwartungshaltung ist jedoch angesichts der bisherigen Forschung und ihrer Warnung, als Historiker*innen nicht in die Rolle von Detektiv*innen zu schlüpfen, um *die* historische Wahrheit zu vergangenen Taten und die Schuld oder Unschuld von Täter*innen zu ermitteln, mit Skepsis zu begegnen.[21] Die Archivarin Åsa Jensen und die Historikerin Johanna Sköld, die Entschädigungsprozesse von Minderjährigen in Fremdunterbringung begleitet haben, akzentuieren, dass historische Dokumente, die in einer bestimmten Zeit und zu einem bestimmten Zweck produziert wurden, keine Wahrheit im rechtlichen Sinn bereitstellen können.[22]

16 Vgl. Krüger, Anne K., Transitional Justice, Version: 1.0, in: Docupedia-Zeitgeschichte, 25.1.2013, http://docupedia.de/zg/Transitional_Justice (2.3.2022).
17 Vgl Ludi, Regula, Rezension zu: Unabhängige Expertenkommission Administrative Versorgungen (Hg.), Organisierte Willkür. Administrative Versorgungen in der Schweiz 1930–1981. Schlussbericht, Zürich 2019, in: H-Soz-Kult, 4.2.2020, www.hsozkult.de/publicationreview/id/reb-28954 (2.3.2022).
18 Vgl. Damberg, Wilhelm, Missbrauch. Die Geschichte eines internationalen Skandals, in: Aschmann (Hg.), Dunkelräume, 3–22, 4 und 11–12.
19 Siehe zur Rolle von Historiker*innen im Rahmen einer ‚Aufarbeitungsforschung' auch: Musgrove, Nell, The Role and Importance of History, in: Sköld, Johanna / Swain, Shurlee (Hg.), Apologies and the Legacy of Abude of Children in ‚Care', Basingstoke 2015, 147–158.
20 Vgl. Sköld, Johanna / Jensen, Åsa, Truth-Seeking in Oral Testimonies and Archives, in: Sköld / Swain (Hg.), Apologies and the Legacy, 159–171.
21 Vgl. Bingham, Adrian / Delap, Lucy / Jackson, Louise / Settle, Louise, Historical Child Sexual Abuse in England and Wales. The Role of Historians, in: History of Education 45 (2016), 411–429, 422.
22 Vgl. Sköld / Jensen, Truth-Seeking, 170.

Eine solche ‚Aufarbeitungsforschung' würde zudem zentrale Erkenntnismöglichkeiten einer historisch fundierten Gewaltforschung aus dem Blick verlieren, nämlich die Untersuchung von Deutungsweisen, Agency und Machtbeziehungen sowie von historischen Veränderungen.

Wir möchten die methodischen Herausforderungen, vor denen eine historische Forschung zu sexueller Gewalt von Geistlichen steht, anhand der vergleichsweise guten archivalischen Überlieferung zu dem Kleriker Franz Steinbach veranschaulichen. Dabei wollen wir ausloten, wie die Geschichtswissenschaft dazu beitragen kann, jene Faktoren zu untersuchen, die sexuelle Gewalt von Klerikern gegenüber Minderjährigen förderten und Aufklärung verhinderten. Zu Steinbach stehen jeweils eine Sonderakte und eine Personalakte aus zwei Diözesanarchiven, nämlich aus Gurk-Klagenfurt und Paderborn, zur Verfügung. Sein Lebensweg führte Steinbach 1939 nach einem Prozess wegen sexueller Gewalt gegen ein zehnjähriges Mädchen in seiner Heimatgemeinde Feldkirchen/Kärnten in der Diözese Gurk in die Bistümer Münster, Trier und Paderborn, wo er bis zu seinem Tod 1961 tätig war.[23] Unser Ziel ist es, anhand dieses Beispiels auf Interpretationsprobleme, Vorannahmen und Erwartungen aufmerksam zu machen, mit denen die historische Forschung zu sexueller Gewalt in der katholischen Kirche konfrontiert ist und zu zeigen, wie diese Faktoren die Aussagekraft der Überlieferung beeinflussen. Vor diesem Hintergrund erscheint es lohnend, in diesem Aufsatz nicht allein die Ergebnisse des Aktenstudiums zur Ahndung der Tat durch ein weltliches Gericht, zur weiteren Einbettung der Tat in das soziale Umfeld der Betroffenen und zu den kirchlichen Umgangsweisen mit dem Täter darzulegen, sondern auch Leerstellen, Unsicherheiten und Neuinterpretationen der Ereignisse durch Zeitgenoss*innen sowie durch die historische Forschung aufzuzeigen.

2. Die Vorgeschichte, die keine ist

Franz Steinbach, geboren 1887 in Hermeskeil (Trier) war der Sohn eines Schuhmachers. Das Gymnasium in Trier verließ er ohne Reifeprüfung und trat in den Missionsorden der Weißen Väter ein. 1913/14 studierte er zwei Semester Philosophie am Collegium Americanum in Löwen. Nach Ende des Ersten Weltkrieges wurde er im Oktober 1919 Schulbruder in Kirnach, entschloss sich aber 1926 Priester zu werden. Da zu dieser Zeit in der Diözese Gurk-Klagenfurt ein akuter Priestermangel bestand, warb man dort auch Kandidaten aus dem Deutschen Reich an. Deshalb trat Steinbach am 6. November 1926 ins Priesterseminar in Klagenfurt ein. Am 30. Juni 1929 wurde er dort zum Priester geweiht. 1930 erhielt Steinbach eine Stelle als

---

23 Laut Auskünften der Diözesanarchive Münster und Trier existieren dort keine Personalakten.

Provisor in Kaning, bevor er 1934 auf eine Pfarrstelle nach St. Nikolai bei Feldkirchen/Kärnten kam.[24]

Hier in St. Nikolai setzt unsere Geschichte ein. Die ersten Dokumente der im fürstbischöflichen Geheimarchiv von Klagenfurt überlieferten Sonderakte stammen aus dem Jahr 1938. Es handelt sich um Briefe Steinbachs an den Bischof von Gurk. Das war von 1914 bis 1939 Adam Hefter.[25] Aus drei dieser Briefe von Februar bis Juli 1938 soll im Folgenden zitiert werden. In diese Zeit fällt auch der sogenannte ‚Anschluss' Österreichs an das Deutsche Reich vom 13. März 1938.

In seinem Schreiben vom 14. Februar 1938 an den Bischof berichtete Steinbach über seine Situation: Die Pfarrei St. Nikolai sei „friedlich", „ruhig" und vor allem „sehr arm"[26], so dass er sogar einen Teil der Kirchenauslagen aus eigener Tasche gezahlt habe. Anlass des Briefes war die Rechtfertigung Steinbachs, warum er noch 160 Schilling des Seminaristikums nicht gezahlt hatte. Das Seminaristikum war eine Gebühr (Steuer) der Priester zur Unterstützung des Priesterseminars in Klagenfurt. Steinbach wies auf seine „Löwener Universitätsjahre"[27] hin (eigentlich war es nur ein Jahr) und bat den Bischof, ihm „in ein anderes geistreicheres Niveau und Milieu zu verhelfen"[28]. Wir können erkennen, dass sich Steinbach einerseits von seiner Lage überfordert fühlte, andererseits zu Höherem berufen sah. Mit seiner Verweigerung, das Seminaristikum zu zahlen, brachte sich Steinbach jedoch selbst um die erhoffte Versetzungsmöglichkeit auf eine andere Pfarrei.

Am 24. März 1938 wandte sich Steinbach in einer anderen Angelegenheit an den Bischof. Diesmal ging es um Politik. Steinbach hatte dem Wunsch des örtlichen Polizeimeisters zugestimmt, dass ein Brief, den er an Monsignore Michael Paulitsch (1874–1948) gerichtet hatte, in der deutschen Presse veröffentlicht wurde. Paulitsch gehörte zur Kärntner Christsozialen Partei, war Mitglied des Nationalrats gewesen und Chefredakteur des Kärntner Tageblatts. Am 21. März 1938

---

24   Vgl. Schreiben Bischöfliches Ordinariat Klagenfurt an Wilhelm Daldrup in Menden, 22.10.1970: Antwortet auf Fragen bezüglich des Lebenslaufes von Steinbach; Schreiben Wilhelm Daldrup an Gurker Ordinariat, 15.11.1970: Anfrage wegen Reifeprüfung. Priesterweihe 29.6.1929. Ferner: Schreiben Gurker Ordinariat (Archivar) an Wilhelm Daldrup, 25.11.1970: Antwortet auf Schreiben vom 15.11.1970, ADG (Archiv Diözese Gurk), Personalakten Karton Nr. 12.

25   Adam Hefter (1871–1970), geboren im Deutschen Reich (Stetten bei Priem am Chiemsee), trat 1890 ins Priesterseminar in Klagenfurt ein. Am 26. Dezember 1914, während des Ersten Weltkrieges, ernannte ihn Kaiser Franz Joseph I. zum Bischof von Gurk. Vgl. Sohn-Kronthaler, Michaela, Hefter, Adam (1871–1970), Fürstbischof, in: Österreichisches Biographisches Lexikon Online-Edition, Lfg. 7 (14.12.2018) Muss bei der Online-Ausgabe Erscheinungsjahr und -datum genannt werden? Was meint Lfg. – meint wsh. Lieferung?, https://www.biographien.ac.at/oebl/oebl_H/Hefter_Adam_1871_1970.xml (21.4.2021).

26   Schreiben Steinbachs an den Bischof von Gurk vom 14.2.1938, ADG, GA (Geheimarchiv), Karton 14, Akte Steinbach.

27   Ebd.

28   Ebd.

war er aufgrund seiner Gegnerschaft zum Nationalsozialismus in Schutzhaft genommen worden.²⁹ Steinbach hatte, wie er dem Bischof darlegt, in seinem Brief Paulitsch politisches Engagement und die Vermischung von Politik und Religion kritisiert. Angesichts der gewandelten Machtverhältnisse nach dem ‚Anschluss' Österreichs versprachen sich nationalsozialistische Kreise in Klagenfurt offenbar auch auf reichsdeutscher Seite wohl einen propagandistischen Gewinn aus der Veröffentlichung des Briefes. Gegenüber dem Bischof, der Steinbach um Auskunft über diesen Sachverhalt bat, stellte es Steinbach so dar, mit seinem Verhalten dem Bischof genützt zu haben. Trotz seines eigenmächtigen Vorgehens schrieb er: „Und ich brauche Euer Exzellenz nicht erst zu versichern, dass von einer Widersetzlichkeit gar keine Rede sein kann. Ich bin ein gehorsamer Priester und werde auch weiterhin ein gehorsamer Priester bleiben."³⁰ Steinbach wies sich durch sein Handeln also als doppelt loyal gegenüber dem Staat und der Kirche aus. Darüber hinaus ist dieser Brief schwer zu interpretieren, weil viele Hintergründe fehlen. Was allerdings eindeutig nicht aus diesem Brief hervorgeht, ist die Angst vor einer Bedrohung durch den Polizeimeister oder die Gestapo. Das ist insofern festzuhalten, weil eine solche Deutung später bei Steinbach und auch bei der Beurteilung seines Falls in kirchlichen Kreisen eine Rolle spielen wird.

Am 7. Juli 1938 schrieb Steinbach erneut an den Bischof. Er fühlte sich weiterhin wegen seiner Zahlungsunfähigkeit für das Seminaristikum zurückgesetzt und klagte nun weitere Benachteiligungen durch Pfarrer Jandl an. Dieser sei „als notorischer Deutschenhasser"³¹ nicht gewillt gewesen, ihm als „Reichsdeutschen"³² die Pfarrei, wie vom Generalvikar zugesagt, zu überlassen. Diese hätte seine Einkünfte erhöht. Es gab also seit 1933 einen Konflikt innerhalb der Pfarrei St. Nikolai zwischen den beiden Pfarrern, die mit der Herkunft des Neuen zu tun hatte. Vielleicht auch mit seiner politischen Einstellung? Zumindest schrieb Steinbach weiter: „Gott sei Dank, daß ich mir in dieser Beziehung heute nichts mehr brauche gefallen zu lassen. Ich würde in dieser Hinsicht auch nichts mehr stillschweigend einstecken, wie ich es all die Jahre tun mußte."³³

Bis hierher sahen wir die Nöte und die schwierige Situation eines reichsdeutschen Landpfarrers in Kärnten. Steinbach zeigte sich als versehrt und selbstbewusst zugleich. Er fühlte sich trotz seines vermutlich kriegsbedingt verkürzten Studiums seiner Umwelt gegenüber intellektuell überlegen. Sein seiner Meinung

---

29 Vgl. In Memoriam. Monsignore Michael Paulitsch. Zu seinem Todestag vor 25 Jahren, 22.12.1972.
30 Schreiben Steinbachs an den Bischof von Gurk vom 24.3.1938, ADG, GA, Karton 14, Akte Steinbach.
31 Schreiben Steinbachs an den Bischof von Gurk vom 7.7.1938, ADG, GA, Karton 14, Akte Steinbach.
32 Ebd.
33 Ebd.

nach mageres Gehalt kränkte ihn. Die politische Entwicklung mit dem ‚Anschluss' Österreichs wertete ihn hingegen auf, so dass er hoffte, durch die geänderten Machtverhältnisse auch seine soziale Position innerhalb der dörflichen Gemeinschaft aufwerten zu können. Steinbach vertrat jedenfalls 1938 seine Interessen, d. h. er wollte Pfarrer Jandl loswerden, und er wollte mehr Geld verdienen. Er sehnte sich nach Anerkennung, wohl auch von seinen Gemeindemitgliedern.

Das ist aber nur seine Perspektive. Uns fehlen Dokumente von Pfarrer Jandl und dessen Sicht auf den Kollegen. Es fehlen Zeugnisse der Bauern und Kinder über Steinbach. War er beliebt? War er unbeliebt? Welchen Einfluss hatte die neue politische Situation ab 1938 auf diese Dynamiken? Der stets angesprochene Bischof blieb ebenfalls stumm. Es gibt nur wenige kurze, bürokratische Schreiben aus dem Ordinariat, wo es lediglich um Geld ging. Auf den Inhalt der Briefe von Steinbach wurde darüber hinaus nicht eingegangen. Nichts in diesen Briefen wies auf das Drama hin, das sich nun abspielen sollte.

3. Die Verurteilung durch ein weltliches Gericht 1939

Die Abschrift eines Urteils vom 15. November 1939 bringt Steinbach zum ersten und, soweit dies aus den Akten ersichtlich ist, zum letzten Mal in Zusammenhang mit sexuellem Missbrauch an einem Kind. Der Angeklagte Franz Steinbach wurde schuldig gesprochen. Er habe, so das Urteil, die zehnjährige Anna Lander[34]

> „seit Frühjahr 1939 bis 5. September 1939 wiederholt in St. Nikolai und Glanhofen (…) zur Befriedigung seiner Lüste auf andere Weise als durch Beischlaf (…) geschlechtlich missbraucht. Es bedarf keiner weiteren Ausführung, dass diese Handlungsweise des Angeklagten das Verfahren der Schändung nach § 128 StG. beinhaltete.[35] Der Angeklagte hat aber auch das Verbrechen nach § 132/III StG. begangen, da er, wie er selbst angibt, die unmündige Anna Lander in seinen Haushalt aufnahm, für sie sorgte, sie beaufsichtigte und ihr in der Schule Religionsunterricht erteilte."[36]

Steinbach hatte, wie es in dem Urteil hieß:

> „die noch nicht 14 Jahre alte Anna Lander geschlechtlich dadurch missbraucht, dass er sie mehrmals sowohl in St. Nikolai als auch in Glanhofen bei Feldkirchen zu sich ins Bett nahm und sie dort an ihrem Geschlechtsteil streichelte und einmal auch

---

34 Der Name wurde geändert.
35 Vgl. Zur Entwicklung des § 128 StG, Matter, Sonja, Das ‚unschuldige', das ‚verdorbene' und das ‚traumatisierte' Kind. Die Prekarität des Opferstatus bei sexueller Misshandlung in österreichischen Strafprozessen (1950–1970), in: Gründer / Raasch (Hg.), Zucht, 431–456, 432–433.
36 Abschrift des Urteils, Landesgericht Klagenfurt, am 15.11.1939, ADG, GA, Karton 14, Akte Steinbach.

Dokumente und Deutungen

einen Kuss darauf gab. Er gibt auch zu, dass er bei diesen Gelegenheiten einige Male die Hand des Kindes erfasste und zu seinem erregten Geschlechtsteile hinführte."[37]

Als erschwerend bewertete das Gericht die wiederholt ausgeübte sexuelle Gewalt, und dass ein Abhängigkeitsverhältnis bestand. Als strafmildernd sah das Gericht an, dass Steinbach nicht vorbestraft war und die Taten gestanden hatte. Steinbach wurde „zu 6 (sechs) Monaten schweren Kerker, ergänzt durch ein hartes Lager monatlich"[38] verurteilt.

Die Betroffene war zehn Jahre alt, als es dieser sexualisierten Gewalt durch Pfarrer Steinbach ausgesetzt war. Der Fall scheint nach diesem Urteil eindeutig zu sein. Die Aussagen von Steinbach und des Mädchens stimmten im Wesentlichen überein.

Spätestens durch den Gerichtsprozess wurde die Tat öffentlich. Die französische Historikerin Arlette Farge beschreibt in einem Essay über die Arbeit als Forscherin in einem Gerichtsarchiv die Befragung von Zeug*innen: „Sie geben etwas preis, was niemals ausgesprochen worden wäre, hätte sich nicht ein Ereignis zugetragen, das die Gesellschaft störte. Sie geben gewissermaßen das Nicht-Gesagte preis."[39] In vielen Fällen existierten in den jeweiligen Gemeinden bereits zuvor Gerüchte[40] und für Prozesse gegen Kleriker trifft zu, was die Historikerin Tanja Hommen allgemein für das Anzeigeverhalten im Fall von Kindesmissbrauch konstatiert, dass nämlich die Entscheidung, ob eine Anzeige zu erstatten sei oder Aussagen vor Gericht erfolgen würden, Gegenstand von Gesprächen und Abstimmungen war. Aber gerade dann, wenn innerhalb der Gemeinde keine Einigkeit über den Umgang mit dem*der Täter*in bestand, wollte niemand öffentlich Stellung beziehen.[41] Auch über Steinbach, so kann geschlussfolgert werden, urteilte nicht nur das Gericht. Allerdings geben die Quellen keine Auskunft über die Haltung innerhalb der Gemeinde.

Bekannt ist hingegen, dass sich die Mutter des Kindes mit der Frage der Schuld von Steinbach beschäftigte. Aus heutiger Sicht ist es verstörend, dass ausgerechnet sie in einem Dokument die Unschuld des Pfarrers heraushebt. Die Mutter veranlasste eine ärztliche Untersuchung ihrer Tochter. Das ärztliche Zeugnis des praktischen Arztes und Zahnarztes in Feldkirchen vom 12. September 1939 liegt vor. Darin heißt es: „A. L. 11 Jahre alt, wurde heute im Beisein und auf Wunsch ihrer Mutter von mir auf ihre Virginität untersucht. Dieselbe ist unverletzt, (…), Inventus vaginae kaum für Kleinfinger durchgängig."[42] Dieses ärztliche Gutach-

---

37 Ebd.
38 Ebd.
39 Farge, Arlette, Der Geschmack des Archivs, Göttingen, 2011, 10.
40 Siehe hierzu: Großbölting, Thomas, Sexueller Missbrauch in der katholischen Kirche als Skandal. Oder: Wie und warum sich die Grenzen des Sagbaren verschieben, in: Aschmann, Dunkelräume, 23–42, 29.
41 Vgl. Hommen, Sittlichkeitsverbrechen, 177 und 183.
42 Abschrift, Ärztliches Zeugnis, o. D [September 1939], ADG, GA, Karton 14, Akte Steinbach.

ten, indem sexuelle Gewalt auf die Verletzung der Jungfräulichkeit des Kindes beschränkt wurde, legte die Mutter des Kindes ihrem Schreiben an das Ordinariat in Klagenfurt vom 19. September 1939 bei. Sie schrieb:

> „Als Mutter des in der Angelegenheit des Herrn Pfarrer Steinbach verwickelten Mädchens A. L. bitte ich das fürstbischöfliche Ordinariat inständigst, dasselbe möge mittels beiliegender Abschrift des Befundes der ärztlichen Untersuchung sofortige Schritte zur Erhaltung des Herrn Pfarrers Steinbach unternehmen. In diesem ärztlichen Gutachten ist mit vollster Klarheit und Deutlichkeit die Unschuld des Herrn Pfarrers Steinbach erwiesen und somit die Aussage meiner Tochter, welche unter dem Zwange der Einschüchterung geschah, widerlegt."[43]

Das ärztliche Attest kann als Versuch der Mutter gesehen werden, die eigene Position zu verstärken. Sie greift also zu einer Taktik, um sprach- und damit handlungsfähig zu werden.[44] Allerdings änderte der Vorstoß der Mutter nichts an der Verurteilung von Pfarrer Steinbach zwei Monate später, wie wir bereits gesehen haben. Wenn man die Vorwürfe betrachtet, dann kann dieses ärztliche Gutachten auch keine Widerlegung sein. Doch was bedeutet dieser Widerspruch zwischen dem Gerichtsurteil und der Meinung der Mutter? Ging die Mutter davon aus, dass es hier um eine staatliche Repression gegen einen katholischen Geistlichen ging? Und wer sollte ihre Tochter zu dieser Aussage „gezwungen" haben? Pfarrer Steinbach hatte Feinde, so viel scheint klar zu sein. Aber traute man diesen zu, den Pfarrer zu Unrecht für dieses Vergehen anklagen zu lassen? Auf welchem Wege waren die Vorwürfe bekannt geworden? Warum glaubte die Mutter ihrem Kind nicht? War sie so arm, dass sie auf die materielle Unterstützung von Pfarrer Steinbach angewiesen war? Nahm man kleine Mädchen zu dieser Zeit ohnehin nicht ernst? Das Gericht tat es allerdings.[45] Hielt die Mutter ihre Tochter tatsächlich für eine Lügnerin oder befürchtete sie umgekehrt Repressionen aus der Gemeinde oder vom Bischof, wenn Steinbach wegen der Aussage ihrer Tochter verurteilt wird? Sollte das Schreiben der Mutter dazu dienen, die öffentliche Verhandlung, bei der die Gewalt gegenüber ihrer Tochter unweigerlich zur Sprache kommen würde, zu verhindern? Wollte sie ihre Tochter also mit einer Lüge ihrerseits schützen, damit diese nicht als Mädchen

---

43 Schreiben der Mutter von Anna Lander an das Fürstbischöfliches Ordinariat in Klagenfurt, 19.9.1939, ADG, GA, Karton 14, Akte Steinbach.
44 Zur Unterscheidung von Taktik und Strategie: Certeau, Michel de, Kunst des Handelns, Berlin 1988, 23.
45 Zum Aspekt der Glaubhaftigkeit von kindlichen Zeugen, Heinemann, Zweifel / Kerchner, Brigitte, Kinderlügen? Zur Kulturgeschichte des sexuellen Missbrauchs, in: Finger-Trescher, Urte / Krebs, Heinz (Hg.), Mißhandlung, Vernachlässigung und sexuelle Gewalt in Erziehungsverhältnissen, Gießen 2000, 15–41; Lieske, Dagmar, Zwischen der Bagatellisierung sexueller Gewalt und drakonischen Strafen. Zum Umgang mit sexuellem Kindesmissbrauch im Nationalsozialismus, in: Aschmann, Dunkelräume, 155–169.

Dokumente und Deutungen

mit sexuellen Erfahrungen stigmatisiert werde? All das sagen uns die Dokumente nicht. Wir haben keine Anhaltspunkte dazu, wie es dem Mädchen ging, wie es der Mutter ging, wie die Situation vor Ort kommentiert wurde.

Durch das Schreiben der Mutter erhalten wir aber Hinweise darauf, dass sich durch die körperliche Gewalt, die Anna erlitten hat, auch ihre soziale Position in ihrem Lebensumfeld zu verändernd drohte.[46] Als historisches Subjekt mit eigener Erfahrung und eigenen Interessen tritt uns das Mädchen an keiner Stelle entgegen. Weder in dem Urteil noch in dem ärztlichen Attest sind mögliche Folgen der sexuellen Gewalt für das Kind erwähnt. Wurde angenommen, dass es keinen Schaden erlitten hat? Wenn ja, spielte hierfür eine Rolle, dass es nicht zur Penetration gekommen war? Vor Gericht, auf dem Untersuchungsstuhl des Arztes und vor den Augen ihrer Mutter (und der dörflichen Gemeinschaft?) stand lediglich die Verletzung von Annas Körper im Fokus. Es hatten also nicht alle Akteur*innen gleichermaßen die Möglichkeit, die kommunikative Verhandlung über die sexuelle Gewalt des Pfarrers Steinbach aus ihrer eigenen sozialen Position heraus zu beeinflussen.[47] Dies gilt auch für Annas Mutter, eine Frau mit geringen ökonomischen Mitteln, die nur mithilfe des ärztlichen Attestes in den Diskurs über die Tat eintreten konnte. In jedem Fall gab es unter den Zeitgenossen verschiedene Perspektiven.

Man könnte auch die Legitimität des Gerichtsurteils bestreiten, wenn man davon ausgeht, dass Pfarrer Steinbach nur deswegen das Verbrechen zugab, weil er angesichts einer gewussten oder vermuteten Chancenlosigkeit für einen Freispruch auf eine Strafmilderung gesetzt habe. Dann wäre der Prozess im Kontext jener ‚Sittlichkeitsprozesse' zu sehen, die nach dem ‚Anschluss', ähnlich wie im Altreich in den Jahren 1936/37 gegen Ordensleute und Kleriker im Rahmen einer weitergefassten Verfolgung von Homosexuellen, durchgeführt wurden.[48] Oder man nimmt das Urteil als Beleg für die Schuld des Priesters. Wie das Gurker Ordinariat die Vorwürfe bewertete, wissen wir ebenfalls nicht. Eine Prüfung, ob die Vorwürfe zutrafen oder nicht, fand laut Aktenlage jedenfalls nicht statt.

Erneut sei Arlette Farge zitiert:

> „Hinter den von dem Protokoll zur Schau gestellten Worten kann man die Konfigurationen lesen, in welcher jeder sich einer zwingenden Macht gegenüber zu positionieren versucht, in welcher ein jeder, ob mit oder ohne Erfolg, sein eigenes Leben in Angesicht der sozialen Gruppe und im Verhältnis zu den Autoritäten artikuliert."[49]

---

46 Vgl. Buggeln / Gudehus / Mailänder / Springmann, Debatte, 89–90.
47 Siehe hierzu auch: Matter, Kind, 433.
48 Vgl. Knoll / Brüstle, Verfolgung, 159–160.
49 Farge, Geschmack, 28.

Die Lektüre der Prozessüberlieferung zeugt von der Gemengelage zeitgenössischer Deutungsmuster, Sagbarkeitsgrenzen und kommunikativer Sinnkonstruktionen, die Aufschluss über innerfamiliäre und gesellschaftliche Machtbeziehungen geben und zugleich den Umgang mit Tätern*innen und mit Betroffenen sexueller Gewalt beeinflussen.[50]

4. ‚Versetzung' und offene Schuldfrage

Steinbach hatte am 15. März 1940 nach Einbestellung in das Ordinariat „freiwillig und unwiderruflich"[51] auf seine Pfarrstelle verzichtet. Dass dieser Verzicht nicht freiwillig erfolgte, sondern Voraussetzung für die weitere, für Steinbach lebensnotwendige Unterstützung durch seine Heimatdiözese war, zeigt der weitere Verlauf der Geschichte. Möglicherweise sollte auf diese Weise eine an die Haft anschließende Einweisung in ein Konzentrationslager vermieden werden, wie sie bei Verurteilungen von sogenannten Jugendverführern häufig erfolgte.[52] Zugleich aber werden auch politische Zäsuren überdauernde Praktiken deutlich, die verkürzt als „interdiözesane Versetzungen"[53] bezeichnet werden. Aus der Bistumskasse erhielt Steinbach 50 RM Reisegeld.[54] Damit fuhr er zu Verwandten ins Bistum Münster, genauer nach Gladbeck.

Im Mittelpunkt des folgenden Teils unseres Aufsatzes stehen drei Dokumente mit oberflächlich betrachtet recht ähnlichen Inhalten, mit denen das Bistum Gurk bei Bedarf anderen Bistümern über Steinbach Auskunft gab, sowie ein Brief Steinbachs an seinen Heimatbischof, in dem er über Schuld und Unschuld schrieb.

Über die ersten Wochen Steinbachs in Gladbeck geben die Akten kein klares Bild. Es scheint aber, dass sich das Generalvikariat in Münster am 21. März 1940 nach der Ankunft des fremden Klerikers eigenständig an die Diözese Gurk wandte und um „nähere Mitteilung über die Persönlichkeit und um nähere Weisung"[55] bat. Der Münsteraner Bischof hatte demnach ein Interesse daran, über Kleriker anderer Diözesen informiert zu sein, die sich in seinem Bistum aufhielten. Steinbach wirke, so das Schreiben weiter, „krank und pflegebedürftig"[56] und habe von seinen mittellosen Verwandten nur wenig Unterstützung zu erwarten.

---

50 Siehe hierzu auch: Große Kracht, Last, 252.
51 Erklärung von Franz Steinbach, 15. März 1940, ADG, GA, Karton 14, Akte Steinbach.
52 Vgl. Knoll / Brüstle, Verfolgung, 197.
53 Dreßing, Harald / Dölling, Dieter / Hermann, Dieter / Kruse, Andreas / Schmitt, Eric / Bannenberg, Britta / Hoell, Andreas / Voss, Elke / Salize, Hans Joachim, Sexueller Missbrauch an Minderjährigen durch katholische Priester, Diakone und männliche Ordensangehörige im Bereich der Deutschen Bischofskonferenz (MHG-Studie), 2018, 67, https://www.dbk.de/fileadmin/redaktion/diverse_downloads/dossiers_2018/MHG-Studie-gesamt.pdf (24.2.2020), 304.
54 Vgl. Notiz der Finanzkammer Klagenfurt, 18.3.1940, ADG Personalakten Karton Nr. 12.
55 Schreiben Generalvikariat Münster an das Bischöfliche Ordinariat Gurk, 21.3.1940, ADG Personalakten Karton Nr. 12.
56 Ebd.

Dokumente und Deutungen

Die Antwort der Gurker Behörde stammte vom 12. April 1940. Sie informierte das Bistum Münster mit einem lateinischen Schreiben, dass Steinbach von einem zivilen Gericht wegen eines Vergehens gegen das sechste Gebot zu acht Monaten Haft verurteilt, aber aus Sorge um seine gesundheitliche Verfassung vorzeitig entlassen wurde. Da ein weiterer Einsatz in der Diözese Gurk nicht mehr in Frage kam, wurde darum gebeten, Steinbach im Bistum Münster Aufnahme zu gewähren.[57] Wichtig ist, dass die Schuld Steinbachs in diesem Schreiben weder angezweifelt noch das Urteil als politische Propaganda gedeutet wurde. In einem zweiten Brief bat der Kanzler des Gurker Ordinariats Steinbach, „unter Berücksichtigung der in unserem Schreiben angegebenen Umstände, dem Herrn Franz Steinbach eine Messeleserstelle verleihen zu wollen, wenn dazu eine Möglichkeit vorhanden ist."[58] Er hielt also Vorsichtsmaßnahmen zur Verhinderung weiterer Taten für angezeigt.

Nachdem über ein Jahr vergangen war, schrieb Steinbach dem Bischof von Gurk am 10. Oktober 1941 einen langen Brief. Das war schon seit 1939 Andreas Rohracher, der den Titel eines Kapitularvikars trug. Er verwaltete das Bistum bis 1945.[59] In seinem Brief berichtete Steinbach, dass er sich über verschiedene Aushilfsstellen hangeln musste, ohne eine berufliche Perspektive zu erhalten. Den Brief schrieb Steinbach von Wallendorf aus. Er hatte sich also inzwischen ins Bistum Trier begeben.

Das Schreiben ist auch aufschlussreich als Rückblick von Steinbach auf seine Geschichte. Diese deutete er nun mit religiösen Motiven, auf die es näher einzugehen gilt. Er schrieb an Rohracher:

> „Ich halte es nun nach reiflichen Gebeten und vieler Bußübung an der Zeit, Euer Exzellenz klaren Wein einzuschenken. Ich habe vor Jahren mein Leben, meine Gesundheit, meine Freiheit, meine Ehre (!!!) und überhaupt alles der Lieben Muttergottes für das kommende Christkönigreich bedingungslos zu Verfügung gestellt. Ich habe für Christus furchtlos und kompromißlos gearbeitet, obschon ich wusste, dass man hinter mir her war. Bis man mich endlich unter einem gefundenen Vorwande zur Strecke brachte."[60]

---

57 Vgl. Schreiben [vermutl. des Kanzlers] an das Generalvikariat Münster, 15.3.1940, ADG, GA, Karton 14, Akte Steinbach. Latein wurde auch in anderen Quellen oft dann verwendet, wenn Inhalte zur Sprache kamen, die nicht z. B. durch das Sekretariat gelesen werden sollten.
58 Schreiben Kanzler an das Generalvikariat Münster, 9.5.1940, ADG, GA, Karton 14, Akte Steinbach.
59 Vgl. Am 3. Februar 1943 wurde Rohracher vom Salzburger Domkapitel zum Erzbischof von Salzburg gewählt und am 1. Mai als solcher vom Papst bestätigt. Am 10. Oktober wurde er im Salzburger Dom inthronisiert. Rohracher blieb jedoch nebenbei noch bis 1945 zugleich Kapitelvikar des Bistums Gurk. Vgl. Spatzenegger, Hans, Rohracher, Andreas, in: Neue Deutsche Biographie, 22, Berlin 2005.
60 Schreiben Steinbach an den Gurker Bischof, 10.10.1941, ADG, GA, Karton 14, Akte Steinbach.

Damit stilisierte sich Steinbach zum Opfer bzw. zu einem Verfolgten. Auf den Prozess und seine Hintergründe geht er nicht explizit ein. Der ‚gefundene Vorwand' scheint hier auszudrücken, dass die Anklage wegen Kindesmissbrauchs nicht wahr gewesen sei, nur ein Vorwand, um ihn loszuwerden. Andererseits: Er schrieb von einem „gefundenen" Vorwand, nicht von einem „erfundenen". Auf jeden Fall aber ordnete er seine Lebensgeschichte, nicht zum ersten Mal, wie wir in Steinbachs Briefen an den Bischof aus dem Jahr 1938 gesehen haben, in die größere Geschichte der politischen Veränderungen ein. Das Mädchen spielte in seinem Denken keine Rolle. Es wurde nie von ihm erwähnt. Er drehte sich ganz um sich selbst. Steinbach schrieb:

> „Ich kann hier nicht alles auseinander setzen aber vor Gott und meinem Gewissen sage ich Euer Exzellenz; ich bin unschuldig!!! Ich bin nicht das, als was man mich ansieht! Ich bin für Christus gefallen!!! Und wenn auch alles scheinbar gegen mich spricht: ich bin unschuldig!!! (…) Aber es war alles Gottes Fügung und Zulassung – und heute danke ich dem lieben Gott für alles!!!"[61]

Damit sprach er seinem Leid eine Würde und einen höheren Sinn zu. Gott wird als starker Lenker aller Ereignisse gedeutet, was freilich seine persönliche Verantwortung minimierte. Steinbach stilisierte sich zum Werkzeug des göttlichen Willens. Alles sei geschehen, damit er wie Jesus Christus, der ja auch unschuldig verurteilt worden war, nach dem Willen Gottes gelitten habe. Das Ganze mündete in einen Wunsch an den Bischof:

> „Und nun eine Bitte! Exzellenz sollen allein wissen, daß ich unschuldig bin. Ich wünsche nicht, daß Exzellenz meine Ehre reinwaschen bei den anderen Mitbrüdern (…). Aber Exzellenz mögen bei Anfragen eines Generalvikariates die Auskunft so geben, daß ich nicht für etwas angesehen werde, was ich in Wirklichkeit gar nicht bin!!!"[62]

Steinbach suchte also nach einer Chance für einen unvorbelasteten Neuanfang. Hierzu brachte er in dem Brief eine Möglichkeit in Trier ins Spiel. In der Nähe Triers lag sein Geburtsort.

In seiner Antwort vom 20. Oktober 1941 bestärkte der Bischof Steinbach in seinem Umgang mit den Ereignissen, wobei er die Frage nach der ‚Unschuld' offenließ. Er schrieb: „Gewiss ist es am besten, sich in allem, besonders aber im Leiden ganz auf den Herrgott zu verlassen. Er ist und bleibt der gütige Vater für uns alle, auf dessen Erbarmen wir angewiesen sind."[63] Ferner gab Rohracher an, Steinbach bei seinen Bestrebungen um eine neue Stelle unterstützen zu wollen.

---

61 Ebd.
62 Ebd.
63 Schreiben Kapitularvikar an Steinbach, 20.10.1941, ADG, GA, Karton 14, Akte Steinbach.

Dokumente und Deutungen

Als sich Rohracher beim Generalvikar von Trier für Steinbach verwendete, berichtete er diesem lediglich allgemein über die Verurteilung Steinbachs: „Der Genannte wurde vor 2 Jahren wegen eines Sittlichkeitsdeliktes verurteilt, weshalb er auf seine Pfarre St. Nikolai bei Feldkirchen verzichten musste. Er selbst behauptet unschuldig zu sein, wenngleich der äussere Schein nicht zu seinen Gunsten sprach."[64] Im Unterschied zu seinem Vorgänger ergänzte der Gurker Bischof, dass Steinbach „nun, wie es scheint, durch das Leiden geläutert ist"[65] und unterließ vor diesem Hintergrund die Empfehlung, ein künftiges Betätigungsfeld einzuschränken.

Offenbar genügte dem Trierer Bischof diese Antwort nicht, vielmehr wollte dieser, wie er am 5. November 1941 schrieb, Einsicht in das Urteil nehmen und bat um eine Abschrift. Er ergänzte: „Da in unserer Diözese auch manche Geistlichen verurteilt wurden, müssen wir mit Anstellung von irgendwie belasteten Geistlichen hier besonders vorsichtig sein."[66] Von einer Übersendung des Urteils fehlt jeder Hinweis. Letztlich blieb Steinbach nur kurz im Bistum Trier. Es bleibt unklar, ob die frühere Verurteilung hierfür ausschlaggebend war.

Steinbach hatte sich in der Zwischenzeit an seine Schwester in Bösperde im Erzbistum Paderborn gewandt und versuchte nun, dort eine Stelle zu erhalten. Dies lässt sich einer Anfrage des Paderborner Generalvikars Rintelen entnehmen, die am 25. März 1942 in Gurk ankam:

> „Seit 3–4 Wochen hält sich in der Pfarrei Menden der dortige Diözesangeistliche Franz Steinbach auf. (…) Wir bitten ergebenst um Auskunft über ihn und ob es ratsam ist, ihn mit seelsorglichen Arbeiten zu betrauen. Infolge der zahlreichen Einberufungen herrscht bei uns grosser Priestermangel."[67]

Erst mit der am 16. April 1942 eingehenden Antwort aus Klagenfurt setzt nun auch die Paderborner Überlieferung ein.[68] Die Auskunft ist nahezu identisch zu jener, die nach Trier erging.

Für Rintelen waren diese Informationen hinreichend. In den Paderborner Akten findet sich die Notiz: „S. kann nach Menden zum Predigen und zu [unleserlich] Seelsorgerarbeiten und gottesdienstlichen Funktionen herangezogen wer-

---

64 Schreiben Kapitularlvikar an Generalvikar von Trier, 20.10.1941, ADG, GA, Karton 14, Akte Steinbach.
65 Ebd.
66 Schreiben des Generalvikars von Trier an Kapitularvikar, 5.11.1941, ADG, GA, Karton 14, Akte Steinbach.
67 Generalvikar von Paderborn an das Kapitularvikariat der Diözese Gurk, 25.3.1942, ADG Personalakten Karton Nr. 12.
68 Vgl. Schreiben Ordinariat in Klagenfurt an den Generalvikariat Paderborn, 16.4.1942, EBAP (Erzbischöfliches Archiv Paderborn) Sonderakte Steinbach.

den. Es ist aber davon abzusehen, ihn mit Schulunterricht und Jugendseelsorge zu beschäftigen."⁶⁹

Auf die Schreiben aus Gurk nach Trier und Paderborn ist nochmals kurz einzugehen. Der Bischof in Klagenfurt überließ es jeweils den Oberen in Trier und Paderborn, den Fall zu beurteilen. Eine genauere Klärung des Sachverhalts wurde von der Gurker Diözese nie angestrebt und spielte dort auch keine Rolle. Um den guten Ruf der Kirche zu wahren, konnte man Steinbach nicht mehr in der eigenen Diözese beschäftigen, nicht wegen des möglichen Tatbestands selbst. So empfahl der Bischof Steinbach weiter, wobei er meinte, dass dieser durch das Leiden, gemeint ist die Haft, geläutert worden sei. Die Einschätzung Rohrachers, Steinbach sei geläutert, diente offenbar lediglich dazu, diesen für den weiteren Dienst als Seelsorger in Frage kommend auszuweisen. Rintelen, den akuten Priestermangel des Erzbistums Paderborn vor Augen, übernahm ihn, wobei er vorsichtshalber eine Tätigkeit mit Kindern und Jugendlichen ausschließen wollte. Er ist sich also bewusst, dass Steinbach eventuell doch schuldig war, und dass sich eine solche Tat möglicherweise wiederholen könnte. Aber auch der Trierer Bischof, der sich gegen eine Beschäftigung von Steinbach entschied, wollte vor allem angesichts anderer Missbrauchstäter*innen im Bistum einen Skandal vermeiden. Wir sehen also, dass der Wechsel Steinbachs in ein anderes Bistum nicht einfach auf Versetzung beruhte, sondern zum einen Gegenstand komplexer Verhandlungen zwischen den Bischöfen war, zum anderen aber auch auf der Selbsttätigkeit Steinbachs beruhte.

Steinbach überlebte den Krieg als Kleriker im Erzbistum Paderborn. Ausweislich der Akten wurden die Einschränkungen seiner Tätigkeit nicht kontrolliert. Am 8. April 1946 schrieb er an das Bischöfliche Ordinariat in Klagenfurt, dass er Gott dankbar sei, der ihn erhalten habe. Dabei hielt er Rückschau:

> „Ich habe in den Jahren manches Weh und Leid erfahren müssen, aber Gott hat mich sichtlich beschützt. Mehr als einmal war die Gestapo hinter mir und wollte mich wieder verhaften weil ich kompromislos [sic!] die Wahrheit Christi vorbrachte und verteidigte (...). Die Gestapo hat nun ihre Strafe dafür, was sie mir angetan – denn das Ganze war ja ein teuflisches Spiel; das wird ja auch allmählich dem hochwürdigsten fb [fürstbischöflichen]. Ordinariat klar werden."⁷⁰

Im Nachhinein stellt sich Steinbach als Opfer der Gestapo hin. Während er 1938 noch bekundet hatte, er hätte sich über den Anschluss Österreichs gefreut, war er nun in der Rückschau ein Opfer der Christenverfolgung geworden. Am 9. Juni 1961 starb Steinbach an einem Herzschlag.⁷¹

---

69 Notiz Generalvikar, o. D., EBAP, Sonderakte Steinbach.
70 Schreiben Steinbach an Bischöfliches Ordinariat Klagenfurt, 8.4.1946, ADG Personalakten Karton Nr. 12.
71 Vgl. Schreiben Dechant aus dem Erzbistum Paderborn an Bischöfliches Ordinariat Klagenfurt, ADG Personalakten Karton Nr. 12.

5. Nachspiel

Am 15. Oktober 1970 holte Priester Wilhelm Daldrup aus Menden in Gurk Auskünfte über seinen Vorgänger ein, der „in Menden sehr erfolgreich gewirkt"[72] habe. Aus Klagenfurt wurde ihm ein Lebenslauf über Steinbach geschickt. Darin heißt es: „ab 1934 Pfarrer in St. Nikolai bei Feldkirchen/Kärnten bis Inhaftierung durch die Gestapo. Nach Haftentlassung verließ er Kärnten und ging nach Deutschland, Bollendorf 198, Bezirk Trier."[73] Kein Wort über seine Verurteilung wegen sexuellen Kindesmissbrauchs. In der Bundesrepublik hatten beide Kirchen einen enormen Prestigezugewinn erfahren, der sich auch aus der unzutreffenden Annahme speiste, die Kirchen seien ein Bollwerk gegen den Nationalsozialismus gewesen.[74] Vor diesem Hintergrund reichte der Hinweis auf die Verhaftung durch die Gestapo, um zu suggerieren, Steinbach sei ein Opfer des Nationalsozialismus gewesen.

6. Fazit: Geschichtswissenschaft, Interpretation und Wahrheitssuche

In dem Aufsatz haben wir das Fallbeispiel eines sexuellen Missbrauchs an einem zehnjährigen Mädchen durch einen Priester aus dem Jahr 1939 vorgestellt. Dieser Satz impliziert schon, dass wir den Unschuldsbeteuerungen von Steinbach nicht glauben, während wir der Aussage von Anna, die im Gerichtsurteil festgehalten wurde, durchaus glauben. Gleichwohl sollten wir uns an die Mahnung erinnern, Fälle von sexueller Gewalt nicht nachträglich lösen zu wollen oder nach der ‚Wahrheit' zu suchen. Vielmehr gilt es festzuhalten, dass der sexuelle Kindesmissbrauch in vielen Akten nicht einfach als Tatsache zu betrachten ist, sondern als Interpretation von Dokumenten, wobei es hier durchaus große Spielräume gibt.

Dies hängt erstens mit bestimmten Leerstellen und Interessenslagen zusammen, die die zeitgenössische Produktion der hier verwendeten Quellen aus den Diözesanarchiven beeinflusst haben. So ist es geradezu typisch, dass die Stimme von Anna nicht weiter zu Wort kommt und auch, dass niemand aus dem Kreis der Kirchenverantwortlichen in Klagenfurt dem weiteren Schicksal des Kindes Beachtung schenkte. Ihre Erfahrungen spielten für die Umgangsweisen des Bischofs mit Steinbach keine Rolle. Was hier Quellen produziert, ist der Lebensweg des Beschuldigten. Die Quellenanalyse ergibt, dass seitens der Kirchenvertreter kein Interesse bestand, eine genaue Kenntnis über die Tat zu erhalten oder solche Dokumente zu überliefern.

---

72 Schreiben Bischöfliches Ordinariat Klagenfurt an Daldrup, 22.10.1970, ADG Personalakten Karton Nr. 12.
73 Ebd.
74 Vgl. Herzog, Dagmar, Die Politisierung der Lust. Sexualität in der deutschen Geschichte des zwanzigsten Jahrhunderts, München 2005, 92.

In der Überlieferung zeigt sich zweitens, dass das Handeln von Steinbach Gegenstand zeitgenössischer Aushandlungsprozesse in Annas unmittelbarem Lebensumfeld war. Dass überhaupt Ermittlungen eingeleitet wurden, ist, wie Tanja Hommen anhand dörflicher Gemeinden im Kaiserreich gezeigt hat, wohl auch im hier beschriebenen Fall das Ergebnis komplexer Interaktionen von Familienangehörigen, Dorfhonoratioren und von Vertretern staatlicher Institutionen, wie Lehrern, Inspektoren etc.[75] Aufgrund des Gerichtsprozesses gegen Steinbach kann geschlussfolgert werden, dass unterschiedliche Personen aus der Gemeinde zu den Vorwürfen befragt wurden, die Tat also bekannt war. Indem Annas Mutter auf eine Untersuchung ihrer Tochter durch den Arzt drang, versuchte sie Einfluss zu nehmen auf die kommunikativen Verständigungen über die Frage, ob Franz Steinbach sexuelle Gewalt gegen Anna Lánder ausgeübt hatte. Es bestand demnach keine gesellschaftsübergreifende Übereinkunft darüber, sexuelle Gewalt von Klerikern grundsätzlich zu tabuisieren. Vielmehr ist es jeweils spezifischen und sich zugleich beständig verändernden Machtkonstellationen geschuldet, dass Franz Steinbach des sexuellen Missbrauchs an Anna Lander angeklagt und für diese Taten verurteilt wurde, dass Steinbach in dessen Folge seine Heimatdiözese verlassen musste, aber weiterhin Kleriker bleiben konnte und schließlich nahezu rehabilitiert wurde. Auch dass die Gewalt, die Anna angetan wurde, in ihrem privaten Umfeld offenbar nicht öffentlich als solche benannt werden durfte, kann nicht als selbstverständlich angesehen werden. Vielmehr sind hier die sozialen Verortungen der Familie in ihrem Lebensumfeld sowie geschlechtsspezifische Aspekte zu berücksichtigen.

Drittens veränderte sich auch in der historischen Forschung die Auffassung darüber, welche Formen von Gewalt seitens der Geschichtswissenschaft untersucht werden. So nahm die historische Forschung bis in die 1970er Jahre hinein die sogenannten Sittlichkeitsprozesse in erster Linie als ein propagandistisches Mittel der Nationalsozialisten wahr, ohne die Gewalt gegenüber den Opfern oder das kirchliche Handeln zu untersuchen. Nun hat es diese Propaganda sicher gegeben, aber neuere Forschungen zeigen auch, dass deswegen nicht alle Anklagen aus der Luft gegriffen waren.[76] Insofern neigen wir heute nicht mehr dazu, ein Gerichtsurteil wie dieses aus dem Jahr 1939, obwohl wir es hier nicht mit einem Rechtsstaat zu tun haben, pauschal als unrechtmäßig abzutun. Ebenso sind wir geneigt, Aussagen von Kindern grundsätzlich erst einmal zu glauben[77] und wir interessieren uns heute viel stärker für die Perspektive der Betroffenen von sexueller Gewalt.

Dass in diesem Aufsatz mehrere Interpretationsangebote nebeneinandergestellt wurden, ist also nicht ausschließlich Mängeln in der Überlieferung geschul-

---

75 Vgl. Hommen, Sittlichkeitsverbrechen, 170–208.
76 Vgl. Hockerts, Hans Günter, Sittlichkeitsprozesse gegen katholische Ordensleute und Priester in der NS-Zeit. Eine Relektüre nach 50 Jahren, in: Aschmann (Hg.), Dunkelräume, 70–174.
77 Siehe hierzu auch: Dudek, Züchtigung, 192.

Dokumente und Deutungen

det, sondern hebt die Bandbreite kommunikativer Verständigungsmöglichkeiten über sexuelle Gewalt gegenüber Kindern hervor. Um zu verstehen, warum Kleriker, die eine solche Tat begingen, nicht ausreichend sanktioniert wurden, bedarf es einer Analyse der Handlungsmacht, Sprachfähigkeit und Deutungshoheit der historischen Akteur*innen. Der Historiker Alf Lüdkte plädierte für eine „rekonstruktive Beschreibung"[78], bei der die Deutung historischer Quellen „gleichsam aus einer Halb-Distanz" erfolgt, die zwischen einem Verschmelzen von unterschiedlichen Sinnhorizonten und deren Überformung angesiedelt ist.

So lässt sich anhand der von uns untersuchten Überlieferungen zeigen, wie sich die situativen Voraussetzungen und die kommunikative Verständigung über sexuelle Gewalt gegenüber Minderjährigen veränderten. Steinbach fühlte sich nach dem ‚Anschluss' Österreichs offenbar in seiner Position innerhalb seiner Gemeinde und auch dem Bischof gegenüber gestärkt, ohne dass wir wissen, ob dies auch einer tatsächlichen Veränderung seiner Position in der dörflichen Sozialstruktur entsprach. Dass aber die Haltung der Gemeinde mit über den Umgang von möglichen Missbrauchstätern entschied, konnte durch bisherige Studien überzeugend gezeigt werden. Die politisch gewollten Sittlichkeitsprozesse gegen katholische Geistliche beeinflussten wiederum die Sanktionen des Klagenfurter Ordinariats. Der stärkeren politischen Beachtung sexueller Gewalt von Klerikern stand der Wunsch der Mutter (und der Gemeinde?) gegenüber, die Schwere der Tat zu leugnen. Schon nach der Rückkehr Steinbachs in das Deutsche Reich 1940, vor allem aber nach dem Ende der nationalsozialistischen Herrschaft, als die katholische Kirche in der gesellschaftlichen Wahrnehmung zum moralischen Gegenpol des Nationalsozialismus avancierte, ordnete Steinbach selbst und mit ihm die Kirchenoberen die Tat in den Kontext einer politisch motivierten Verfolgung der katholischen Kirche ein. Der Gewinn der Untersuchung von Einzelfällen liegt nach unserer Auffassung also darin, historische Handlungsräume zu rekonstruieren. Diese spielen neben einer nur schwer zu bemessenden persönlichen Verantwortung eine große Rolle darin, ob sexuelle Gewalt von Klerikern sanktioniert wurde, das Leid von Betroffenen Anerkennung fand und ob Maßnahmen zum Opferschutz eingeleitet wurden.

---

78 Lüdkte, Alf, Eigen-Sinn, Fabrikalltag, Arbeitererfahrungen und Politik vom Kaiserreich bis in den Faschismus, Münster ²2015, 39.

11.

Archivakten und Prozessakten im Fall der Schönstätter Marienschwestern

Alexandra von Teuffenbach

Alexandra von Teuffenbach ermöglicht durch die Auslegung von Archiv- und Prozessakten aus den 40er/50er Jahren Einblick in die Missbrauchsfälle bei den Schönstätter Marienschwestern und das Verfahren gegen den deutschen Schönstattgründer Kentenich. Anhand aktenkundiger Dokumente zeigt sie auf, wie sie der versuchten Vertuschung des Missbrauchs gerichtlich entgegenwirkte, sodass die Freiheit der Forschung und Wissenschaft im Bereich der Personenforschung und Missbrauchsforschung geltend gemacht werden konnte.

Anfang März 2020 wurden in allen Vatikanischen Archiven neue Unterlagen für die historische Forschung freigegeben.[1] Es handelt sich um die Dokumente aus den Jahren 1939 bis 1958, der Zeit des Pontifikats Pius XII. (1867–1958). Der Zugang zu diesen Dokumenten ist durch ein päpstliches Motu proprio für alle vatikanischen Archive geregelt; die einzelnen Archive haben dann noch eine eigene Benutzerordnung.[2] Die Archive stehen gewöhnlich nur ausgewiesenen Wissenschaftler/innen zur Forschung zur Verfügung, wobei die Religionszugehörigkeit oder die Nationalität keine Rolle spielen. Wer Zugang zu einem der Archive bekommen hat, kann Dokumente bis Anfang Oktober 1958 einsehen. Doch hängt es vom jeweiligen Archiv ab, ob schon alles zugänglich ist, oder ob man gezielt fragen muss, weil es nicht immer ein Inventar zu den Unterlagen dieses erst kürzlich eröffneten Pontifikates gibt. Inventare gibt es nur für einen Teil der Unterlagen. Man muss also genau wissen, welche kurialen Stellen mit einer Akte befasst waren, um in den entsprechenden Archiven danach fragen zu können und sich dann im schlimmsten Fall durch einen unge-

---

1   Der Vatikan hat verschiedene Archive. Außer dem „Zentralarchiv", dem *Archivio Segreto Vaticano* (ASV), heute *Archivio Apostolico Vaticano* (AAV), gibt es eigentlich in jeder Institution ein Archiv, so für beide Abteilungen des Staatssekretariates – wobei nur die Abteilung für die Beziehung zu den Staaten für Wissenschaftler/innen zugänglich ist –, in jeder Kongregation, in jedem Amt (so z. B. für die Liturgie) und z. B. auch für die Basilika von St. Peter. Archivalien gibt es auch in der Handschriftenabteilung der Apostolischen Bibliothek. In welchem Archiv die gewünschten Akten jeweils sind, ist nicht bei jedem Thema immer sofort klar, manchmal bedarf es längerer Suche.
2   Johannes Paul II regelte mit dem *Motu proprio La cura vigilantissima* am 21.3.2005 das Archivwesen im Vatikan.

ordneten Berg von Material hindurchzuarbeiten.³ Grenzen in der Benutzung gibt es auch bezüglich des Personenschutzes: U. a. sind persönliche Informationen, z. B. in Fällen von Ehenichtigkeitserklärungen, nicht zugänglich. Ebenso gelten gewisse Disziplinarfragen, vor allem solche die das Bußsakrament betreffen, als nicht zugänglich, weil das *forum internum* betroffen ist.⁴

Das heißt nicht, dass man ohne diese Unterlagen keinerlei Hinweis auf einen Missbrauch finden kann. Gerade im Fall von Gründern/innen und Ordensoberen ist beispielsweise die Korrespondenz meist sehr weitreichend und es gibt z. B. auch außerhalb eines eventuellen Disziplinarverfahrens Hinweise. So lohnt oft ein Blick in die jeweiligen Nuntiaturakten, in die Akten des Staatssekretariates, in die Unterlagen verschiedener Kongregationen und dann kann man natürlich noch in den Ordensarchiven nachsehen.⁵

Ein Versuch, Akten zu vertuschen oder verschwinden zu lassen, ist in den Vatikanischen Archiven nur schwer zielführend. So ist – auch wenn die Akten zum Missbrauch durch Kentenich in der Religiosenkongregation nicht mehr zu finden sind – doch im Archiv der Glaubenskongregation und im Apostolischen Archiv ausreichend Material erhalten. Das komplexe Verfahren der römischen Kurie und die verschiedenen Stellen, die mit jedem Fall – nicht nur dem von Kentenich – befasst waren und die jeweils ihr eigenes Archiv haben, die enorme Fülle an Material, die verschiedenen Sprachen und nicht zuletzt die lange Zeit, in der Akten nur verwahrt werden, nicht aber für die Forschung zugänglich sind, bieten

---

3   Die Ressourcen sind in allen Vatikanischen Archiven sehr knapp, während die Fülle von Material, das ständig in die Archive fließt, jedes Jahr zunimmt. Es wundert also nicht, dass die Erstellung von Inventaren daher manchmal länger dauert.

4   Das ist so bestimmt in *La cura vigilantissima*, N. 39 und 40. Art. 39, 2: „Sono da considerarsi riservati e segreti gli Atti dei Conclavi, lo spoglio dei documenti dei Sommi Pontefici e dei Cardinali, i processi vescovili, i documenti di foro interno, le posizioni relative al personale della Santa Sede e dello Stato della Città del Vaticano e le Cause matrimoniali, oltre che i documenti indicati come tali dalla Segreteria di Stato". Für das Archiv der Glaubenskongregation sieht das *Regolamento degli studiosi* Nr. 12 vor: „Rimangono comunque non consultabili le serie di archivio o le parti di esse relative ai casi di delitti commessi contro la morale e nella celebrazione dei sacramenti (graviora delicta), trattati sia in via giudiziale che amministrativa".

5   Der Fall Schönstatt ist diesbezüglich sehr „typisch". Es gibt Informationen sowohl in den Nuntiaturakten als auch im Staatssekretariat. Damit ist jedoch sicher noch nicht alles gefunden. Es kann durchaus in den nächsten Jahren noch etwas zum Vorschein kommen. Bezüglich der Nuntiatur Berlin (Vatikan, AAV, Nunziatura Berlino, fasc. 177, 129, Folioseite [= fol.] 43), gibt es ein interessantes Schreiben, das Tardini aus dem Staatssekretariat an den Nuntius Aloysius Joseph Muench auf den Bericht über die Versammlung der Deutschen Bischofskonferenz in Pützchen vom 12.–14. Februar 1951 schickt. In dem Brief vom 2.5.1951 sind vier Zeilen Schönstatt gewidmet: „Particolarmente è stata qui rilevata l'attitudine di codesti Ecc. mi Vescovi nei riguardi della scabrosa questione del „Movimento di Schönstatt" e non si dubita che essi, con tutte le cautele del caso, continueranno a seguirne gli sviluppi". Zum Staatssekretariat siehe unten.

eine Art Schutz gegen den Versuch, Akten zu beseitigen, auch wenn sie ihn nicht völlig ausschließen können.⁶

Missbrauch ist nur eines der Themen der Forscher/innen aus der ganzen Welt, die in den Vatikanischen Archiven Material zur Geschichte des 20. Jahrhunderts suchen. Das Interesse der meisten, vor allem im Apostolischen Archiv und im Archiv des Staatssekretariats, ist auf politische Geschehnisse fokussiert – die Akten der Vertretungen des Hl. Stuhls sind oft reiche Quellen für die Geschichte der Staaten – oder auf die Kriegsgeschehnisse, vor allem auf die Judenverfolgung. Aus diesem Zeitraum stammen jedoch auch viele andere Unterlagen, die kirchliche Ereignisse und Entscheidungen vorbereiten. Einer der einflussreichsten „Arbeiter im Hintergrund" des Pontifikats Pius XII. war der holländische Jesuit Sebastiaan Tromp SJ, Professor an der Gregoriana und seit 1935 auch an der Kongregation des Hl. Offiziums tätig.⁷ Während seine Tätigkeit auf dem Zweiten Vatikanum gut bekannt ist, ist es bislang kaum bekannt, dass er als Konsultor des Hl. Offiziums oft auch mit Fällen von Sollizitation zu tun hatte, da diese ja ausschließlich Kompetenz des Hl. Offiziums waren.⁸

Viele Visitatoren suchte der Papst aus der Gruppe der Konsultoren des Hl. Offiziums aus.⁹ P. Tromp wurde im Frühjahr 1951 nach Schönstatt geschickt – nachdem die bischöfliche Visitation dort Unregelmäßigkeiten aufgewiesen hatte, die P. Kentenich, der Gründer Schönstatts, nicht zu beheben bereit war. Tromp erkannte die Situation sehr schnell. Er verfasste nach einigen Monaten schon das erste von drei umfangreichen Gutachten und schlug der Kongregation vor, den Schönstatt-Gründer, Pallottinerpater Josef Kentenich, ins Exil zu schicken.¹⁰ Vor allem aber sollte ihm jeder Kontakt mit den Schwestern verboten werden. Deutlicher hätte die verhängte Strafe kaum sein können. Die Kardinäle der Kongregation und der Papst haben nach den erhaltenen Informationen und der Diskussion in der Kongregation die Arbeit des Jesuiten gutgeheißen, der im Grunde nur die klassischen „Strafen" für die begangenen Taten vorgeschlagen hatte. Unter allen Entscheidungen, vor allem der, den Gründer Schönstatts ins Exil zu schicken mit der Auflage,

---

6 Diese Versuche wurden auch zugunsten anderer Gründer von Gemeinschaften gemacht. Dokumente, die mit dem Gründer der Legionäre, Marciel Marcial Degollado, zu tun haben, sind auch „verschwunden".
7 Für eine kurze Biografie Tromps (1889–1975) siehe z. B. Teuffenbach, Alexandra von, Art. Sebastian Kornelius Petrus Tromp, in: Biographisch-Bibliographisches Kirchenlexikon, Band 23, Nordhausen 2004, 1505–1508.
8 Sollizitation ist der Versuch eines Beichtvaters, während der Beichte einen Pönitenten – egal welchen Geschlechts – zu einer Sünde gegen das 6. Gebot zu verführen.
9 Es gibt erstaunlich wenige wissenschaftliche Beiträge zu dem, was eine Apostolische Visitation ist. Jede Visitation ist jedoch ein „Unikat", denn zusammen mit dem Auftrag erhielt der Visitator auch jeweils mehr oder weniger weitgehende Rechte und Entscheidungsbefugnisse.
10 Die zahlreichen Akten dazu befinden sich in Vatikan, ACDF, Dev. V., 1950/4, Visita Apostolica Schönstatt, I.

keinerlei Kontakt mehr mit den Schwestern zu haben, steht immer wieder *SSmus approbavit* – „der Papst approbiert".

1. Missbrauchsakten und Verfahren des Hl. Offiziums

Wie seit Jahrhunderten üblich, ist das ganze Verfahren, das hier nur angedeutet werden kann, in der römischen Kurie dokumentiert und archiviert. Dabei sind Fachausdrücke normal und auch entsprechend dem Delikt die Strafen, die von einer Verwarnung bis zur Laisierung alles beinhalten konnten und je nach Schwere des Falles verhängt wurden.

Man kann nicht erwarten, in Akten der 40er und 50er Jahre des letzten Jahrhunderts heutige Ausdrücke zu finden. Dies galt nicht nur für die Kongregation, sondern natürlich auch für die Aussagen der Betroffenen. Viele missbrauchte Frauen fühlten nicht nur Scham, sondern hatten begrifflich nicht einmal die Möglichkeit, dass ihnen Geschehene auszudrücken. Der Brief von Sr. Georgia, einer der missbrauchten Marienschwestern aus dem Jahr 1948, ist ein Beispiel für diese Not. Hier nur kurze Auszüge:

„Tamuco, den 20. September 1948

(…) Liebe Schwester Anna, dieser Brief wird Dir sehr wehe tun und Dir und mir viel Leid bereiten und vielleicht noch darüber hinaus der ganzen Familie Glück oder Unglück bringen. Was ich im letzten Jahr durchgemacht hab, kann ich dir nicht beschreiben. Die furchtbare Grausamkeit von H[errn] P[ater] und seine auf der anderen Seite übergrosse Zärtlichkeit. Ein ganzes Jahr habe ich das für mich allein gehalten, ich hoffte immer er liesse mich nach der Heimat zurück, zumal er es mir selber angeboten hat. Aber das sind nur seine Kunstgriffe und pädagogischen Winke, die auf mich keinen Eindruck mehr machen. Ich muss Dir mit aller Offenheit schreiben, liebe Schwester Anna, verstehe mich in diesen Dingen richtig. Ich schreibe Dir die volle Wahrheit. Wohl schliesst H[errn] P[ater] uns immer wieder den Mund mit seinem, denen in Deutschland kein Leid bereiten etc… Ich habe kein Fünklein Vertrauen mehr in ihn, habe nur Angst und Abscheu vor ihm und Eckel[sic] vor seinem Besuch. In meinem Brief deutete ich Dir meine grosse innere Not an, dass ich vieles nicht verstehen kann, aber ich wagte nichts zu sagen, weil ich die Person des H[errn] P[ater] schützen wollte. Du weisst ja wie ich ihn liebte und alles für ihn zu tun bereit war. Aber nun ist alles aus. Wie gerne hätte ich mit Dir gesprochen, aber es war unmöglich. Ich schwieg ein ganzes Jahr und machte all das mit, weil ich H[errn] P[ater] nicht beschämen wollte, ich hatte nachher immer Gewissensangst und Not. Wollte und durfte aber nichts sagen und nun hielt ich es innerlich nicht mehr aus, und ich habe es in der Beichte unserem B[eichtvater]V[ater] gesagt, wusste aber nicht, was das für Folgen mit sich zog, und dennoch bin ich froh, dass ich nun weiss, dass ich nicht verkehrt empfunden habe. In mir wuchs die Ablehnung und Angst vor H[errn] P[ater], die ich dir nicht beschreiben kann und ich fühlte, dass wir vor ihm alle Sklaven sind, und keine mehr ganz offen vor ihm ist. Manche Schw[ester] hat bei mir Bemerkungen gemacht, und wenn H[errn] P[ater] kam, oder wir bei ihm sind, dann stehen wir ganz unter seinem

Archivakten und Prozessakten im Fall der Schönstätter Marienschwestern

Zauber und seiner Gewalt. Warum verkehrt er so mit uns, warum ist er anders wie früher, warum predigt er die feinste Unberührtheit, sowohl die geistige als auch die körperliche und erlaubt er sich alles mit uns?

Liebe Schwester Anna, ich muss als ehrliches Kind vor der Familie stehen und ich sehe die Familie dem Abgrund zurasen, ohne, dass sie sich Rechenschaft gibt. Erst wollte ich H[errn] P[ater] offen gegenüber treten, ihm freimütig alles sagen, aber es hat keinen Zweck, denn dann sagt er, ich wäre vom Teufel besessen und hätte Teufelsgeist und würde mich selbst anbeten und noch viele andere schlimme Ausdrücke, die ich mich schäme, hier aufzuzählen. Sag mir doch nur das eine: verkehren denn alle Schwestern so mit H[errn] P[ater], oder tut er das nur hier? 1. Wir dürfen allein nur kniend mit ihm sprechen. Dann nimmt er uns beide Hände und zieht uns ganz nahe an sich. Mit mir hat er das wiederholt gemacht. Dabei berührt man doch seinen Körper. Als ich das bei der ersten Begrüssung, als ich allein bei ihm war, tat, kamen mir Bedenken, aber ich wagte nicht, sie sofort zu sagen. Aber als ich dann wieder bei ihm war, da fragte ich, ob das denn nicht gegen unseren Unberührtheitsgeist wäre. Er beruhigte mich, indem er sagte: Vater dürfe das tun. Und so ging das weiter und jeder Besuch, jede Besprechung mit ihm war dieselbe, und meine innere Not wurde immer | grösser. Nun hat man sich all die langen Jahre an das gehalten, was uns in Schönstatt von H[errn] P[ater] gelehrt wurde, und nun ist alles erlaubt. Mein grösstes Leid ist, dass ich nun H[errn] P[ater] als Mann erlebt habe und ihn nicht mehr achten, gern haben kann. Wenn er mich so ganz nah an sich zog, ich weiss nicht was durch mich ging und innerlich nahm ich eine Abwehrstellung ein. Liebe Schw[ester] Anna, mit der grössten Aufrichtigkeit kann ich Dir sagen, dass ich mir niemals in diesem Punkte das Geringste zu schulden kommen liess, aber nun zweifle ich an der Reinheit aller. Ist denn H.P. nicht auch Mann? Oder ist das alles Übernatur bei ihm, oder wie kann man das verstehen?

Das Geheimnis eines Mädchens existiert nicht mehr bei uns, das war einmal ein schöner Wunsch. Und dass H[errn] P[ater] sich so öffentlich Vater sagen lässt, gefällt mir nicht. Vater darf alles und das Kind ist nichts. Kennst du das Kinderexamen? Wem gehört das Kind? Vater. Was ist das Kind? Nichts. Was ist Vater für das Kind? Alles. Wem gehören die Augen? Vater. Wem die Ohren? Vater. Wem der Mund etc.? Vater. Wem die Brust? Vater. Wem die Geschl[echts] Org[ane]? Vater. Meine ganze Seele, die ganze Natur schüttelt sich vor diesen Dingen.

Oder, so sagte er zu mir, wenn es mir läge sollte ich, um die geistige vollständige Abhängigkeit von ihm zu lernen, mich jetzt üben, indem ich ihn frage bei allem was ich tun muss. Z.B. ich muss Wäsche wechseln, oder zur Toilette gehen oder eine B[inde] wechseln. Schwester Anna, ich hatte keine Worte mehr und ich kenne H[errn] P[ater] nicht mehr wieder. Warum tut er das?

Wenn ich dir nur sagen könnte was ich innerlich empfand, wenn er mich so an sich zog, und dann noch, wenn er einem das grösste Leid bereitet hatte, sagte: So, gell, nun können Sie Vater geistig umarmen, tun sie es auch. Sein Gesicht strahlte dann, wenn er einen ganz ohnmächtig und klein vor sich hatte. [...]

In der Liebe zur Gottesmutter Dir ganz herzliche Grüsse von Deiner dankbaren und alten M. Georgia"[11].

---

11 Limburg, Provinzarchiv der Pallottiner, N. 23/14, Beilage 13 zu Blatt 49–50. In Abschrift in Vatikan, ACDF, Dev.V. 1950/4, Visita Apostolica Schönstatt II/VI, fol. 118–122.

Wie sollte sie Worte finden für etwas, was es in der Kirche, in der Gesellschaft und vor allem in ihrer Gemeinschaft nicht geben durfte? Wir verdanken den Brief, den sie schließlich an die Generaloberin schrieb, ihrem Beichtvater. Sr. Georgia schrieb nicht nach Rom, sondern der Generaloberin. Und diese gab später vor dem Visitator zu, in mehreren Briefen von Übergriffen des Gründers erfahren zu haben.[12] Das hielt die Generaloberin aber nicht davon ab, dem Beschuldigten, also P. Kentenich, den Brief von Sr. Georgia weiterzugeben. Drei Jahre später fielen dieser und andere Briefe in die Hände des Visitators, der sich Abschriften anfertigte, die im Archiv des Hl. Offiziums aufbewahrt werden und Teil der Visitationsakte Schönstatts darstellen. So stellte er sicher, dass die Anschuldigungen bis heute aktenkundig sind.

Das Hl. Offizium ging den Fällen also nach. Dabei war man nicht auf das Sexualdelikt fokussiert, sondern sah sich das Verhalten des Priesters als Ganzes an. Kentenich hatte durch seinen Ungehorsam gegen die Weisungen des Bischofs von Trier, durch seine zahlreichen und schweren Übertretungen des Kirchenrechts – auch im Bezug auf das Beichtsakrament – schon ausreichend Gründe geliefert, um eine Strafe zu erhalten. Seine zahlreichen Versuche, Schwestern zu demütigen, auch mit Hilfe von Handlungen, die sexuelle Komponenten beinhalteten, waren dabei nur ein weiterer Punkt, der zur Verurteilung führte. In den 50er Jahren des letzten Jahrhunderts wurden diese sexuellen Übertretungen des Zölibats – denn das waren sie zunächst in den Augen der Kirche – nach Möglichkeit nicht öffentlich gemacht. Die Täter aber auch und vor allem die Betroffenen wären durch die Öffentlichkeit für immer gebrandmarkt gewesen.[13] Das heißt aber nicht, dass der Visitator nicht ein offenes Wort mit dem Generalrat der Schwestern sprach. Folge eines solchen „offenen Wortes" ist ein Brief von Sr. Bonifatia, der Generalassistentin der Marienschwestern, an den Papst. Der Brief aus dem Jahr 1953 ist kein Unikat, die Schwestern müssen über Jahre den Auftrag gehabt haben, eine Schwemme von Briefen nach Rom zu schreiben, mit stets gleichlautenden

---

12 Tromp fasst es so zusammen: „Anna mihi dixit se accepisse quattuor vel quinque epistolas ex Chili et duas vel tres ex Argentinea in quibus sorores de methodis P.K. lamentabantur. Non autem erant tam graves ut epistola Georgiae. Plus quam in Chile et Argentiniae miseria erat in Uruguay quae vocatur „die Vaterprovinz". Anna autem epistolas ex Chili et Argentinea non conservavit. (…) Confessoris Georgia erat P. Ferdinando Schmidt . Una soror indigena Chilensis exit de familiam, quia habunt [sic] nauseam de istis rebus. Soror Trinidad (Chili) videtur contraria Patri Kentenich". (Vatican, ACDF, Dev. V. 1950/4, Visita Apostolica Schönstatt, II/VI, fol. 122).

13 In meinem Buch „Vater darf das!". Eine Archivdokumentation. Sr. M. Georgina Wagner und andere missbrauchte Schönstätter Marienschwestern, Nordhausen 2020, 82 bringe ich als Beispiel den Fall von der 1937 geborenen Florence Sally Horner, die mit 11 Jahren entführt, zwei Jahre lang mit ihrem Vergewaltiger zusammenleben musste und später durch die Gesellschaft und Presse aufgrund der erlittenen Vergewaltigungen angeprangert wurde. In diesen Jahren hätte es für die Betroffenen das gesellschaftliche Aus bedeutet, wenn die Taten P. Kentenichs bekannt geworden wären.

Formulierungen und Inhalt: Es ging darum den Apostolischen Visitator Tromp zu verleumden und ihren Gründer in höchsten Tönen zu loben, um somit die Rückkehr aus dem Exil zu fördern. Ernst genommen wurden diese Schwestern nicht mehr, nachdem sich die Briefe häuften und eine der Schwestern, die persönlich zum Hl. Offizium ging, der Lüge überführt wurde.[14] Eine Antwort vom Papst an Sr. Bonifatia ist nicht aktenkundig. Nur die Kopie eines einzigen Antwortbriefes ist erhalten, dieser richtete sich an die ehemalige Generaloberin. Sie hatte dem Papst und dem Hl. Offizium einen langen Brief geschrieben. Darin hatte sie nicht Tromp angegriffen, sondern sie hatte sich besorgt gezeigt, P. Kentenich könne aus dem Exil zurückkommen. Kardinal Pizzardo antwortet im Namen des Papstes der ehemaligen Generaloberin:

„Seiner Heiligkeit waren die in dem Bericht vorgetragenen Anklagen bereits früher vollständig bekannt, und gerade mit Rücksicht darauf hatte Er, wie Er ausdrücklich betont, unter dem 14. Juli 1953 die Verordnung erlassen:
‚Pater Kentenich muss vollständig und für immer von jeglicher Verbindung mit den Schwestern ausgeschlossen bleiben'."[15]

In diesem Antwortschreiben, das vom Staatssekretariat stammt, wird klar, was man in Kurienkreisen über Kentenich wusste, und wie Papst Pius XII. dachte, der sich stets zu jedem Fall, der im Hl. Offizium behandelt wurde, informieren ließ.

Doch noch einmal zum Brief von Sr. Bonifatia. In ihrem langen sauberen maschinengeschriebenen Text, der nichts anderes ist als eine Anklageschrift gegen den Visitator P. Tromp, stellt die Schwester u. a. fest, dass in den Dekreten das Hl. Offizium

„keine verdächtigen Beweggründe und keinen unkirchlichen Geist angenommen hat. Auch die religiös-sittliche Integrität des Gründers wird in den Dekreten nicht angetastet. Seine Verdienste und der gute Geist des Institutes werden lobend anerkannt"[16].

Dass dies so nicht stimmt, wusste Sr. Bonifatia, denn P. Tromp hatte den Schwestern genau erklärt, wie die Dekrete zu verstehen seien.[17] Er erklärte, dass man den

14 Siehe Dev. V. 1950/4, Visita Apostolica Schönstatt II/VIII, fol. 509r–515v. P. Hentrich überführt Sr. Edelgart mehrerer Lügen in ihren Aussagen gegen P. Tromp, deckt ihr Spiel auf, mit dem die Schwestern zeigen wollten, dass der Papst nicht über Schönstatt informiert wäre, erklärt ihr aber auch das Vorgehen der Kongregation.
15 Limburg, Provinzarchiv der Pallottiner, N. 83/13; vgl. Vatikan, AAV, Segr. Stato, 1950–, Ordini religiosi femminili, 476, fol. 44–46.
16 Vatikan, AAV, Segr. Stato, 1950–, Ordini religiosi femminili, 476, fol. 12.
17 In dem Prozess, den die Marienschwestern gegen mich und den Verlag angestrengt haben, behaupteten die Marienschwestern P. Kentenich habe gar keine Strafe von der Kirche erhalten. Dabei fehlte offensichtlich die elementarste Kenntnis der Prozedur des Hl. Offiziums. Allein die Exilierung und das Kontaktverbot – für immer! – waren eine der schwersten

Gründer nicht öffentlich bloßstellen, das Werk retten wolle und nicht die Schwestern bestrafen wolle, aber, dass ein Mann keine Frauengemeinschaft leiten könne, dass einige sogenannten Bräuche beendet werden müssten, und dass der Gründer keinen Kontakt mehr mit ihnen haben dürfte. Was er noch sagte, erfahren wir von Sr. Bonifatia:

> „Im Gegensatz dazu [zum Dekret] mußte ich persönlich und gemeinsam mit dem Generalrat erleben, daß der Hochw.ste H.P. Visitator wiederholt (…) durch betrübliche Verdächtigungen und ehrenrührige Andeutungen die sittliche Integrität unseres Gründers in Zweifel zog und unsere Ehre und unser frauliches Empfinden tief verletzte. Ich bin darüber bis ins innerste erschüttert …"[18].

Und nachdem sie sich lange über die Güte P. Kentenichs geäußert hatte, schrieb Bonifatia:

> „In der ersten Zeit der Visitation hat der Hochw.ste H. P. Visitator die Äußerung getan, etwa die Hälfte der Schwestern stünde gegen unseren Gründer. Inzwischen muß er die Überzeugung gewonnen haben, daß es nur ein verschwindet kleiner Teil ist, nach meiner Ansicht kaum 1%. Dabei handelt es sich meist um seelisch Kranke, um weniger brauchbare oder selbst fragliche Charaktere und um ausgetretene Schwestern. Wir können uns dem betrüblichen Eindruck nicht entziehen, daß der Hochw.ste H. P. Visitator gerade aus dem Kreise dieser verschwindend kleinen Minderheit viele seiner Informationen bezieht und sie bei Bildung seines Urteils über die Vorgänge in der Schwesternschaft höher wertet als die Auffassung der Vorgesetzten und die Meinung der überwiegenden Mehrheit der Schwestern."[19]

Die Aussagen von Sr. Bonifatia sind kaum zu überbieten, was die kalte Verachtung derer angeht, die die blinde Verehrung des Gründers nicht teilen. Dabei ist natürlich die Aussage, der „überwiegende Teil der Schwestern" habe die sittliche Integrität des Gründers nicht in Frage gestellt, kein logisches Argument gegen den Missbrauch einer ganzen Gruppe anderer Schwestern. Und es ist natürlich auch kein Argument der katholischen Moral. In den fünfziger Jahren wurde dieses eine Prozent, also die missbrauchten Schwestern, gerade in der Schönstattgemeinschaft gezielt ausgegrenzt, durch Pathologisierung, durch Kriminalisierung oder gar – wie es von Ken-

---

Strafen, die verhängt werden konnten. Es blieb als Steigerung nur noch die Suspension *a Divinis*, also das Verbot jeder priesterlichen Handlung, und die Versetzung in den Laienstand übrig. Die Suspension wurde P. Kentenich bereits bei der Verlesung des Dekrets durch P. Bea angekündigt. Wenn er sich nicht an die Auflagen halten würde, würde er seinen priesterlichen Dienst nicht mehr ausüben dürfen. Im Übrigen war die Pallottinergemeinschaft in Milwaukee in den USA ausgewählt worden, die er nicht hätte verlassen dürfen.

18 Vatikan, AAV, Segr. Stato, 1950-, Ordini religiosi femminili, 476, fol. 13.
19 Vatikan, AAV, Segr. Stato, 1950-, Ordini religiosi femminili, 476, fol. 14.

Archivakten und Prozessakten im Fall der Schönstätter Marienschwestern

tenich im Fall von Sr. Georgia gemacht wurde – für vom Teufel besessen erklärt.[20] Die Schwestern, die dem Visitator Tromp etwas erzählten oder sich der kirchlichen Autorität fügten, wurden ausgegrenzt. Der Trierer Bischof Wehr sagte am Ende der Visitation 1953, diese Schwestern machten ein „wahres Martyrium" durch.[21] Mehrere Briefe von Schwestern belegen diese Aussage, für die das heutige Wort „Mobbing" kaum ausreichend ist.

Im Fall von P. Kentenich sind wir nicht nur auf die Akten in den Vatikanischen Archiven beschränkt, die an sich ausreichend wären, sondern wir sind in der glücklichen Lage, weitere Dokumentationen zu haben. Denn die Schönstätter betreiben ja seit 1975 die Seligsprechung ihres Gründers auf diözesaner Ebene.[22] Das Verfahren ist nie über die erste, die diözesane Phase, hinweggekommen, und auch dafür hat es wohl nie eine Erlaubnis von der zuständigen Stelle, der Heiligsprechungskongregation in Rom, gegeben, sonst wäre diese Dokumentation längst gezeigt worden. Das heißt, es wurde 47 Jahre lang in der Diözese Trier ein Seligsprechungsverfahren vorangetrieben für einen Mann, der – so die Akten – Frauen missbrauchte. Wussten dies die Verantwortlichen in der Diözese Trier? Einmal abgesehen von den insgesamt drei Visitationen, die vor der Eröffnung des Seligsprechungsprozesses durchgeführt wurden, haben in den siebziger und achtziger Jahren verschiedene Marienschwestern eidesstattliche Aussagen gemacht, die jede Eröffnung eines Seligsprechungsverfahrens hätten unmöglich machen müssen. Einige von diesen Aussagen habe ich in meiner Publikation „Vater darf das!" im Herbst 2020 veröffentlicht. Dafür habe ich Akten ausgewertet, die im Limburger Archiv der Pallottiner liegen. Über Jahrzehnte hatte Professor Heinrich Maria Köster, ein bekannter Mariologe, Pallottinerpater und anfänglich Gefolgsmann von Kentenich, Akten über Kentenich gesammelt. Er hat sich der Marienschwestern angenommen, die hauptsächlich wegen Kentenich ausgetreten waren. Und er hat ihre Berichte gesammelt. Diese Archivalien haben die Dokumente, die ich in den Vatikanischen Archiven gefunden hatte, mit Details gefüllt, wie es wohl selten in Missbrauchsfällen geschieht. Also bei aller Tragik des Falles, eine erstaunlich gute Aktenlage.

Bei einer solchen Aktenlage sollte es eigentlich keine weitere Diskussion oder Deutung geben können. Und doch gibt es nicht nur Archivakten, sondern auch Prozessakten. Sie offenbaren, wie mit Archivalien in deutschen Schönstattkreisen umgegangen wird, ja wie überhaupt mit Missbrauch in diesen Kreisen umgegangen wird.

---

20 Siehe Teuffenbach, „Vater darf das!", 122–133.
21 Vatikan, ACDF, Dev. V, 1950/4, Visita Apostolica Schönstatt, IV/ XVI, fol. 8.
22 Das Verfahren ist am 3.5.2022 durch den Bischof von Trier ausgesetzt, jedoch nicht beendet worden.

2. Prozessakten

Der Versuch der Schönstätter Marienschwestern, durch eine einstweilige Verfügung gegen den Bautz Verlag und mich die Archivakten und ihre Publikation aus der Welt zu schaffen, ist gescheitert.[23] Am 16.9.2021 erging das Urteil des Landesgerichtes Berlin.[24] Die Marienschwestern erhielten in keinem Punkt Recht. Es wurde nicht nur ein Stück Rechtsgeschichte geschrieben, sondern es wurde auch die Freiheit der Wissenschaft in Deutschland gegen jeden Versuch der Zensur verteidigt.[25]

Das Urteil des Oberlandesgerichts Berlin hat insofern Bedeutung für alle, die im Bereich der Personenforschung und der Missbrauchsforschung arbeiten, weil es die Freiheit der Forschung und Wissenschaft unterstreicht, was für all jene wichtig ist, die in diesen Monaten durch die Geschehnisse eingeschüchtert wurden. Während man auf der einen Seite ein wissenschaftliches Buch zu zensieren versucht – weil die veröffentlichten Akten, die die Legende vom heiligen Gründer

---

[23] Am 24.11.2020 erhielt der Bautz Verlag in Nordhausen mein Buch „Vater darf das!", das über Sr. Georgina Wagner veröffentlicht wurde und ich selbst eine lange Abmahnung durch einen Anwalt der Höcker Kanzlei erhielt. In meinem Buch geht es bewusst nicht um den Täter, sondern um die Betroffenen. Die Marienschwester Georgina Wagner, wurde während des Aufenthalts von P. Kentenich in Chile im Jahr 1948 vom Pater auch sexuell missbraucht, nachdem ein lang andauernder psychischer Missbrauch vorausging und folgte. Dem Buch habe ich zur Unterstützung der Aussagen von Sr. Georgina noch Zeugnisse anderer neun Schwestern beigefügt. Es handelt sich, wie auch das Gericht erkannte, um eine wissenschaftliche Dokumentation, nicht um eine Erzählung oder eine journalistische Arbeit. In der Abmahnung verlangten die Marienschwestern Schönstatts den Verkauf des Buches zu stoppen, die verkauften Exemplare wieder zurückzuholen und außerdem wollten die Marienschwestern verbieten, dass weiter über den sexuellen Missbrauch durch P. Kentenich geschrieben oder gesprochen wird.
Ich möchte mich bei dieser Gelegenheit beim Verlag Traugott Bautz bedanken, und insbesondere bei Frau Timpe-Bautz. Der Verlag hat durch das Verfahren seine Existenz riskiert, und ich bewundere es sehr, dass er stets auf der Seite ihrer Autorin stand und mein Anliegen so unterstützt hat, und dass, obwohl es durchaus Möglichkeiten gab, sich aus dem Rechtsstreit bequem herauszuziehen. Es ist ein Zeichen der Hoffnung und es macht Mut, dass es einen Verlag und Menschen gibt, die so viel für die Rechte dieser längst verstorbenen Frauen riskieren!
[24] Das Urteil des Landgerichts Berlin (AZ: 27 O 443/20), Zivilkammer 27, Vorsitzender Richter Thiel, Richter Dr. Koa und Richterin Hurek, vom 16.9.2021 wurde am 27.12.2021 rechtskräftig.
[25] Dr. Wolfgang Stein hat bei der Tagung 2022 des Arbeitskreises Ordensgeschichte 19./ 20. Jahrhundert in seinem Vortrag über das Eilverfahren gesprochen, das die Schönstätter Marienschwestern gegen den Bautz Verlag und mich angestrengt haben, dabei hat er vor allem das Urteil und die Folgerungen zusammengefasst, eine kurze Darstellung in: https://www.ordensgemeinschaften.at/kultur/aktuelles/1689-tagungsbericht-2022-arbeitskreis-ordensgeschichte-19-20-jahrhundert (2.5.2022).

nicht stützen, nicht an die Öffentlichkeit gelangen sollten – erklärt man auf der anderen Seite, man hätte an einer objektiven Forschung Interesse.[26]

Die lange Urteilsbegründung des Oberlandesgerichts kann man wohl als Nicht-Juristin so zusammenfassen:

¶ Akten zum Missbrauch durch einen Verstorbenen kann man veröffentlichen, wobei natürlich alle Fristen, die der Staat und evtl. die Kirche für den Personenschutz festgelegt haben, eingehalten werden müssen. Damit tut man dem verstorbenen Täter kein Unrecht. In meinem Fall entschied das Gericht: „Mit der beanstandeten Veröffentlichung haben die Antragsgegnerinnen [Verlag Bautz/Teuffenbach] Rechte des Antragsstellers [Schönstatt] und auch ein etwaiges postmortales Persönlichkeitsrecht des Paters Kentenich nicht verletzt"[27].

¶ Eine Schwesterngemeinschaft – vor allem, wenn jede Form von Testament fehlt – hat keine Aktivlegitimation, um die postmortalen Rechte einer Person einzufordern. Das Gericht schreibt:

„Zur Wahrnehmung etwaiger postmortaler Schutzansprüche berechtigt sind, soweit der Verstorbene wie vorliegend zu Lebzeiten niemanden hierzu bestimmt hat, grundsätzlich deren Angehörige. Sinn und Zweck des postmortalen Persönlichkeitsrechts, dem Verstorbenen zu Lebzeiten zu ermöglichen, im Vertrauen auf den Schutz seines Lebensbildes jedenfalls gegen grobe Entstellungen nach seinem Tod leben zu dürfen (…), gebieten es jedoch, hiervon Ausnahmen anzuerkennen. (…) Zu diesem besonderen Personenkreis gehört der Antragssteller vorliegend nicht. (…) Soweit der Antragsteller sich, insbesondere unter Verweis auf Regelungen innerhalb seiner Satzung, auf eine „besondere Qualifikation" sowie darauf beruft, die Marienschwestern lebten „familiengleich", „so vermag dies allein schon aufgrund der Vielzahl der betroffenen Personen eine Nähe, wie sie für die – ausnahmsweise anzuerkennende – Wahrnehmungsbefugnis gefordert wird, nicht zu belegen"[28].

¶ Über die postmortalen Rechte von P. Kentenich schreibt das Gericht interessante Abschnitte. Diese Aussagen müssen jeden zum Nachdenken bringen, der über Verstorbene Dinge verbreitet, für die er keine sicheren Quellen hat. Im Fall von Kentenich sind wir in der glücklichen Lage, eine Überfülle von Material zu besitzen, das übereinstimmend verschiedene Formen von Missbrauch belegt.

---

26 „Neben diesem juristischen Schritt unterstützen wir alle Anstrengungen, die zur historischen Aufarbeitung und Klärung unternommen werden und stellen den verschiedenen Kommissionen alle dafür relevanten Archivdokumente unserer Gemeinschaft zur Verfügung". Aus: https://www.schoenstatt.de/de/news/5163/112/Rechtliche-Schritte-gegen-die-Buchveroeffentlichung-von-Dr-Alexandra-von-Teuffenbach.htm (2.5.2022).
27 Beglaubigte Abschrift des Urteils 27 O 443/20 des Landesgericht Berlin, 19.
28 Beglaubigte Abschrift des Urteils 27 O 443/20 des Landesgericht Berlin, 19–20.

¶ Bezüglich der Wissenschaftsfreiheit: Auch wenn von verschiedenen Seiten alles versucht wird, um das Buch als journalistische Arbeit (abzu)qualifizieren[29], hat das Gericht festgelegt:

> „Die streitbefangene Publikation genießt den Schutz des Art. 5 Abs. 3 GG. Es handelt sich, anders als der Antragsteiler zu meinen scheint, nicht um eine journalistische oder im weitesten Sinne 'erzählende, Veröffentlichung, sondern um einen wissenschaftlichen Beitrag. Dies ergibt sich unzweifelhaft aus Form und Inhalt der Publikation. Die Antragsgegnerinnen geben, wie sich auch aus der Unterüberschrift 'Eine Archivdokumentation, ergibt, in ihrem Buch Archivdokumente wieder, d. h. vor allem Briefe und persönliche Stellungnahmen, welche die Antragsgegnerin zu 2) in den von ihr besuchten Archiven gefunden und eingesehen hat. Diese Dokumente sortiert die Antragsgegnerin zu 2) nach eigenen Kriterien, ordnet diese für den Leser in ihren Zusammenhängen und interpretiert ihre Inhalte"[30].

¶ Besonders interessant sind die Aussagen zu den sexuellen Übergriffen. So kann weiterhin behauptet werden, Kentenich habe einige Schwestern sexuell und körperlich missbraucht. „Der Begriff des 'sexuell-körperlichen, Missbrauch unterfällt wie derjenige des Missbrauchs selbst keiner festen Definition"[31]. Weiter schreibt das Gericht:

> „Im Übrigen findet die Bewertung, dem Verhalten des Paters komme eine sexuelle Komponente zu, in den veröffentlichten Schilderungen eine Stütze. So wird auf Seite 135 die Schilderung wiedergegeben, Pater Kentenich habe eine Schwester angewiesen, sich über einen Stuhl zu legen, damit er sie schlagen könne, wobei sie ihre Beinkleider ausziehen sollte. Der Wille, eine andere Person nackt vor sich zu sehen, lässt den Rückschluss auf eine jedenfalls mögliche sexuelle Motivation zu. Dasselbe gilt, soweit auf Seite 150 die Anweisung des Paters an eine Schwester geschildert wird, sich niederzuknien und ihr Gesicht in seinen Schoß zu legen. Dass der Antragsteller nunmehr pauschal in Abrede stellt, den in den publizierten Dokumenten enthaltenen Schilderungen lägen reale Geschehnisse zugrunde, vermag angesichts des unstreitig verhängten Kontaktverbotes und des sodann folgenden Exils des Paters, welches auch

---

29 Lucrecia Enríquez Agrazar, wiederholt in ihrer Rezension zur spanischen Version meines Buches „El padre puede hacerlo", Rom 2021 (die sie fälschlicherweise dem Bautz Verlag im Jahr 2020 zuschreibt!) die Anklagen der Marienschwestern, die durch das Gerichtsurteil bereits als falsch zurückgewiesen wurden, u.a. streitet sie dieser Archivdokumentation die Wissenschaftlichkeit ab. Besonders erschreckend ist jedoch, dass sie die Betroffenen, denen das Buch gewidmet ist, mit keinem Wort erwähnt. Sie schreibt, das Buch handle von einem Moment im Leben von Josef Kentenichs! Dieses Übersehen der Betroffenen – die sich, wie im Buch dokumentarisch dargestellt, zum Teil aus Verzweiflung das Leben genommen haben – ist erschreckend! Siehe die Rezension in: Anuario de Historia de la Iglesia, 31 (2022), 698-699.
30 Beglaubigte Abschrift des Urteils 27 O 443/20 des Landesgericht Berlin, 23-24.
31 Beglaubigte Abschrift des Urteils 27 O 443/20 des Landesgericht Berlin, 27.

nach dem Vortrag des Antragstellers erst im Jahr 1983 aufgehoben wurde, nicht zu überzeugen und steht auch im Widerspruch zu seiner eigenen Stellungnahme vom 04.07.2020"[32].

Die Marienschwestern Schönstatts behaupten also heute, ihre Mitschwestern hätten damals in den Briefen und in den eidesstattlichen Aussagen alle die Unwahrheit erzählt. Dieser Behauptung hat sich das Gericht ebenfalls nicht angeschlossen. Die Marienschwestern haben nämlich auch ihrerseits keinerlei Beleg dafür gebracht, dass auch nur eine der Schwestern von einer Fantasie berichtet hätte. Man muss also feststellen, dass es außer der bereits zu Kentenichs Zeiten stattgefundenen Pathologisierung und Kriminalisierung der missbrauchten Schwestern nun eine weitere Variante der Schuldzuweisung der Betroffenen existiert: Es handle sich in keinem der vielen beschriebenen Fälle um die Realität, die missbrauchten Schwestern würden den Missbrauch erfinden, als hätten sie in jenen Jahrzehnten außer Ausgrenzung und Verachtung einen Vorteil davontragen können.

Es stimmt traurig, dass ein solcher Prozess und die Leugnung von eindeutigen historischen Belegen im aufgeklärten Deutschland des 21. Jahrhunderts möglich waren. Es ist nicht „Rom", das die Herausgabe von Dokumenten verhindern wollte, es ist nicht „Rom", dass den Seligsprechungsprozess zwei Jahre lang weiterführte, während die Akten, die längst bekannt waren, veröffentlicht wurden. Vier Jahrzehnte lang und trotz der Vielzahl schwerer Anschuldigungen, die in eidesstattlichen Erklärungen erhoben wurden, haben die Bischöfe Triers diesen Seligsprechungsprozess weitergeführt. Es sind die Marienschwestern Schönstatts, die damaligen und heutigen Mitschwestern der missbrauchten und gedemütigten Frauen, die kein Wort des Erbarmens finden, sondern ganz im Gegenteil noch fester an ihrem Tätergründer hängen. Man mag sich fragen, was hier eigentlich passiert, wenn man zu der Schlussfolgerung kommen muss, dass zumindest in diesem Fall das Hl. Offizium der fünfziger Jahre die Betroffenen weit besser behandelt hat, ja ernster genommen und zu schützen versucht hat, als es heute gewisse Kreise in und um Schönstatt tun.

Der Sieg im Rechtsstreit soll also ihnen gewidmet sein, diesen von ihrem Gründer und „Vater" auf vielerlei Weise missbrauchten Schönstätter Marienschwestern, diesem einen Prozent, das die Generalassistentin gehässig: „seelisch krank[e], weniger brauchbar[e], fragliche Charaktere oder ausgetretene Schwestern" genannt hatte. Heute, mehr als 70 Jahre nach der Exilierung Kentenichs durch die Katholische Kirche der 50er Jahre, haben diese Frauen, die sich nicht scheuen, ihr schmerzhaftes Erleben aktenkundig zu machen, im Grunde vor Gericht einen Sieg errungen.

---

32 Beglaubigte Abschrift des Urteils 27 O 443/20 des Landesgericht Berlin, 30.

12.

„Quod non est in actis, non est in mundo"

Über die Problematik ordnungsgemäßer Dokumentation im Fall von Missbrauch an erwachsenen Frauen[1]

Ute Leimgruber

Ute Leimgruber nimmt die grundsätzliche Problematik ordnungsgemäßer Dokumentation bei Missbrauchstaten im Fall von erwachsenen Frauen als Betroffene in den Blick und analysiert diese anhand eines „Modelfalls", in welchem Täter*innen Seelsorgebeziehungen (aus)nutzen konnten und Beratungs- bzw. Begleitmissbrauch stattgefunden hat. Dabei veranschaulicht sie unter den drei Aspekten 1) Unsichtbarkeit, 2) Unauffindbarkeit sowie 3) Ungreifbarkeit den massiven und multiplen Gender Data Gap in der Datenerhebung von Missbrauch an erwachsenen Frauen und macht auf die Notwendigkeit transparenter Aktenführung aufmerksam.

„Quod non est in actis, non est in mundo" – so bringt der Abschlussbericht der Expert*innengruppe „Wissen Teilen" zur Aufklärung und Aufarbeitung sexualisierter Gewalt im Bistum Hildesheim während der Amtszeit von Bischof Heinrich Maria Janssen[2] eines der Grundprobleme im Umfeld der Aufklärung von Missbrauchstaten ins Wort: „Was nicht in den Akten ist, ist nicht in der Welt." Denn Aufklärung und Aufarbeitung von Missbrauchstaten geschieht in Deutschland vornehmlich über das Aktenstudium – und wenn eine Tat in den ausgewählten und untersuchten Personal- und / oder Strafakten nicht dokumentiert ist, scheint es, als wäre sie nicht geschehen. Diese Problematik besteht bei allen Missbrauchstaten, im

---

[1] Der vorliegende Text geht auf einen Vortrag im Rahmen der Online-Konferenz „Macht – Missbrauch – Dokumente" am 10.12.2021 des FB Katholische Theologie der Goethe-Universität Frankfurt zurück.

[2] Niewisch-Lennartz, Antje / Schrimm, Kurt, Aufklärung und Aufarbeitung sexualisierter Gewalt im Bistum Hildesheim während der Amtszeit von Bischof Heinrich Maria Janssen. Abschlussbericht der Expertengruppe „Wissen Teilen", Bd. 1: Zusammenfassende Darstellung des Gesamtprojekts, Archivrecherche, o.O. 2021, 12ff Seitenangabe muss konkret sein ... was tun?.

Fall von erwachsenen Frauen als Betroffene sind aber besondere, das Problem teils verschärfende Mechanismen zu beobachten.³

Blickt man in die im Internet frei zugänglichen Studien und Gutachten bspw. aus den Diözesen Limburg, Hildesheim, Köln, München oder Aachen, so fällt auf, dass Missbrauch an erwachsenen Frauen fast kein Thema ist, auch wenn die geltenden Missbrauchsordnungen „schutz- und hilfebedürftige Erwachsene" als mögliche Betroffene vorsehen. Missbrauch an erwachsenen Frauen kommt in den bislang veröffentlichen Gutachten jedenfalls kaum vor – und wenn, dann höchstens, um bestimmte Vorfälle als nicht relevant zu kennzeichnen, z. B. im Gutachten des Bistums Hildesheim mit dem Hinweis, dass sich die Vorwürfe gegen den mutmaßlichen Täter „auf sexuelle Beziehungen zu erwachsenen Frauen"⁴ beziehen und deswegen nicht weiterverfolgt würden. Die MHG-Studie ist von ihrem Forschungsdesign her lediglich auf minderjährige Betroffene ausgerichtet, die Betroffenen werden über die Täter*innen ermittelt.⁵ Bei der MHG-Studie kommt hinzu, dass sie „in ihrem methodologischen Zugriff eingeschränkt [war]: sie arbeitete vorwiegend mit kirchlichen Personal- und Strafakten von Beschuldigten, und da die Bistümer den Zugriff von Forschenden auf diese Dokumente regulieren konnten, hatten sie letztlich auch die Kontrolle darüber, welche Daten überhaupt in die Studie einflossen."⁶

Wer allerdings von dem Aktenbefund her rückschließt, dass es keinen Missbrauch an erwachsenen Frauen gibt, unterliegt einem Fehlschluss.⁷ Selbstverständlich kann etwas Nicht-Existentes, das wirklich „nicht in der Welt" ist, auch nicht Eingang in Akten finden. Der Umkehrschluss ist jedoch falsch: Aus fehlenden Akten bzw. Akteneinträgen kann nicht abgeleitet werden, dass es ein Phänomen nicht gibt, dass es de facto „nicht in der Welt" ist. Wer den Missbrauch von erwachsenen Personen als marginal oder nicht-existierend behauptet, hat die

---

3   Vieles von dem, was im Folgenden mit dem Fokus auf erwachsene Frauen erläutert wird, gilt selbstverständlich auch für den Missbrauch an nicht-weiblichen und nicht-erwachsenen Personen.
4   Vgl. Niewisch-Lennartz / Schrimm, Aufklärung und Aufarbeitung, 73.
5   Die MHG-Studie rechnet mit einer hohen Dunkelziffer, nennt im Hellfeld aufgrund von Aktenstudien eine Zahl von 3.677 Betroffenen. Nils Fegert hat vermutet, das „Dunkelfeld liege sowohl für die katholische als auch für die evangelische Kirche in Deutschland bei geschätzten 114.000 Missbrauchsopfern" (allerdings auch dies mit Blick auf Kinder und Jugendliche), www.katholisch.de/artikel/20995-missbrauch-studie-vermutet-dunkelfeld-mit-bis-zu-144000-opfern (25.4.2022).
6   Behrensen, Maren, Die „Aufarbeitung" der Missbrauchsskandale in der katholischen Kirche als hermeneutisches Unrecht, in: Wirth, Mathias / Noth, Isabelle / Schroer, Silvia (Hg.), Sexualisierte Gewalt in kirchlichen Kontexten | Sexual Violence in the Context of the Church: Neue interdisziplinäre Perspektiven | New Interdisciplinary Perspectives, Berlin 2021, 159–188, hier 163.
7   Vgl. www.katholisch.de/artikel/31514-missbrauchsstudie-216000-opfer-3200-taeter-in-frankreichs-kirche (25.4.2022).

Ausmaße des Missbrauchs noch nicht erkannt und bagatellisiert Missbrauchstaten und -verbrechen. Auch deshalb sind autobiografische Berichte so wichtig, weil sie eben Missbrauch beschreiben, der nicht in Akten aufgenommen wurde, oder zum Teil in den Akten vorfindbar wäre, aber für Gutachten oder Studien als nicht relevant angesehen wird. Dies ist besonders auffällig bei Frauen, da hier entlang des Alters unterschieden wird zwischen Missbrauch (= nur Minderjährige) und Nicht-Missbrauch (= Erwachsene oder Ü-16-Jährige). „Beziehungen von Priestern mit Frauen" werden dann meist beschönigend als „Affäre" oder „Verhältnis" bezeichnet.[8] Das Alter markiert die Linie zum Verbrechen, zum Missbrauch, zur Gewalt – und die Linie zur Volljährigkeit wird von den Verantwortlichen bei der Bewertung großzügig unterschritten.[9] Abhängigkeitsverhältnisse oder die Prüfung von besonderen Vulnerabilitäten nach Art. 3 der Ordnung der Deutschen Bischofskonferenz für den Umgang mit sexuellem Missbrauch Minderjähriger und schutz- oder hilfebedürftiger Erwachsener scheinen nicht in den Blick genommen worden zu sein und auch gar keine Rolle zu spielen.[10]

Die Problematik ordnungsgemäßer Aktendokumentation im Fall von Missbrauch an erwachsenen Frauen soll im Folgenden unter drei Aspekten veranschaulicht werden: 1) Unsichtbarkeit, 2) Unauffindbarkeit, 3) Ungreifbarkeit. Ich möchte dies tun, indem ich einen „Modellfall" (MF) voran stelle und die Schwierigkeiten bei der Dokumentation durch bestimmte Konkretionen des Falls, die alle empirisch beschrieben sind, durchdenke. Solche Fälle von Beratungs- bzw. Begleitungsmissbrauch,[11] bei dem der*die Täter*in das asymmetrische Verhältnis in Seelsorgebeziehungen nutzen konnte, gibt es viele. Wir kennen sie aus einer zunehmend wachsenden Zahl von Egodokumenten Erwachsener. Und dennoch: In den offiziellen Personal- oder Strafakten und in den archivbasierten Gutachten der (Erz-)Bistümer taucht dieses spezielle Phänomen des Missbrauchs von Erwachsenen kaum auf, ebenso wenig wie andere Missbrauchsfälle von Erwachsenen, z. B. einmalige sexuelle Übergriffe durch Priester oder Ordensobere,

---

8   Siehe unten Variante 2 B.
9   Dass die postpubertären, reproduktiven Mädchen- und Frauenkörper dabei besonders gefährdet sind, weist Doris Reisinger eindrücklich nach: Reisinger, Doris, Reproductive Abuse in the Context of Clergy Sexual Abuse in the Catholic Church, in: Religions 13 (2022), 198, https://doi.org/10.3390/rel13030198 (19.04.2023).
10 Deutsche Bischofskonferenz, Ordnung für den Umgang mit sexuellem Missbrauch Minderjähriger und schutz- oder hilfebedürftiger Erwachsener durch Kleriker und sonstige Beschäftigte im kirchlichen Dienst, Bonn 2019.
11 Vgl. Leimgruber, Ute, Vulnerance of Pastoral Care, in: Religions 13 (2022), 256. https://doi.org/10.3390/rel13030256 (19.04.2023). Vgl. auch das ähnlich gelagerte Phänomen sexueller Übergriffe im Gesundheitswesen bzw. „Professional Sexual Misconduct" (PSM); Tschan, Werner, Helfer als Täter – Sexuelle Grenzverletzungen durch medizinische und psychosoziale Fachpersonen, in: Psychotherapie im Dialog 2 (2004), 181–185.

sexuelle Handlungen innerhalb finanzieller oder beruflicher Abhängigkeitsverhältnisse usw.

1. Modellfall:

Frau F ist bei Pater P in geistlicher Begleitung. Nach einer längeren Phase des Vertrauensaufbaus und der emotionalen Intensivierung ihrer Beziehung kommt es im Rahmen eines seelsorglichen Beratungsgesprächs zwischen den beiden zu sexuellen Handlungen. Frau F ist überrumpelt, sie möchte das nicht und teilt es dem Pater mit, er hingegen fährt fort mit den sexuellen Aktivitäten, verstärkt sie sogar noch. Bei weiteren Treffen zwischen Frau F und ihrem geistlichen Begleiter Pater P kommt es erneut zu nicht-einvernehmlichem Sex.

1.1 Möglichkeit 1: Unsichtbarkeit

Der erste Abschnitt stellt mehrere Möglichkeiten der Unsichtbarkeit vor. Es gibt unterschiedliche Varianten des Fakts, dass das Vorkommnis nie verschriftlicht wurde und deswegen unsichtbar geblieben ist: „*Quod non est in actis, non est in mundo*". In diesen Fällen gibt es keine oder keine zuverlässigen Akten, und jede rein aktenbasierte Recherche müsste zwangsläufig scheitern.

Variante 1 A:

Die Taten wurden nie dokumentiert, weil Frau F es nie jemandem erzählt hat. Viele Opfer von sexuellem Missbrauch erzählen nie etwas von den Taten; aufgrund der unzureichenden Informationen bleiben die Taten im Dunkelfeld.[12] Die Gründe dafür sind vielfältig, etwa Drohungen seitens des*r Täter*in, vor allem aber Scham, Angst, Selbstzweifel oder Schuldgefühle, dass man das Erlittene doch auch selbst mitverursacht habe u.v.m. Nicht zuletzt haben es viele Frauen nie gelernt, über erlittenes Unrecht zu sprechen, sondern dies schweigend zu ertragen; auch herrschen immer noch Unklarheiten über konsensuelle sexuelle Handlungen und die Äußerungen sexuellen Selbstbestimmungsrechts bei den Betroffenen;[13] oft wissen sie auch nicht, ob es offizielle Beschwerdewege gibt.

---

12 Die MHG-Studie etwa schreibt: „Die Befunde der Personal- oder Strafaktenanalysen beziehen sich ausnahmslos auf das Hellfeld des sexuellen Missbrauchs von Minderjährigen durch Kleriker der katholischen Kirche. Erkenntnisse über das Dunkelfeld wurden nicht erlangt. Damit unterschätzen alle Häufigkeitsangaben die tatsächlichen Verhältnisse." Dreßing, Harald, Sexueller Missbrauch an Minderjährigen durch katholische Priester, Diakone und männliche Ordensangehörige im Bereich der Deutschen Bischofskonferenz (MHG-Studie), Mannheim – Heidelberg – Gießen 2018, 4.

13 Vgl. weiterführend: Vavra, Rita, Die Strafbarkeit nicht-einvernehmlicher sexueller Handlungen zwischen erwachsenen Personen, Baden-Baden 2020; Valentiner, Dana-Sophia, Das

„Quod non est in actis, non est in mundo"

Variante 1 B:

Frau F hat sich an das Bistum bzw. die Beratungsstellen des Bistums gewandt, aber ihr wurde pauschal mitgeteilt, dass man für sie als eine im Erwachsenenalter Geschädigte nicht zuständig sei.

Die Frau macht nach diesem ersten Versuch keinen weiteren. Der Missbrauch bleibt unerzählt und unverschriftlicht. Zwei Aspekte zu dieser Variante, die hier nur kurz angerissen werden können: I) Viele der Beratungsstellen sind völlig überlastet mit der Bearbeitung von Fällen, in denen Kinder und Jugendliche Opfer waren, viele wissen nicht, wie sie mit erwachsenen Betroffenen umgehen sollen und wie diese Fälle konkret zu behandeln sind. Neben einer erhöhten Sensibilisierung von Missbrauchsexpert*innen in den Diözesen braucht es deshalb die genaue Kenntnis und konsistente Auslegung der Rechtsvorschriften. Diese umfassen nach derzeitigem Stand den Missbrauch von erwachsenen Personen dann, sofern diese schutz- und hilfebedürftig sind – eine solche Schutz- und Hilfebedürftigkeit kann nach der Ordnung der deutschen Bischofskonferenz[14] neben der in § 225 StGB beschriebenen auch dann gegeben sein, wenn zwischen den Personen ein Abhängigkeits- und Machtverhältnis bestand, was z. B. in Seelsorgebeziehungen immer der Fall ist.[15] Es sollte klar sein: Eine generelle Nichtzuständigkeitserklärung seitens der diözesanen Behörden ohne weitere Anhörung des Falls – und damit ohne weitere Dokumentierung – sollte auch bei Erwachsenen ausgeschlossen sein. II) Die Bischofskonferenz betreibt seit Ende 2020 eine Anlaufstelle für erwachsene Frauen, die in der Kirche Gewalt erfahren haben. Diese Anlaufstelle ist vielfach noch immer unbekannt. Außerdem berät die Anlaufstelle anonym. Selbst wenn Missbrauchserfahrungen hier erzählt werden, bleiben sie undokumentiert, denn zu einer Dokumentation würde ein eigenes Verfahren und das erneute – und oft retraumatisierende – Beschreiben gehören.

Grundrecht auf sexuelle Selbstbestimmung: Zugleich eine gewährleistungsdogmatische Rekonstruktion des Rechts auf die freie Entfaltung der Persönlichkeit, Baden-Baden 2021.
14 Vgl. Deutsche Bischofskonferenz, Ordnung für den Umgang mit sexuellem Missbrauch. Parallel auch die Rahmenordnung für Prävention: Unabhängiger Beauftragter für Fragen des sexuellen Kindesmissbrauchs / Deutsche Bischofskonferenz, Gemeinsame Erklärung über verbindliche Kriterien und Standards für eine unabhängige Aufarbeitung von sexuellem Missbrauch in der katholischen Kirche in Deutschland des Unabhängigen Beauftragten für Fragen des sexuellen Kindesmissbrauchs und der Deutschen Bischofskonferenz, o.O. 2020.
15 Dies machte jüngst auch die Deutsche Bischofskonferenz unmissverständlich klar, indem sie die entsprechenden Passagen der Ordnung 2019 zitieren. Vgl. Deutsche Bischofskonferenz, In der Seelsorge schlägt das Herz der Kirche. Wort der deutschen Bischöfe zur Seelsorge, Bonn 2022, 43.

Ute Leimgruber

Variante 1 C:

Frau F berichtet die Vorfälle im Rahmen der Beichte einem anderen Priester. Dieser jedoch rät ihr zu schweigen oder verfährt nach den Mechanismen der Täter-Opfer-Umkehr, indem das Geschehene zu ihrer „Schuld" umgedeutet wird, für das sie Verantwortung trägt; zudem gilt das Beichtgeheimnis. Die Ereignisse bleiben undokumentiert und unsichtbar. Ein Beispiel: Unter dem Pseudonym Edith Schwarzländer berichtet eine Frau, die im Kontext der Geistlichen Begleitung missbraucht wurde:

> „Irgendwann suchte ich in meiner Stadt einen Beichtstuhl auf, um anonym einem Priester ‚meine Schuld' zu beichten, und werde ermahnt, dass so etwas nie wieder geschehen dürfe. Natürlich bin ich die Verantwortliche!"[16]

Variante 1 D:

Frau F hat es dem Bischof/ Vorgesetzten des Täters Pater P erzählt, aber es wurde nie verschriftlicht und kam nicht in die Personalakte des Priesters. Ein Beispiel: Der Deutschlandfunk berichtet zum Fall von Karin Weißenfels,[17] die als junge Gemeindereferentin von ihrem Vorgesetzten schwanger und schließlich sowohl von ihm selbst als auch von einem mit ihm befreundeten Beichtpriester zur Abtreibung gedrängt wurde:

> „Im September 1999 kommt es zu einem Gespräch mit dem damaligen Bischof Hermann-Josef Spital. Konsequenzen für die Priester gibt es nach dieser Begegnung nicht. Auf Anfrage bestätigt das Bistum Trier, dass dieses Gespräch stattfand, zum Inhalt heißt es: ‚Hierüber liegen uns jedoch keine Aufzeichnungen von Seiten des Bistums vor.'"[18]

Hans Zollner schreibt mit Blick auf afrikanische Länder (und ich meine, man kann das durchaus auch für den globalen Norden mitlesen):

> „Problematisch ist, dass die Fälle oftmals nicht schriftlich dokumentiert werden, sondern nur mündliche Vereinbarungen getroffen werden. Einige Befragte beklagen, dass in vielen Einrichtungen die Anschuldigungen noch immer ad hoc und unter größter

---

16 Haslbeck, Barbara / Heyder, Regina / Leimgruber, Ute / Sandherr-Klemp, Dorothee, (Hg.), Erzählen als Widerstand: Berichte über spirituellen und sexuellen Missbrauch an erwachsenen Frauen in der katholischen Kirche, Münster 2020, 170. Ähnlich Institut für Praxisforschung und Projektberatung (IPP), Gutachten. Untersuchung von Fällen sexualisierter Gewalt im Verantwortungsbereich des Bistums Hildesheim – Fallverläufe, Verantwortlichkeiten, Empfehlungen, München 2017, 30: „Bezüglich der im Jahre 2010 von Frau Z. berichteten sexuellen Übergriffe aus den Jahren 1984 und 1987 ist festzustellen, dass zu den damaligen Zeitpunkten jeweils keine Maßnahmen ergriffen wurden."
17 Vgl. auch Haslbeck, Barbara u. a. (Hg.), Erzählen als Widerstand, 173–183.
18 www.deutschlandfunk.de/missbrauchsverdacht-im-bistum-trier-zwei-priester-zwei-100.html (25.4.2022).

„*Quod non est in actis, non est in mundo*"

Geheimhaltung behandelt werden. Nur wenige Institutionen, die das Thema wirklich ernst nehmen, wenden ordnungsgemäße Verfahren an."[19]

Viele Betroffene berichten von internen Regelungen. Die Vorgesetzten haben die Erzählungen teils mit Betroffenheit angehört, und dennoch geschah wenig bis nichts. Priester wurden versetzt, wenn es sog. „Unregelmäßigkeiten" gab, häufig aber ohne konkrete Vermerke in den Personalakten. Wir wissen von Priestern, besonders von Ordenspriestern, die beinahe schon vagabundierend als Freischaffende unterwegs waren, immer wieder gab es Gerüchte über ‚sexuelles Fehlverhalten', die Ordensobern wussten Bescheid und haben dennoch geschwiegen – und schon gar keine Aktenvermerke oder -eintragungen veranlasst, so dass selbst nach dem Tod keine offizielle Aufklärung möglich scheint.

Eine Frau mit dem Pseudonym Momo Eiche berichtet:

> „Als er im Sterben lag, saß ich fast drei Wochen (…) an seinem Krankenbett. (…) Es tauchten andere Frauen an seinem Krankenbett auf. (…) Zuvor habe ich dem Ordensoberen von P. Kroll alles offen gemacht. Der brachte mich dann auch noch spät abends nach Hause. Ich glaube, er hätte mich auch bis ans Ende der Welt gefahren, nur damit kein anderer etwas mitbekam (…). Der Provinzial hat mir erzählt, dass P. Kroll ihm ins Gesicht gelogen habe, was sein jahrzehntelanges Verhältnis (…) anging. Er hat es geleugnet und der Provinzobere hat das einfach akzeptiert. (…) Ich habe den Provinzial gefragt, wie er das habe stehen lassen können, wo er das doch sicher wusste? Er fragte nur: ‚Was sollte ich denn machen?'"[20]

Wir verändern die Variante D um eine Komponente: Die Geschädigte ist Ordensfrau und hat die Ereignisse nicht dem Bischof, sondern ihrer Oberin erzählt, doch diese wird nicht tätig. Der Missbrauch bleibt unverschriftlicht. Ein spezifisches Problem sind Akten in Orden, Kongregationen oder Geistlichen Gemeinschaften – ein hochkomplexes Thema, das einer eigenen Studie bedarf. Interessant ist allerdings, dass im US-amerikanischen Raum von ungefähr dreiviertel der (Erz-)Diözesen Listen der Missbrauchstaten und -täter veröffentlicht sind, aber von keinem Frauenorden eine solche Liste bekannt ist.[21] Auf der Plattform BishopAccountability.org in den USA[22] sind derzeit über 150 Fälle von Missbrauch an Ordensfrauen aktenkundig öffentlich zugänglich. Aufgrund von (allerdings schon mehr als 20 Jahre alten) Studien ist von einer Prävalenz von ca. 30 % Missbrauchserfahrungen von

---

19 Zollner, Hans, Ein langer Kampf: sexueller Missbrauch und seine Prävention in Afrika südlich der Sahara, in: Herder-Korrespondenz 75 (2021), 47.
20 Haslbeck, Barbara u. a. (Hg.), Erzählen als Widerstand, 62.
21 Die US-Amerikanerin Mary Dispenza sagte bei einer Tagung: "75% of US dioceses have published lists of their priests' abusers. Not one female religious order has published a list."
22 Die Archive wurden im Zusammenhang mit Beschwerden über sexuellen Missbrauch veröffentlicht – nach strafrechtlichen Ermittlungen oder der Offenlegung von Dokumenten in Rechtsstreitigkeiten.

Ordensfrauen innerhalb der Gemeinschaft auszugehen.[23] In Deutschland ist dieses Phänomen, zumal bei international agierenden und auch diözesan unabhängigen Orden und Geistlichen Gemeinschaften kaum mittels Aktenrecherche aufzuklären; zudem sind Akten – sowohl über die Taten von Bistumsangestellten als auch von Ordensmitgliedern – öffentlich nicht zugänglich.

Variante 1 E:

Die Bistumsverantwortlichen erfahren auf anderen Wegen als durch die Betroffene Frau F von den Vorfällen, unterlassen aber jedes weitere Vorgehen und erstellen u. a. auch keine Aktenvermerke. Dafür gibt es zahlreiche Beispiele in den diözesanen Gutachten, ein besonders auffälliges Beispiel ist der Fall Anton P. aus dem Gutachten des Bistums Hildesheim:[24]

> „Die belegten Vorfälle aus dem Jahr 1993 zeigen, dass Anton P. südamerikanische Mädchen[25] sexuell ausbeutete. Es ist nicht bekannt, dass das Bistum (…) jemals Bemühungen in Gang setzte, Kontakt zu diesen Frauen herzustellen, Unterstützung anzubieten, Ermittlungen einzuleiten oder den im Raum stehenden Gerüchten in irgendeiner Weise nachzugehen."[26]

1.2 Möglichkeit 2: Unauffindbarkeit

Eine zweite Möglichkeit ist, dass die Vorgänge zwar verschriftlicht wurden und somit auch dokumentiert, allerdings unsystematisch oder unzugänglich und damit für weitere Studien unauffindbar sind. Auch hier wieder einige Konkretisierungen:

Variante 2 A:

Die Betroffene Frau F berichtet von dem Missbrauch durch Pater P in anderen kirchlichen offiziellen Zusammenhängen. Hinweise auf Missbrauch finden sich daraufhin in offiziellen Dokumenten, deren Inhalt nicht in Pater Ps Personal- oder Strafakten landet und damit auch bei eventuellen Studien nicht auffindbar oder verschlossen ist, z. B. Akten oder Protokolle in Pfarrgemeinden, Verbänden, oder,

---

23 Vgl. Chibnall, John T. / Wolf, Ann / Duckro, Paul N., A National Survey of the Sexual Trauma Experiences of Catholic Nuns, in: Review of Religious Research 40 (1998), 142–167.
24 „In diesem Gespräch, über das es laut Anton P. keinen Aktenvermerk gegeben habe, habe er seine Unschuld betont." IPP, Gutachten Hildesheim, 32–33. Der Fall Anton P. bietet noch weitere Unterlassungen diesbezüglich: „Dass Frau B. Opfer von Anton P. war, deutete Diakon N. bereits im März 2010 gegenüber dem Bistum an. DK Bongartz sah sich aber zunächst nicht veranlasst, dieser Information nachzugehen." Ebd., 34.
25 Es handelt sich wohl weniger um junge „Mädchen" als um junge „Frauen"; z.B. IPP, Gutachten Hildesheim, 39.
26 IPP, Gutachten Hildesheim, 39.

wie in folgendem Beispiel, in einem Ehenichtigkeitsverfahren:[27] Die Ehefrau, die die Nichtigkeit der Ehe anstrebt, berichtet in diesem Fall davon, dass sie, seit sie 16 war und weit bis ins Erwachsenenalter hinein, eine sexuelle Beziehung zu einem Priester hatte, und sie bezeichnet diese Beziehung ausdrücklich als Missbrauchsbeziehung. Dieser Fall (das Verfahren fand im Zeitraum zwischen 2004 und 2008 statt) hätte eigentlich in einem der diözesanen Gutachten auftauchen müssen, die in den vergangenen Jahren erstellt worden sind, denn der Täter ist Diözesanpriester einer der auftraggebenden Diözesen und die Betroffene minderjährig. Gleichwohl sucht man den Fall in den Gutachten vergebens, das bedeutet auch: Er tauchte nie als Missbrauch in den für die Gutachten maßgeblichen Akten auf. Aufgrund der Minderjährigkeit gilt eigentlich seit 2001 eine Meldepflicht an die Glaubenskongregation, sobald der Bischof von einem Missbrauchsverdacht erfährt.[28] Wenn das wie hier im Zuge eines Ehenichtigkeitsverfahrens geschehen ist, hätte etwa der Offizial den Bischof informieren müssen; dennoch kommt es offenkundig vor, dass der Offizial nichts weitergibt, z. B. weil die Frau darum bittet oder aus anderen Gründen (in dem vorliegenden Fall ist über die Gründe nichts bekannt).

Trotz des Vorkommens in den Akten dieses Annullierungsverfahrens kann es also sein, dass die Vorkommnisse nicht weiter beachtet werden, so dass eine Aufklärung und entsprechende Aufdeckung im Rahmen von Hellfelduntersuchungen nicht möglich sind.

Variante 2 B:

Es gibt Akten, in denen etwas implizit steht, aber der Missbrauch wird unter anderen Bezeichnungen oder Stichworten verfasst, entweder weil er von vornherein von den Aktenführenden nicht als Missbrauch angesehen oder weil er absichtlich zum Täterschutz verklausuliert wird.[29] Immer wieder liest man davon, dass die sexuellen Kontakte zwischen Priestern und postpubertären bzw. erwachsenen Frauen eine „Affäre", ein „Verhältnis" oder eine „Beziehung" gewesen seien, was auf einen

---

27 Die Dokumente sind mir einsehbar, dürfen aber nicht öffentlich zugänglich gemacht werden.
28 Seit 2001 und dem Motu Proprio *Sacramentorum sanctitatis tutela* waren nicht mehr die Diözesanbischöfe für die Verfolgung des Missbrauchs zuständig, sondern jeder halbwegs plausible Verdacht hätte an die Kongregation für die Glaubenslehre gemeldet werden müssen. Vgl. Anuth, Bernhard Sven, Kirchenschutz vor Kinderschutz? Eine kirchenstraf- und verfahrensrechtliche Problemanzeige zum Umgang mit sexuellem Missbrauch durch Kleriker, in: Hilpert, Konrad / Leimgruber, Stephan / Sautermeister, Jochen / Werner, Gunda (Hg.), Sexueller Missbrauch von Kindern und Jugendlichen im Raum von Kirche. Analysen – Bilanzierungen – Perspektiven, Freiburg im Breisgau 2020, 129–146, hier 137.
29 Hinzu kommt, dass vielen Personen das Vokabular für die Geschehnisse fehlt, was sich besonders in historischen Quellen zeigt. Über die hier nur anzureißenden epistemischen Problematiken braucht es dringend weitere Forschungen.

Konsens hindeuten soll, so dass Missbrauch ausgeschlossen scheint,[30] so z. B. beim „Fall 12" des Münchner Gutachtens, der ein sexuelles „Verhältnis" zwischen einem Priester und einer 16-Jährigen beschreibt.[31] Häufig wird das Verhalten der Priester in den Akten im Umgang mit postpubertären Mädchen und Frauen bagatellisiert oder verharmlost. Wenn man an den eingangs geschilderten Modellfall denkt, ist der Konsens zwischen F und P ausdrücklich nicht gegeben, dennoch hält sich in vergleichbaren Fällen hartnäckig das falsche Narrativ, dass Frauen Nein sagen und die sexuellen Handlungen unterbinden hätten können – tun sie es nicht, so heißt es, würden sie zustimmen. Das Verhalten des Priesters wird höchstens als ein Verstoß gegen das sechste Gebot und damit gegen seine Zölibatspflicht gesehen, es wird z. B. als „unglückliches Verhalten" beschrieben, allerdings nicht als missbräuchlich qualifiziert. Ein Zitat aus dem Münchner Gutachten: „Soweit aus der Akte ersichtlich, fiel der Priester auch während seiner Tätigkeit in der Erzdiözese München und Freising durch ‚indiskutables' Verhalten auf. Dabei ging es allerdings um Verhältnisse zu volljährigen Frauen."[32] Die deutschen Bischöfe haben in ihrem Seelsorgepapier jüngst eindeutig Stellung bezogen: In einer „beruflich bzw. mit bischöflicher Sendung ausgeübten Seelsorgebeziehung [können] sexuelle Kontakte niemals als einvernehmlich bezeichnet und niemals toleriert werden."[33] Es bleibt zu hoffen, dass sich dies auch in der Aktenführung und im Design zukünftiger Studien widerspiegelt. Dies bedeutet v. a., dass dann entsprechende Akten, die bislang evtl. zurückgehalten werden, an Forschende weitergegeben werden, dass bei Aufklärungsstudien oder -gutachten, die sich ausdrücklich nur auf den Missbrauch von Minderjährigen beziehen, nicht länger über Akten, die auf einen Missbrauch Erwachsener hindeuten, hinweggelesen wird, bzw. dass die die Taten verharmlosenden Chiffren in ihrer Brisanz dechiffriert und aus der epistemischen Unsichtbarkeit geholt werden.

---

30   Zum Konsens vgl. Leimgruber, Ute, Frauen als Missbrauchsbetroffene in der katholischen Kirche? Wie Missbrauch tabuisiert und legitimiert wird, in: Reisinger, Doris (Hg.), Gefährliche Theologien. Wenn theologische Ansätze Machtmissbrauch legitimieren, Regensburg 2021, 145–162.
31   Vgl. Westpfahl Spilker Wastl (WSW), Sexueller Missbrauch Minderjähriger und erwachsener Schutzbefohlener durch Kleriker sowie hauptamtliche Bedienstete im Bereich der Erzdiözese München und Freising von 1945 bis 2019, 20. Januar 2022, Fall 12, 469.
32   Westpfahl Spilker Wastl (WSW), München, Fall 25, 502. Niewisch-Lennartz / Schrimm, Aufklärung und Aufarbeitung, 93, zitieren Akten, in denen einem Täter euphemistisch „sittliche Verfehlungen" vorgeworfen werden. Im IPP-Gutachten Hildesheim findet sich als Beschreibung für die „sexuelle Ausbeutung südamerikanischer Mädchen" durch Anton P. die Bezeichnung „merkwürdige Beziehungen"; IPP, Gutachten Hildesheim, 39.
33   Deutsche Bischofskonferenz, In der Seelsorge schlägt das Herz der Kirche, 47.

„Quod non est in actis, non est in mundo"

Variante 2 C:

Der Missbrauch wurde verschriftlicht und in Akten aufgenommen, die Akten sind aber unvollständig, nicht auffindbar oder unsystematisch verwahrt. Es ist nicht mehr nachvollziehbar, was mit den Dokumenten geschehen ist. In manchen Fällen wurden Akten auch gezielt zerstört.[34] Im Gutachten des Bistums Hildesheim steht z. B. vielsagend: „Welcher Art der sexuelle Missbrauch war, konnte anhand der Akten nicht geklärt werden. Die Justiziarin vermerkte in ihrer Telefonnotiz (…), es sei vereinbart worden, dass sich die Diözese wieder bei Frau M. melden werde. Ob und gegebenenfalls mit welchem Ergebnis dies geschah, geht aus der Akte nicht hervor."[35] Im bereits bekannten Fall Anton P wurde unprofessionelles Dokumentieren nachgewiesen; für das Jahr 1991 wird aufgelistet: „1991: Sexueller Übergriff von Anton P. gegen eine junge Frau (Praktikantin, Frau V.) (unklar, wie mit Meldung umgegangen wurde (…)"[36].

Variante 2 D:

Teilweise existieren Akten in mehreren Diözesen und werden nicht weitergegeben. Im Fall Anton P. heißt es: „Es sind keine Hinweise darauf erkennbar, dass jene Gemeinden, in denen Anton P. in weiterer Folge eingesetzt wurde (Wolfsburg, Berlin-Kreuzberg, Hannover-Mühlenberg) bezüglich der von ihm begangenen sexualisierten Übergriffe informiert wurden."[37] Ein anderer Fall wurde mir mündlich berichtet: Kaplan X stammt eigentlich aus dem Bistum K, arbeitet aber seit Jahren im Bistum L. Dort haben nicht-justiziable Übergriffe stattgefunden, der Ortsbischof aus L weiß davon. Die Frage, ob X weiterbeschäftigt werden solle, wird routinemäßig zum Gegenstand in der Personalkommissionssitzung. Bistum L fragt bei Bistum K, dem Heimatbistum von Kaplan X an, ob dieses ihn ‚zurückhaben' wolle. Die inoffizielle Antwort, ohne weitere Angabe von Gründen, lautete: nein. Bei näherem Hinsehen stellte sich heraus, dass beim Wechsel vom Bistum K in das Bistum L keine Personalakten angefordert worden waren. Es gab lediglich eine Unbedenklichkeitsbescheinigung vom Heimatbistum, in der ausgeschlossen worden war, dass er Missbrauchstäter sei. Der gesamte Wortlaut: „Gegen Kaplan X liegt meines Wissens nichts vor. Bischof N.N."[38] Über die unzureichende Kommunikation zwischen Diözese und

---

34 Im IPP Gutachten der Diözese Hildesheim heißt es beispielsweise: „Diakon N. wirft Holst (…) vor, Akten, die eine Mitwisserschaft Holsts beweisen, ‚bereinigt' zu haben." IPP, Gutachten Hildesheim, 40.
35 Niewisch-Lennartz / Schrimm, Aufklärung und Aufarbeitung, 115.
36 IPP, Gutachten Hildesheim, 23.
37 Ebd., 38.
38 Solche Vorgehensweisen sind nicht unüblich; z.B. auch bei der Entsendung aus anderen Ländern. Oft ist der sog. ‚letter of recommendation' ein formloses Schreiben, in dem man den ‚Mitbruder zur seelsorglichen Mitarbeit empfehlen' kann. Das weltkirchliche Problem

Ordensgemeinschaft bei entsprechenden (z. B. in Fällen eines Gestellungsvertrages nicht eindeutig geklärten) Verantwortlichkeiten heißt es im Gutachten des Bistums Hildesheim: „Der TV war Angehöriger der ‚Herz-Jesu-Provinz der Pallottiner'. Diese übernahmen wohl die weitere Regelung der Angelegenheit."[39] Für den Fall, dass es überhaupt eine „weitere Regelung" gab, ist nicht ersichtlich, worin diese bestand.

1.3 Möglichkeit 3: Ungreifbarkeit

Die dritte Variante kann darin bestehen, dass die Vorfälle verschriftlicht und evtl. sogar der Personalakte zugeführt wurden, aber aufgrund bestimmter Regelungen verschwinden die Dokumente oder finden keine weitere Verwendung bei der Aufklärung. Auch dies ist eine Möglichkeit, wie Täter*innen und Taten nicht mehr zu greifen sind und Opfer unsichtbar werden.

Variante 3 A:

Der Missbrauch wurde verschriftlicht und in die Akten aufgenommen, auch unter dem Stichwort ‚sexueller Missbrauch' bzw. ‚sexuelle/sexualisierte Gewalt', aber da es sich um Erwachsene handelt, wird es bei Studien oder Gutachten, deren Design auf Kinder und Jugendliche zugeschnitten ist, nicht weiter beachtet. In dem Bericht des Bistums Hildesheim wird beispielsweise beschrieben, dass ein Priester „die Ehefrau seines Küsters massiv sexuell bedrängt und versucht haben [soll], sie zu küssen", nicht ohne hinzuzufügen: „Die Belästigung einer erwachsenen Frau (…) [gehört] nicht zum Aufgabenbereich der Expertengruppe."[40] Das bedeutet auch: Von den wenigen aktenkundlichen Vergehen an erwachsenen Frauen finden nur ganz wenige Aufnahme in solche Dokumentationen, und selbst dann werden sie nicht weiterverfolgt.

---

mangelnder Kontrolle bei gleichzeitiger insuffizienter Aktenführung in anderen (Erz-) Diözesen ist offenkundig.
39 Niewisch-Lennartz / Schrimm, Aufklärung und Aufarbeitung, 101.
40 Niewisch-Lennartz / Schrimm, Aufklärung und Aufarbeitung, 99. Ähnlich TV (?) 59, 101. Hier wird von massiven sexuellen Übergriffen berichtet, die lapidar mit dem Hinweis „Die Frauen waren erwachsen" nicht weiterverfolgt werden. Ähnliches kann in anderen Diözesen beobachtet werden. Das Bistum Regensburg schreibt in seiner Selbstdokumentation 2016: „Seit 2011 ist es möglich, den ‚Antrag auf Anerkennung des Leids, das Opfern sexuellen Missbrauchs zugefügt wurde' im Bistum Regensburg zu stellen. Den Antrag kann stellen, wer angibt, als Minderjähriger Opfer eines sexuellen Missbrauchs durch Kleriker und andere Mitarbeiterinnen und Mitarbeiter im kirchlichen Bereich geworden zu sein. (…) In den Jahren 2011 bis 2016 haben 62 Betroffene insgesamt 70 Anträge auf Anerkennung gestellt. (…) in fünf Fällen war die Antragstellung unzulässig, weil z.B. kein Minderjähriger betroffen war". Ähnlich 2018: „6 Anträge wurden abgelehnt, z.B., weil die Betroffene nicht minderjährig war". Ab 2019 nennt das Bistum bei Ablehnungen diesen Grund nicht mehr explizit. Vgl. bistum-regensburg.de/dienst-hilfe/praevention-missbrauch/zahlen-fakten (25.4.2022).

„Quod non est in actis, non est in mundo"

3.2 Variante 3 B:

Es gibt Behinderungen bei der Veröffentlichung oder Weitergabe von Akten. Vorgebracht wird z. B. das Argument der Persönlichkeitsrechte; oder es handelt sich um Geheimakten, die zwangsläufig nicht einsehbar sind. Die Forschenden der MHG-Studie hatten selbst keinen direkten Zugriff auf die Akten der einzelnen untersuchten Diözesen, sondern arbeiteten mit Akten, die ihnen von Mitarbeitenden der Bistümer weitergeleitet worden waren. Ausdrücklich betont die Dokumentation des Bistums Limburg, eine solche intransparente Praxis nicht fortzuführen:

> „Im Bistum Limburg war (…) sichergestellt, dass über die Verantwortlichen sowie die Leiterin des Archivs die (…) Fachleute direkten Zugang zu den Personalakten hatten. Im Falle der MHG-Forscher war schon deutlich geworden, dass neben den Personalakten noch Fall- und Sonderakten (acta secreta) existierten. Auch diese wurden dem Teilprojekt 1 ebenso wie die Akten des Missbrauchsbeauftragten zur Verfügung gestellt."[41]

Der Bericht des Bistums Hildesheim führt an, dass Bischof Machens, der Vorgänger von Bischof Jansen, verfügt hatte, dass „sein gesamtes persönliches Archiv nach seinem Tode zu verbrennen sei. Dabei war eine Trennung von Privat- und Amtsarchiv nicht definiert."[42] Dort heißt es weiter, dass eine „gezielte, insbesondere verbindliche Ordnung" nicht zu erkennen sei.

> „Zwar gibt es eine Alt-Registratur für Personalakten, die aus dem Generalvikariat in das Archiv eingeliefert werden. Es gibt aber keine Gewähr dafür, dass tatsächlich alle Akten in diese Registratur gelangt sind. Akten konnten sich in der Abteilungsregistratur des Generalvikariats befinden, im Geheimarchiv, im Offizialat (…), bei den persönlichen Akten des Bischofs. Wer oder wann ein Bischof, Generalvikar, Personalverantwortlicher oder Mitarbeiter oder der Offizial diese Personalakten in das Archiv abzugeben hatte, war nicht geregelt."[43]

Was Missbrauch angeht, müsse aufgrund der Indizienlage nicht nur schlampige, sondern möglicherweise auch absichtlich manipulative Aktenführung angenommen werden, Personalakten seien womöglich gezielt „aufbereitet" worden.[44] Die Personalakten in den (Erz-)Diözesen werden bis heute teils nicht verschlagwortet und unregelmäßig digitalisiert. Manche Priester haben keine auffindbare eigene Akte, andere hingegen haben zwei Akten, weil irgendjemand einmal zwei Akten angelegt hat, wieder andere haben zusätzliche Verschlussakten, die einzusehen, nicht eindeutig geregelt ist. Mehrere Gutachten monieren, dass die Praxis der Aktenführung in den Diözesen eine kirchen- oder strafrechtliche Aufklärung von Missbrauchsfällen

---

41 Projektdokumentation Betroffene hören – Missbrauch verhindern. Konsequenzen aus der MHG-Studie, Bistum Limburg, 13.6.2020, 10.
42 Niewisch-Lennartz / Schrimm, Aufklärung und Aufarbeitung, 15.
43 Ebd.
44 Vgl. ebd., 17.

behindert und teils sogar vereitelt, so z. B. auch das Gutachten der Kanzlei Redeker/ Sellner/ Dahs im Erzbistum Berlin.[45] Aufgrund dieser vielfach festgestellten gravierenden Aktenführungsmängel gibt es seit kurzem eine Personalaktenordnung (PAO) für die deutschen Bistümer,[46] mit dem Ziel, die „Aufarbeitung des sexuellen Missbrauchs im Raum der katholischen Kirche (…) unter Wahrung der Privatsphäre und der Persönlichkeitsrechte der Bediensteten und Dritter" zu ermöglichen.[47]

Variante 3 C:

Der Priester verfasst eine Selbstauskunft und sendet sie an das zuständige (Erz-)Bistum. Nach heute geltendem Recht ist bei einer Neueinstellung in einem Bistum eine Selbstauskunftserklärung und ein Erweitertes Führungszeugnis einzuholen. Im Blick auf den Missbrauch von Erwachsenen sind hier allerdings einige Schwachstellen zu beobachten, die sowohl in der Vergangenheit als auch im Rahmen der geltenden neuen PAO auftauchen. Ein Beispiel mit Blick auf die Selbstauskunft der vermeintlichen Täter ist der bereits erwähnte Fall Anton P. (Berlin/ Hildesheim) vielsagend:

> „Frau V. berichtet 2010, dass sie die im Jahre 1991 erlittene sexuelle Belästigung ihrem damaligen Supervisor, Herrn R., gemeldet habe. Dieser habe gesagt, er wolle dafür sorgen, dass Pfarrer Anton P. keine Praktikantin mehr bekomme. Inwieweit er dies

---

45 Brand, Peter-Andrea / Wildfeuer, Sabine (Redeker/ Sellner/ Dahs), Sexueller Missbrauch an Minderjährigen durch katholische Priester, Diakone und männliche Ordensangehörige im Bereich des Erzbistums Berlin seit 1946, Berlin 2021.
46 Die Rahmenordnung über die Führung von Personalakten und Verarbeitung von Personalaktendaten von Klerikern und Kirchenbeamten (Personalaktenordnung) der Deutschen Bischofskonferenz sollte zum 1.1.2022 in Kraft treten, https://www.dbk.de/fileadmin/redaktion/microsites/Sexualisierte_Gewalt_und_Praevention/Dokumente/2021-09-23_Personalaktenordnung.pdf (25.4.2022). Bisher ist die Ordnung allerdings noch nicht in allen Bistümern veröffentlicht. Sie dient zur „Sicherstellung einer einheitlichen und rechtssicheren Personalaktenführung im Bereich der Deutschen Bischofskonferenz unter Beachtung der anerkannten Grundsätze der Personalaktenführung, namentlich der Transparenz, der Richtigkeit und Vollständigkeit, der Zulässigkeit der Information sowie der Vertraulichkeit (…) in der Absicht, eine Aufarbeitung des sexuellen Missbrauchs im Raum der katholischen Kirche (…) unter Wahrung der Privatsphäre und der Persönlichkeitsrechte der Bediensteten und Dritter" zu ermöglichen. Die Personalakte soll ein „möglichst vollständiges Bild über den dienstlichen Werdegang und die Eignung des Bediensteten, um daraus Erkenntnisse für den sachgerechten Personaleinsatz und eine effektive Personalplanung zu gewinnen", geben.
47 Neben Dekreten oder Urteilen einer kanonischen Voruntersuchung eines Disziplinar- oder Strafprozesses sind in die Personalakten nun auch „gravierende Beschwerden und Bewertungen über die Dienst- und Lebensführung, kirchenrechtliche Maßnahmen und Strafverfahren, Meldungen an römische Dikasterien" aufzunehmen. Unbemerkte Änderungen dürfen nicht mehr vorgenommen werden. Vgl. auch https://www.katholisch.de/artikel/31835-konsequenz-aus-mhg-studie-neue-personalaktenordnung-veroeffentlicht; artikel91.eu/2021/11/03/katholische-personalaktenordnung-veroeffentlicht/ (25.4.22).

„Quod non est in actis, non est in mundo"

umgesetzt hat und ob es weitere Konsequenzen gab, ist nicht bekannt. (...) Als Folge der Meldungen von Frau Z. und Frau V. wurde Anton P. von DK Bongartz nach Hildesheim zitiert. Nachdem Anton P. alle ihm vorgeworfenen Übergriffe geleugnet hatte, verlangte man von ihm die Unterzeichnung einer entsprechenden eidesstattlichen Erklärung. Diese wurde von Anton P. unterschrieben."[48]

In einer Selbstauskunftserklärung soll die betreffende Person

„bestätigen, dass keine Ermittlungsverfahren wegen eines der Straftatbestände im 13. Abschnitt des Strafgesetzbuches gegen die Person eingeleitet worden ist und auch keine Verurteilungen vorliegen. Die Mitarbeiterin bzw. der Mitarbeiter verpflichtet sich weiterhin den Dienstgeber unverzüglich zu informieren, wenn gegen sie oder ihn ein Ermittlungsverfahren bzw. eine Voruntersuchung hierzu eingeleitet wird."[49]

Die Unbedenklichkeitsbescheinigung wird der Personalakte zugefügt. Dabei ist ohne weitere arbeitsrechtliche Spezifizierung aber nicht eindeutig klar, was tatsächlich angegeben werden muss. Wie hat z. B. ein Priester die Selbstauskunft zu erklären, wenn eine strafrechtliche Verfolgung gegen ihn wegen Verjährung eingestellt wurde (trotz einschlägigen Tatbestands, trotz Anzeige und begonnener Ermittlungen)? Eine Verurteilung liegt ja nicht vor, aber was ist mit den eingestellten Ermittlungen? Hier braucht es eindeutige arbeitsrechtliche Standards und nicht zuletzt eine ethische Mindestanforderung. Die Problematik, dass Erwachsene immer noch nicht als Opfer von Missbrauchstaten angesehen werden, führt auch dazu, dass weniger Ermittlungsverfahren eingeleitet werden, so dass die Selbstauskunftserklärung formal korrekt sein mag und die Missbrauchstaten erneut nicht greifbar sind.

Ähnlich verhält es sich übrigens mit dem Erweiterten Führungszeugnis, das sinnvoller Weise alle Mitarbeiter*innen vorweisen müssen. Es enthält alle, auch geringfügige, kinder- und jugendschutzrelevanten Verurteilungen. Kein Bistum erstellt eine Unbedenklichkeitsbescheinigung, wenn aus dem Erweiterten Führungszeugnis kein Tätigkeitsausschluss hervorgeht. Das bedeutet aber, dass Menschen, die gegenüber *Erwachsenen* sexuell übergriffig oder gewalttätig waren, durch das Gitter dieser Präventionsmaßnahmen rutschen können.[50]

Es kann z. B. durchaus sein, dass Pater P des eingangs genannten Modellfalls trotz der begangenen Taten als unbedenklich eingestuft wird; oder dass eine Person, die bei einem kirchlichen Arbeitgeber wegen Vorwürfen sexuellen Missbrauchs von erwachsenen Frauen den Dienst quittieren musste, bei einem neuen

---

48 IPP, Gutachten Hildesheim, 31.
49 Die vom Mitarbeitenden unterschriebene SAE (steht für?) (Mustertext Anlage 2) wird in der Personalakte hinterlegt. Vgl. Amtsblatt des Erzbistums Köln 1/160 (2020), 3. Wortlaut: „Ich versichere, dass ich nicht wegen einer Straftat im Zusammenhang mit sexualisierter Gewalt rechtskräftig verurteilt worden bin und auch insoweit kein Ermittlungsverfahren gegen mich eingeleitet worden ist." Ebd., 17.
50 Auch problematisch für ausländische Priester.

Arbeitgeber in einer anderen Diözese beginnen kann, ohne dass die neuen Personalverantwortlichen in der neuen Diözese etwas davon erfahren. Es sind Fälle bekannt, in denen auch hier Verfahren entweder nicht aktenkundig geworden sind, Personalakten nicht angefordert und damit nicht weitergegeben wurden oder in denen eine Selbstauskunft (trotz eines Gerichtsverfahrens wegen sexueller Nötigung) ausgereicht hat. Die Taten sind nicht zu greifen.

2. Fazit: *Gender Data Gap*

Wir beobachten einen massiven und multiplen *Gender Data Gap* in der Datenerhebung von Missbrauch an erwachsenen Frauen. Es fehlen Daten zu Missbrauch an Frauen; zudem sind vorhandene Daten nur mangelhaft oder nicht als Missbrauch deklariert. Dies liegt an einer äußerst komplexen Problemlage im Blick auf die ordnungsgemäße Dokumentation. Selbst wenn sich also in den Archiven kein ‚Beleg' für den vielfachen Missbrauch an erwachsenen Frauen findet, bedeutet das nicht, dass es den Missbrauch nicht gibt, sondern höchstens, dass die Taten nicht als Missbrauch anerkannt und nicht dokumentiert wurden. Ein wichtiger Schritt ist sicherlich, den Data Gap zu benennen, ebenso wie die einzelnen Fäden aufzudröseln. Dabei sollte es aber nicht bleiben. Es braucht klare rechtliche Regelungen, eindeutige Standards und transparente Aktenführung. Das alles bedarf aber einer grundsätzlichen Prämisse: dass auch der Missbrauch von erwachsenen Frauen als solcher zu behandeln ist.